Legamus! PLUS

1 **Lateinisches Lesebuch**
Berchtold/Hotz

Herausgegeben von Volker Berchtold und
Michael Hotz

Erarbeitet von Volker Berchtold, Michael Hotz,
Andreas Knobloch, Matthias Lausmann,
Dr. Sven Lorenz und Robert Reisacher

Legamus! *PLUS*

Lateinisches Lesebuch

Herausgeber: Volker Berchtold, Michael Hotz

Erarbeitet von: Volker Berchtold, Michael Hotz, Andreas Knobloch, Matthias Lausmann, Dr. Sven Lorenz, Robert Reisacher

Redaktion: Dr. Silke Anzinger

Karten: Detlef Seidensticker, Achim Norweg (Vorsatz), Ingrid Schobel (Nachsatz)
Umschlaggestaltung und Layoutkonzept: Studio SYBERG, Berlin
Bildnachweis Cover: Shutterstock/Kamira; Shutterstock/Gilmanshin; Bridgeman Images
Layout und technische Umsetzung: Wladimir Perlin (MeGA 14)

www.cornelsen.de

1. Auflage, 1. Druck 2021

Alle Drucke dieser Auflage sind inhaltlich unverändert und können im Unterricht nebeneinander verwendet werden.

Druck: Firmengruppe APPL, aprinta Druck, Wemding

ISBN 978-3-637-02834-0 (Schülerbuch)
ISBN 978-3-637-02838-8 (E-Book)

PEFC zertifiziert
Dieses Produkt stammt aus nachhaltig bewirtschafteten Wäldern und kontrollierten Quellen.
www.pefc.de
PEFC/04-32-0928

Liebe Schülerinnen und Schüler,

ab jetzt beginnt die Phase des Lateinunterrichts, in der ihr euch nicht mehr mit eurem Lehrbuch, sondern mit lateinischen **Originaltexten** beschäftigen werdet. Ihr übersetzt nun also Texte, mit denen Autoren die Leser ihrer Zeit informieren, unterhalten, teilweise auch amüsieren und nicht selten beeinflussen wollten.

Die Texte sind in **drei Kapiteln** nach Themen angeordnet. Das erste bietet kurze, spannende Geschichten aus verschiedenen Epochen von der Antike bis in die Neuzeit als **Übergangslektüre**. Das zweite beschäftigt sich mit dem Thema **Macht und Politik**, das dritte mit **Spott und Satire**.

Es ist uns wichtig, dass ihr nicht nur lateinische Texte ins Deutsche übersetzt, sondern auch etwas über ihre Verfasser und die Zeiten, in denen sie lebten, erfahrt. Daher beginnt jedes Kapitel mit einer **Einleitung zu Leben und Werk des Autors**.

Das Erschließen und Übersetzen der Texte wird euch durch mehrere **Hilfen erleichtert**:

Im **Lesebuch**-Teil selbst wird jeder lateinische Text auf einer Doppelseite geboten:

- **Vor** jedem Text findet ihr **Aufgaben**, die den ersten Zugang zum Text erleichtern.
- Der **Text selbst** ist oft mit **Hervorhebungen** versehen, die bei der Beantwortung der Aufgaben helfen.
- Direkt am Text stehen **Anmerkungen**, in denen seltene Vokabeln angegeben und zu schwierigen Sätzen Hilfestellungen geboten werden.
- **Nach** dem Text und auf der rechten Seite stehen weitere Aufgaben und Informationen:
  - Die **GUT ZU WISSEN**-Abschnitte sind wichtige Hilfsmittel für das Verständnis der lateinischen Texte; sie können euch die Übersetzung deutlich erleichtern und sollen stets einbezogen werden.
  - Die **MEHR ERFAHREN**-Abschnitte vertiefen das Verständnis und geben weiterführende Anregungen.
  - Die **Paralleltexte** bieten Zitate anderer Autoren zum behandelten Inhalt.

- **Querverweise** in einer „Linkleiste" am Seitenende weisen auf zusätzliche Informationen innerhalb und außerhalb des Buches hin. Außerhalb des Buches sind dies
  - das **Arbeitsheft (AH)**,
  - die *Grundkenntnisse Latein* (GK), die du hier findest: https://www.isb.bayern.de/download/9813/grundkenntnisse_latein.pdf.
- Das ▦-Symbol kennzeichnet Texte oder Abschnitte, die ihr nicht im Einzelnen übersetzen müsst, sondern kursorisch (sinnentnehmend) lesen könnt. Informationen dazu findet ihr ebenfalls über die Linkleiste.
- Das **Grundwissen** fasst am Ende jedes Kapitels das Wichtigste noch einmal zusammen.

Mit dem „Werkstatt"-Teil könnt ihr euch auf die Lesetexte **vorbereiten**. Hier findet ihr

- zu jedem Textabschnitt den **Lernwortschatz**,
- **Übungen**, die genau auf Wortschatz, Grammatik und Inhalte des jeweiligen Textes abgestimmt sind,
- auf S. 234 eine ausführliche **Anleitung** zum „Werkstatt"-Teil.

Im **Anhang**-Teil findet ihr weitere Unterstützung:

- **Methodenseiten**, auf die in den Linkleisten hingewiesen wird,
- einen **Wörterbuchanhang**, der in vielen Punkten bereits wie ein übliches Lateinwörterbuch aufgebaut ist.

Vielfältige Möglichkeiten zur digitalen Vorbereitung bietet euch außerdem **LateinLex** (www.lateinlex.de), wo unter *Legamus! Plus* Texte aus dem Buch **in unterschiedlichen Schwierigkeitsgraden** aufbereitet sind. Direkte Links zu diesen **binnendifferenzierten** Texten findet ihr in der Linkleiste mit dem Kürzel → BD. Beachtet auch die **Hinweise auf S. 273**.

Wir hoffen, dass ihr so zu kundigen Lesern lateinischer Texte werdet. Vor allem aber wünschen wir euch bei der Lektüre dieser wirklich tollen Texte viel Spaß!

Die Herausgeber

METHODEN-TEIL

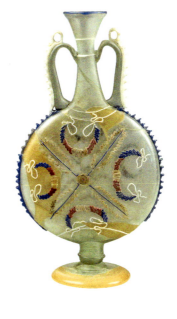

ANHÄNGE

VERZEICHNIS DER ABKÜRZUNGEN

AH	*Arbeitsheft*	griech.	*griechisch*	S.	*Seite*
BD	*Binnendifferenzierung*	hebr.	*hebräisch*	s.	*siehe*
d.h.	*das heißt*	ital.	*italienisch*	u.a.	*unter anderem*
dt.	*deutsch*	Jh.	*Jahrhundert*	V.	*Vers*
engl.	*englisch*	KNG	*Kasus, Numerus, Genus*	v.a.	*vor allem*
etw.	*etwas*	Jgst.	*Jahrgangsstufe*	vgl.	*vergleiche*
f.	*folgende (Einzahl)*	jmd.	*jemand*	WS	*Werkstatt*
ff.	*folgende (Mehrzahl)*	lat.	*lateinisch*	z.B.	*zum Beispiel*
frz.	*französisch*	LW	*Lernwortschatz*	Z.	*Zeile*
ggf.	*gegebenenfalls*	m.	*mit*		
GK	*„Grundkenntnisse"*	PPA	*Partizip Präsens Aktiv*		
	→ S. 235	PPP	*Partizip Perfekt Passiv*		

BÜCHER: SPANNEND, LEHRREICH, SCHÖN!

Es ist ja heutzutage gar kein Problem: Wenn man sich mit Texten aus der Antike, dem Mittelalter oder der (frühen) Neuzeit beschäftigen will, geht man einfach in den nächsten Buchladen und kauft sich das entsprechende Buch. Oder man findet die Texte, meist sogar kostenlos, im Internet.

Wieso aber können wir nach Jahrhunderten, ja sogar Jahrtausenden noch immer auf diese Werke zurückgreifen? Offenbar, weil sie für die Menschen zu allen Zeiten so wichtig, interessant, ja unverzichtbar waren, dass sie keine Mühen und Kosten gescheut haben, diese Texte zu erhalten und an die Nachwelt weiterzugeben.

Bücher – handkopiert

Das war in der Antike und im Mittelalter, also vor der Erfindung des Buchdrucks, eine äußerst mühevolle und auch kostenintensive Arbeit: Bücher wurden im Mittelalter in Klöstern kopiert. Buchstabe für Buchstabe musste von Mönchen präzise abgeschrieben werden. Manchmal arbeitete ein Mönch sein ganzes Leben an einem einzigen Buch. Aber auch der Beschreibstoff Pergament war sehr teuer. So benötigte man z.B. für ein prächtiges Exemplar der Bibel die Häute einer ganzen Ziegenherde. Wurde dann auch noch der Text aufwändig verziert und mit Buchmalereien versehen (illuminiert), konnte ein Buch den Gegenwert eines heutigen Luxusklassewagens haben.

Das Buch der Bücher

Selbstverständlich war die **Bibel** – das „Buch der Bücher" – das meistkopierte Werk des Mittelalters. Je mehr ein Text aber abgeschrieben wird, umso höher ist auch die Anzahl der Fehler, die sich dabei einschleichen – besonders dann, wenn ein Mönch nur über sehr geringe Lateinkenntnisse verfügte. Zur Zeit Karls des Großen etwa waren die Lateinkenntnisse mancher Priester so schlecht, dass sie nicht einmal das Vaterunser korrekt auf Latein beten konnten. Um eine fehlerhafte Verbreitung des Wortes Gottes zu vermeiden, ließ Karl eine sprachlich einwandfreie Textfassung der Bibel erstellen. Nur diese Version durfte künftig im Reich verwendet werden. Außerdem ließ er eine einheitliche Schrifttype kreieren, die noch heute Grundlage der meisten gängigen Schrifttypen ist.

Spannendes, Unterhaltsames, Fiktionales

Aber die Menschen wollten nicht nur in der Bibel lesen. Genau wie heute wünschte man sich spannende Geschichten, die nicht nur belehren, sondern auch unterhalten konnten: **Tierfabeln** und „wahre" **Geschichten** ebenso wie Berichte aus fernen unbekannten Ländern, die aus erster Hand von schier unglaublichen Dingen berichteten. Viele Reiseberichte waren allerdings teils frei erfunden – nicht alle Autoren haben wie **Vespucci** das Land, von dem sie berichten, tatsächlich besucht.

→ S. 271 Geschichtlicher Überblick

Von der Handschrift zum Druck

Nach der Erfindung des Buchdrucks im 15. Jahrhundert stieg der Lesehunger der Menschen sprunghaft an. Nun konnten Bücher kostengünstig vervielfältigt werden, und viel mehr Menschen konnten sie sich nun leisten. Das Buch wurde zum Massenmedium.

1. Gib die Sätze im Text an, zu denen die beiden Abbildungen jeweils passen.
2. Entziffere möglichst viel von dem Text der kostbar illuminierten Seite und gib an, zu welchem Buch der Text gehört.
3. Belege, dass die Inschriften (untere Abb.) mit dem Textkasten im Zusammenhang stehen.

Hildebert: Aus die Maus!?

Manchmal findet man in Handschrif-
3 *ten Kritzeleien und Randnotizen*
des Schreibers, die überhaupt nichts
mit dem Inhalt zu tun haben. Hier
zum Beispiel macht Mönch Hildebert
6 *seinem ganz persönlichen Ärger Luft:*
„Neulich hätte mich so eine elende Maus beinahe in den Wahnsinn
9 getrieben: Während ich mich beim Schreiben abrackere, sehe ich, wie doch dieses Vieh auf meinen Tisch
12 springt und meinen Käse klaut! Dann haute es ab und lief in sein Mauseloch zurück. Auf dem Bild siehst du
15 mich, meinen Gehilfen Eberwinus und den Dieb. Darf ein solches Verbrechen ungestraft bleiben?"

PHAEDRUS: FABELN

Der Dichter Phaedrus

Über Phaedrus wissen wir sehr wenig – nicht einmal die Lebensdaten. Er lebte wohl zu Beginn des 1. Jh. n. Chr., zur Zeit des Kaisers Tiberius. Einziges überliefertes Werk ist eine Sammlung von Fabeln. Wohl als erster antiker Autor verfasste Phaedrus eine umfangreiche Sammlung – fünf Bücher – mit Fabeln in Versform. Ihr Versmaß ist der sogenannte Senar.

Phaedrus und die Fabeln des Aesop

Phaedrus war aber nicht der Erste, der überhaupt Fabeln verfasste. Vor ihm war v. a. der Grieche Aesop in dieser Gattung tätig.

→ Phaedrus und Aesop

Die Abbildung auf einer griechischen Trinkschale des 5. Jh. v. Chr. zeigt offenbar Aesop, der einem Fuchs etwas vorträgt – oder umgekehrt?

Merkmale der Fabel

In der Fabel treten vor allem – wenn auch nicht ausschließlich – **Tiere** auf, die sprechen können und auch sonst **menschliche Charakterzüge und Verhaltensweisen** an den Tag legen. Diese Tiere stehen zumeist für bestimmte Menschentypen: So ist der Wolf böse, das Lamm ängstlich und der Fuchs schlau. Da die Leser der Fabeln in dem Verhalten der Tiere sich und ihre Mitmenschen wiedererkennen (sollen), eignet sich die Fabel besonders gut, um den Menschen etwas über ihr eigenes Leben zu vermitteln – und ihnen damit auch den Spiegel vorzuhalten.

Die Tatsache, dass es Tiere sind, anhand derer menschliche Verhaltensweisen vorgeführt werden, ermöglicht es dem Autor auch, zwischen den Zeilen Dinge auszudrücken, die in dieser Deutlichkeit sonst so nicht gesagt werden dürften.

Die Fabel in der Neuzeit

Auch lange nach der Antike ist die Fabel beliebt geblieben: Für die **europäische Fabeltradition** ist gerade Phaedrus das maßgebliche Vorbild. Man erkennt ihn etwa in den französischen Fabeln von **Jean de La Fontaine** (1621–1695) und vor allem bei dem deutschen Autor **Gotthold Ephraim Lessing** (1721–1781). Heute lebt die Fabel vor allem in Form von Geschichten mit Tieren als Helden fort, z. B. im Kinderbuch, aber auch im Film. Sie ist eine kleine Literaturform mit großer Wirkung.

1 Früher glaubte man, Phaedrus sei ein Freigelassener gewesen, weil die Gattung Fabel gut zu der Lebenssituation eines (ehemaligen) Sklaven passen würde. Erläutere, inwiefern.

2 Beschreibe die Abbildung und erörtere, inwieweit dieses Motiv für die Darstellung eines Fabelautors geeignet ist.

→ GK 7.4 Fabel, 7.5 Phaedrus

📖 Prolog prol. 1

3 Im Prolog erläutert Phaedrus seine dichterische Absicht. Arbeite aus dem lateinischen Text die dir bekannten Elemente einer Fabel heraus. → S. 8

4 Arbeite heraus, worin Phaedrus seine Eigenleistung gegenüber Aesop sieht. Belege dies am lateinischen Text. ·→ Phaedrus und Aesop

Aesopus auctor quam materiam repperit,
hanc ego polivi versibus senariis.
3 Duplex libelli dos est: quod risum movet
et quod prudenti vitam consilio monet.
Calumniari si quis autem voluerit,
6 quod arbores loquantur, non tantum ferae,
fictis iocari nos meminerit fabulis.

Übersetzung

Den Stoff, den Aesop als Autor ersonnen hat,
den habe ich ausgefeilt in Senaren.
Doppelt ist des Büchleins Gabe: dass es Lachen erregt
und dass es mit klugem Rat das Leben anleitet.
Wenn mir aber jemand vorwerfen will,
dass Bäume reden, nicht nur wilde Tiere,
soll er daran denken, dass wir (= ich) mit erfundenen Fabeln Späße treiben.

·→ GUT ZU WISSEN
Phaedrus und Aesop

Der griechische Fabeldichter Aesop lebte im 6. Jh. v. Chr. Die uns heute unter seinem Namen überlieferten, in Prosa abgefassten Fabeln sind allerdings wohl erst nach den Fabeln des Phaedrus entstanden. Dennoch war der Name Aesop schon in der Antike untrennbar mit der Gattung Fabel verbunden, ja er ist der mit Abstand berühmteste Fabelerzähler der Antike. Phaedrus bezeichnet ihn ausdrücklich als sein Vorbild und betitelt ihm zu Ehren sein Werk *Fabulae Aesopiae* („Fabeln nach Aesop"). Er lässt Aesop sogar mehrfach als Fabelerzähler in seinem Werk auftreten.

(Phantasie-)Porträt des Aesop von Jusepe de Ribera (17. Jh.)

5 Den typischen antiken Fabeldichter – Aesop noch mehr als Phaedrus – stellte man sich immer als Mann aus dem Volk vor. Belege dies anhand der Abbildung. ·→ Phaedrus und Aesop

6 Weise an Beispielen im lateinischen Text nach, dass sich die Wortstellung hier von Prosa-Wortstellung unterscheidet.

→ S. 219 Kursorisch lesen
→ S. 266 Register: „senarius (versus)"

→ AH S. 6 Verbformen

Der Wolf und das Lamm fab. 1.1

1 V. 1–3: Wolf und Lamm treffen sich an einem Fluss. Erschließe, wer von beiden weiter stromaufwärts steht. Belege deine Aussage am Text.

2 V. 1–13: Der Wolf macht dem Lamm Vorwürfe.
  a Erschließe den Inhalt der Vorwürfe.
  b Erschließe, wie das Lamm auf jeden Vorwurf reagiert.
  c Entwickle eine Vermutung, warum es auf den letzten Vorwurf keine Reaktion gibt.

3 V. 14–15: Weise nach, dass es sich bei den Versen 14–15 um ein Epimythion handelt.
  → Die Moral der Fabel, S. 8

	Text mit vereinfachter Wortstellung
Ad rivum eundem lupus et agnus venerant	...
siti compulsi; superior stabat lupus	...
₃ longeque inferior agnus. Tunc fauce improba	... Tunc latro fauce improba incitatus
latro incitatus iurgii causam intulit.	causam iurgii intulit.
„Cur", inquit, „turbulentam fecisti mihi	„Cur", inquit, „mihi bibenti fecisti
₆ aquam bibenti?" Laniger contra timens:	aquam turbulentam?"
„Qui possum, quaeso, facere, quod quereris,	„Qui possum, quaeso, id facere, quod
lupe?	quereris, lupe?
A te decurrit ad meos haustus liquor."	A te liquor decurrit ad meos haustus."
₉ Repulsus ille veritatis viribus:	Ille dixit viribus veritatis repulsus:
„Ante hos sex menses male", ait, „dixisti mihi."	„Ante sex menses", ait, „mihi male dixisti."
Respondit agnus: „Equidem natus non eram."	...
₁₂ „Pater, hercle, tuus", ille inquit, „male dixit mihi."	...
Atque ita correptum lacerat iniusta nece.	Atque ita lupus agnum correptum iniusta nece lacerat.
Haec propter illos scripta est homines fabula,	Haec fabula scripta est propter illos homines,
₁₅ qui fictis causis innocentes opprimunt.	...

1 **rīvus** Bach
4 **latrō**, -ōnis m Räuber, Schurke
  iūrgium Streit
  causam īnferre einen Vorwand suchen
5 **turbulentus** aufgewühlt
6 **lāniger**, -ī m Schaf („Wollträger")
8 **haustus**, -ūs m Trinkplatz
  liquor, -ōris m Wasser
12 **hercle** beim Herkules!
13 **lacerāre** zerfleischen

→ BD lateinlex.de/d1dr

→ S. 226 Historisches Präsens
→ AH S. 54 Partizipien und Partizipialkonstruktionen

4 Erarbeite eine Charakterisierung des Wolfes und des Lammes und belege sie am lateinischen Text.

5 Vergleiche deine Ergebnisse mit der Abbildung. Diskutiert, inwiefern diese die Aussage des Textes zum Ausdruck bringt.

6 Erläutere, auf welche Art von Menschen mit dem Verhalten des Wolfs angespielt sein könnte.

7 Diese Fabel wurde auch als „Musterbeispiel für politische Bildung" bezeichnet, wobei der Wolf für den Mächtigen, das Lamm für den Schwachen steht. Interpretiere die Fabel unter diesem Aspekt.

Wolf und Lamm.
Illustration von
Gustave Moreau (1886)

G. E. Lessing: Der Wolf und das Schaf
Der Durst trieb ein Schaf an den
Fluss; eine gleiche Ursache führte auf
3 der andern Seite einen Wolf herzu.
Durch die Trennung des Wassers
gesichert und durch die Sicherheit
6 höhnisch gemacht, rief das Schaf dem
Räuber hinüber:
„Ich mache dir doch das Wasser
9 nicht trübe, Herr Wolf? Sieh mich
recht an; habe ich dir nicht etwa
vor sechs Wochen nachgeschimpft?
12 Wenigstens wird es mein Vater
gewesen sein."
Der Wolf verstand die Spötterei;
15 er betrachtete die Breite des Flusses
und knirschte mit den Zähnen.
„Es ist dein Glück", antwortete er,
18 „dass wir Wölfe gewohnt sind, mit
euch Schafen Geduld zu haben",
und ging mit stolzen Schritten weiter.

H. Arntzen: Wolf und Lamm (1966)
Der Wolf kam zum Bach. Da entsprang das Lamm. „Bleib nur,
3 du störst mich nicht", rief der Wolf.
„Danke", rief das Lamm zurück,
„ich habe im Aesop gelesen".

8 Übersetzt in Gruppen die Fabel und nehmt zu den verschiedenen Übersetzungen kritisch Stellung.

9 Vergleiche Lessings Fabel mit derjenigen des Phaedrus. Weise dabei mit Belegen aus dem Text nach, dass Lessing bei seinen Lesern die Kenntnis der antiken Fabel voraussetzt.

10 Erkläre, worin der Humor des kurzen Textes von Helmut Arntzen liegt. Erörtere, ob dieser Text sowohl von dem antiken Fabelstoff als auch von Lessing beeinflusst sein könnte.

Der Wolf und der Kranich fab. 1.8

1 V. 1–3: Weise nach, dass es sich bei den Versen 1–3 um ein Promythion handelt. → Die Moral der Fabel, S. 8

2 In der Fabel geht es eigentlich um eine Geschäftsbeziehung. Stelle aus dem Text Begriffe zu diesem Sachfeld zusammen.

Qui pretium meriti ab improbis desiderat,	**Text mit vereinfachter Wortstellung**
bis peccat: primum quoniam indignos adiuvat;	Is, qui pretium … desiderat
3 impune abire deinde quia iam non	…
potest.	deinde, quia impune abire non iam
Os devoratum fauce cum haereret lupi,	potest.
magno dolore victus coepit	Cum os devoratum fauce lupi haereret,
singulos	lupus magno dolore victus coepit
6 illicere pretio, ut illud extraherent malum.	singulos
Tandem persuasa est iure iurando gruis,	…
gulaeque credens colli longitudinem	…
9 periculosam fecit medicinam lupo.	…
Pro quo cum pactum flagitaret praemium:	…
„Ingrata es", inquit, „ore quae nostro caput	Cum gruis pro ea medicina praemium
12 incolume abstuleris et mercedem postules."	pactum flagitaret, „Ingrata es", inquit
	lupus, „quae caput ore nostro
	incolume abstuleris et …"

1 **meritum** Wohltat
3 **impūne** *(Adv.)* ungestraft
4 **dēvorāre** verschlingen
6 **illicere** anlocken
8 **gula** Schlund
10 **pactus** vereinbart
  flāgitāre fordern

3 Überprüfe, ob die „Moral" im Promythion mit der Erzählung übereinstimmt. Belege deine Ergebnisse am Text.

4 Auch wenn der Wolf das letzte Wort hat, ist doch deutlich, dass Phaedrus dessen Verhalten kritisiert. Weise dies anhand von Belegen aus dem lateinischen Text nach.

5 Vergleiche die Darstellung des Wolfes in dieser Fabel mit der in Fabel 1.1.

6 Die Tierfabel veranschaulicht menschliche Charaktere auf so typische Weise, dass sie in den verschiedensten Kulturen verstanden werden kann. Erläutert diese Aussage zu zweit, auch anhand der Abbildung.

Mola-Nähkunstwerk einer Kuna-Indianerin. San Blas Inseln, Panama.

→ **BD** lateinlex.de/d1ds
→ AH S. 16 Indikativ und Konjunktiv in Nebensätzen
→ AH S. 50 Funktionen des Ablativs

Der zerplatzte Frosch fab. 1.24

1 Beschreibe die Abbildung und entwickle eine Vermutung über den Inhalt der Fabel.
2 Prüfe deine Vermutung anhand des Promythions. → Die Moral der Fabel, S. 8
3 Stelle aus dem Text Begriffe zusammen, die zum voraussichtlichen Inhalt passen.

Illustration von B. Rabier aus einer französischen Fabelsammlung (1906)

Inops, potentem dum vult imitari, perit.
In prato quondam rana conspexit bovem,
3 et tacta invidia tantae magnitudinis
rugosam inflavit pellem. Tum natos suos
interrogavit, an bove esset latior.
6 Illi negarunt. Rursus intendit cutem
maiore nisu, et simili quaesivit modo,
quis maior esset. Illi dixerunt bovem.
9 Novissime indignata, dum vult validius
inflare sese, rupto iacuit corpore.

1 **inops,** -*opis* machtlos
2 **prātum** Weide, Wiese
4 **rūgōsus** runzlig
   înflāre aufblasen
   pellis, -*is f* Haut
6 **negārunt** ~ negāvērunt
   intendere (*Perf.* intendī) anspannen
   cutis, -*is f* Haut
7 **nīsus,** -*ūs m* Anstrengung
9 **novissimē** ein letztes Mal
   validus stark, kräftig
10 **sēsē** *verstärktes* sē

Jean de La Fontaine: Der Frosch und der Stier
Bei La Fontaine endet die Fabel folgendermaßen:
Wie viele gibt's, die nur nach eitler Größe dürsten!
Der Bürger tät's gern dem hohen Adel gleich,
3 das kleinste Fürstentum spielt Königreich,
und jedes Gräflein spielt den Fürsten.

4 Charakterisiere den Frosch mit drei passenden Adjektiven.
5 Arbeite heraus, worin die Besonderheit von La Fontaines Epimythion im Vergleich mit der Fabel des Phaedrus liegt. → Die Moral der Fabel, S. 8

→ BD lateinlex.de/d1dt

→ AH S. 35 Steigerung von Adjektiven und Adverbien
→ AH S. 50 Funktionen des Ablativs

Der Fuchs und der Rabe fab. 1.13

1 Gib an, in welchen Versen das „*Fabula docet*"
steht, und nenne den Fachbegriff. Belege deine
Einschätzung anhand des Textes. → Die Moral
der Fabel, S. 8

Qui se laudari gaudet verbis subdolis,

fere dat poenas turpi paenitentia.

₃ Cum de fenestra corvus raptum caseum

comesse vellet, celsa residens arbore,

vulpes hunc vidit, deinde sic coepit loqui:

₆ „O qui tuarum, corve, pinnarum est nitor!

Quantum decoris corpore et vultu geris!

Si vocem haberes, nulla prior ales foret."

₉ At ille stultus, dum vult vocem ostendere,

emisit ore caseum, quem celeriter

dolosa vulpes avidis rapuit dentibus.

₁₂ Tum demum ingemuit corvi deceptus stupor.

1 **subdolus** hinterlistig
2 **ferē** (*hier*) meistens
 paenitentia Reue
4 **comēsse** verzehren
 (*eigtl. Inf. Perf. von*
 comedere)
 celsus hoch
6 **pinna** Feder
 nitor, *-ōris m* Glanz
8 **prior** (*hier*) überlegen
 āles, *-itis m/f* Vogel
 foret ~ esset
11 **avidus** gierig
12 **ingemīscere** (*Perf.*
 ingemuī) seufzen
 stupor, *-ōris m*
 Begriffsstutzigkeit

Jean de La Fontaine: Der Rabe und der Fuchs
Im Schnabel einen Käse haltend, hockt
Auf einem Baumast Meister Rabe.
₃ Von dieses Käses Duft herbeigelockt,
Spricht Meister Fuchs, der schlaue Knabe:
„Ah, Herr von Rabe, guten Tag!
₆ Ihr seid so nett und von so feinem Schlag!
Entspricht dem glänzenden Gefieder
Auch noch der Wohlklang Eurer Lieder,
₉ Dann seid der Phönix Ihr in diesem Waldrevier."
Dem Raben hüpft das Herz vor Lust. Der Stimme Zier
Möchte er nun lassen schallen;
₁₂ Er tut den Schnabel auf – und lässt den Käse fallen.
Der Fuchs nimmt ihn und spricht:
„Mein Freundchen, denkt an mich!
₁₅ Ein jeder Schmeichler mästet sich
Vom Fette dessen, der ihn gerne hört.
Die Lehre sei dir einen Käse wert!"
₁₈ Der Rabe, scham- und reuevoll,
Schwört, etwas spät, dass ihm so was nie mehr passieren soll.

9 **Phönix:** Der mythische
Vogel Phönix gilt als
besonders prächtig und
verehrungswürdig.

Illustration von René Letourneur (1950)

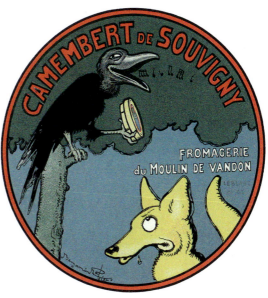

Camembert-Werbung (1922)

2 Formuliere ein deutsches Sprichwort, das dem lateinischen Promythion entspricht.

3 Das Ziel des Fuchses in dieser Fabel ist klar. Beschreibe, mit welcher Taktik er es erreichen will. Beziehe dabei auch die Illustration von René Letourneur mit ein.

4 Teilt in Partnerarbeit die Fabel des Phaedrus und die von Jean de La Fontaine in Sinnabschnitte ein und arbeitet Gemeinsamkeiten und Unterschiede – besonders bei der Charakterisierung des Raben – heraus. Gebt an, an welcher Stelle jeweils die „Moral von der Geschicht" formuliert wird.

5 Die Camembert-Werbung spielt offensichtlich auf die Fabel an, ändert aber einen ganz entscheidenden Punkt. Arbeite diesen heraus und erörtere, was der Grund für die Änderung sein könnte.

6 Laut Prolog (V. 4) will Phaedrus mit seinen Fabeln Lehren fürs Leben erteilen. Aber wie ernst ist das gemeint? Untersucht die Fabeln daraufhin, ob sie tatsächlich umsetzbare Lehren vermitteln.

7 Verfasst in Gruppen zur Abbildung rechts eine typische Fabel. → S. 8 **Tipp:** Bezieht ein, was ihr über biologische Eigenschaften und Verhaltensweisen des Straußes wisst. Nehmt kritisch zu den Ergebnissen Stellung.

Stich aus einer Fabelsammlung (18. Jh.)

VULGATA

Gottes Wort und des Menschen Text

Im christlichen Europa des Mittelalters bis weit in die Neuzeit hinein galt die **Bibel** als das heilige Buch schlechthin (*sacra scriptura*). Das **Buch der Bücher** (wie sie auch genannt wird) bildete damals sogar einen Grundpfeiler für die Sicht auf die gesamte Welt: In der Bibel begegnete der Mensch dem Göttlichen, denn alle biblischen Texte gingen nach damaliger Überzeugung auf den Heiligen Geist zurück. Doch gab es ein großes Problem: Der **Inhalt** mag zwar **göttlich** gewesen sein, die **Verfasser** und **Schreiber der Texte** jedoch waren **Menschen**. Dieser Umstand beschäftigte die christlichen Denker zu allen Zeiten.

Textgeschichte der Bibel

Will man einen verbindlichen Text für alle Gläubigen haben, muss man sich genau auf das verständigen, was in der Bibel stehen soll und was nicht, einen sog. **Textkanon**. Der **Kanon der biblischen Bücher** war am **Ende des 4. Jh. n. Chr.** abgeschlossen. Doch es gab ein weiteres Problem: Die beiden Teile der Bibel, das **Neue Testament (NT)** und das **Alte Testament (AT)**, waren in unterschiedlichen Sprachen verfasst: Die **Originalsprache des NT** war **Griechisch**, die des **AT** mehrheitlich **Hebräisch**.

Bibelübersetzungen

Blickt man auf die spätantike christliche Kirche insgesamt, zeigen sich zwei große geographische Räume: Der **griechische Osten** und der **lateinische Westen**. Beide wollten einen Bibeltext, der von den Gläubigen verstanden werden konnte. Im **Osten** lag mit der *Septuaginta* eine **griechische Übersetzung des AT** durch jüdische Gelehrte schon seit dem 3. Jh. v. Chr. vor; auf dieser Basis entstanden in Nordafrika die ersten **lateinischen Übersetzungen** der hebräischen und griechischen Bibeltexte für den Gebrauch im Westen. Sie werden als *Vetus Latina* bezeichnet.

Die *Vulgata*

Diese Vielzahl von unterschiedlichen, nebeneinander existierenden Bibelfassungen empfand man im 4. Jh. als störend. Um einen **einheitlichen** und **zuverlässigen lateinischen Bibeltext** zu schaffen, begann der gelehrte Eusebius Hieronymus um das Jahr **382 n. Chr.**, eine neue Übersetzung der gesamten Bibel anzufertigen. Da sie sich allgemein durchsetzte, wird sie *Vulgata* ("allgemein verbreitet") genannt.

> **→ GUT ZU WISSEN**
> **Sprache der Bibel**
>
> Auch wenn die Sprache der *Vulgata* Latein ist, lehnt sie sich stilistisch stark an die orientalische Erzählweise der hebräischen Bibel an: Charakteristisch dafür ist eine bildhafte Sprache, die von Gleichnissen und von Redundanzen geprägt ist. Auch die vielen Traumerzählungen sind typisch dafür.

1 Erläutere, weshalb *ein* verbindlicher Bibeltext für *alle* Gläubigen so wichtig ist.
2 Recherchiere die Legende der *Septuaginta*. Das WiBiLex im Internet ist dabei hilfreich.
3 Recherchiere, warum der hl. Hieronymus mit einem Löwen dargestellt wird.

Der hl. Hieronymus wird meist mit Buch und Löwen dargestellt. Ölgemälde von Albrecht Dürer (um 1500)

Die Urgeschichte (AT)

Die Erschaffung der Welt   Gen 1.1–3

Die Bibel beginnt mit folgenden Worten:

In principio creavit Deus caelum et terram.
Terra autem erat inanis et vacua et tenebrae
₃ super faciem abyssi et spiritus Dei ferebatur super
aquas. Dixitque Deus: „Fiat lux!" Et facta est lux.

1 Stelle aus dem Text zusammen, welche Dinge am Anfang der Schöpfung stehen.

1 **principium** Anfang
2 **vacuus** *(hier)* wüst
3 **abyssus**, *-ī f* Abgrund; Urflut
  ferrī *(hier)* schweben

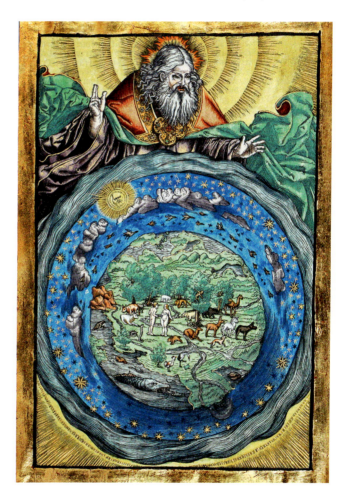

Gott als Weltenschöpfer.
Aus der Prachtbibel
für den Fürsten Johann IV.
von Anhalt-Zerbst (1541)

2 Stelle anhand einer Bibel zusammen, in welchen weiteren Schritten Gott die Welt erschafft.
3 Beschreibe den Aufbau der Illustration und vergleiche deine Ergebnisse aus **2** damit.

→ BD lateinlex.de/d1dv

Die Erschaffung des Menschen Gen 2.7–25

Im Anschluss wird von der Erschaffung des Menschen und vom Paradies, dem Garten Eden, erzählt.

1 Erschließe die Bedeutung der folgenden zentralen Begriffe für jeden Absatz:
Z. 1–3: *homo, limus* –
Z. 4–5: *homo, paradisus* –
Z. 6–10: *homo, adiutorium* –
Z. 11–21: *homo, costa, mulier.*

2 Hebräische Eigennamen werden nicht flektiert. Weise das im Text an „Eden" und „Adam" nach.

Formavit igitur Dominus Deus hominem de limo terrae
et inspiravit in faciem eius spiraculum vitae
3 et factus est homo in animam viventem.
(...)
Tulit ergo Dominus Deus hominem et posuit eum in
paradiso Eden, ut operaretur et custodiret illum.
(...)
6 Dixit quoque Dominus Deus: „Non est bonum esse
hominem solum. Faciamus ei adiutorium simile sui!"
Formatis igitur Dominus Deus de humo cunctis
9 animantibus terrae et universis volatilibus caeli adduxit
ea ad Adam, sed non inveniebatur adiutor similis eius.
Immisit ergo Dominus Deus soporem in Adam. Cumque
12 obdormivisset, tulit unam de costis eius et replevit
carnem pro ea; et aedificavit Dominus Deus costam,
quam tulerat de Adam, in mulierem et adduxit eam
15 ad Adam.
Dixitque Adam: „Hoc nunc os ex ossibus meis et caro de
carne mea! Haec vocabitur virago, quoniam de viro
18 sumpta est." Quamobrem relinquet homo patrem suum
et matrem et adhaerebit uxori suae et erunt duo in
carne una. Erant autem uterque nudi, Adam scilicet et
21 uxor eius, et non erubescebant.

1 **līmus** Lehm
3 **facere in** *(m. Akk.)* *(hier)* etwas zu etwas machen
7 **faciāmus** *(Gott spricht sich selbst im Plural an)* **suī** *(hier)* ihm (dem Menschen)
11 **sopor, -ōris m** Tiefschlaf
12 **obdormīscere** *(Perf. obdormīvī)* einschlafen **costa, -ae f** Rippe **replēre** *(hier)* nachwachsen lassen
17 **virāgō, -inis f** • → Mann und Männin, S. 19
19 **adhaerēre** *(m. Dat.)* sich an jmd. binden **esse in** *(hier)* werden zu
21 **ērubēscere** erröten, sich schämen

3 Weise nach, dass der Satzbau des Textes typisch für die lateinische Bibel ist. → Der Satzbau in der *Vulgata*, S. 19

→ **BD** lateinlex.de/d1dw

→ S. 216 Satzanalyse
→ AH S. 54 Partizipien und Partizipialkonstruktionen

→ GUT ZU WISSEN
Der Satzbau in der *Vulgata*

Erzählstil und Sprache des Alten Testaments orientieren sich in der *Vulgata* oft am Hebräischen. So steht z. B. das Prädikat wie im Hebräischen häufig an der ersten Stelle des Satzes. Auch im Satzbau wird Einfachheit bevorzugt: Der Text ist weniger in komplexen **Hypotaxen** verfasst als in leichter zu verstehenden **Parataxen**. Verbunden sind die Sätze durch Konjunktionen oder relative Satzanschlüsse.

Charles Darwin:
Über die Entstehung der Arten
(engl. *On the Origin of Species*)

Die große Mehrzahl der Naturforscher hat geglaubt, Arten seien unveränderliche

3 Erzeugnisse und jede einzelne für sich erschaffen: diese Ansicht ist von vielen Schriftstellern mit Geschick verteidigt worden. Nur wenige

6 Naturforscher und andere, welche aus der Naturgeschichte nie ein besonderes Studium gemacht (haben), glauben dagegen, dass Arten

9 einer Veränderung unterliegen, und dass die jetzigen Lebensformen durch wirkliche Zeugung aus anderen, früher vorhandenen

12 Formen hervorgegangen sind.

→ MEHR ERFAHREN
Evolution oder Schöpfung?

Charles Darwin, ein britischer Naturforscher des 19. Jh.s, ist der Begründer der Evolutionstheorie. Sein Hauptwerk trägt den Titel „Über die Entstehung der Arten" (1859). Darwins Theorie steht seit jeher im Gegensatz zum Schöpfungsmythos der Bibel, besonders jedoch zum Kreationismus, dessen Anhänger sie strikt ablehnen.

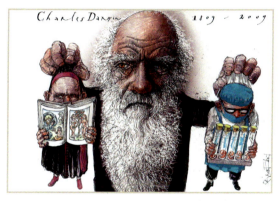

Charles Darwin. Zeichnung von Rainer Ehrt (2009)

·→ GUT ZU WISSEN
Mann und Männin

Ein Beispiel dafür, dass die Vulgata sich am Hebräischen orientiert, ist die Verwendung von *virago* (Z. 17), das deutlich an *vir* anklingt. Dieser Gleichklang ist dem Hebräischen nachgebildet: *ïš* bedeutet dort „Mann", *'iššāh* „Frau". In der griechischen *Septuaginta* findet sich dieser Anklang nicht. – Luther ahmte in seiner Übersetzung den Anklang ebenfalls nach, indem er das Wort „Männin" bildete.

4 **a** Arbeite heraus, welche Vorstellungen vom Verhältnis von Mann und Frau in Adams Worten (Z. 16–18) zum Ausdruck kommen; gehe dabei auf den Wortlaut ein.
·→ Mann und Männin
b Nimm dann dazu Stellung.

5 Recherchiere im Internet, was man unter Kreationismus versteht und welche Positionen seine Anhänger vertreten. → Evolution oder Schöpfung?

6 Untersuche, in welchen Punkten das Vorwort Darwins einen Gegensatz zum biblischen Text bildet. Arbeite anschließend heraus, wie die Karikatur von Rainer Ehrt diese Gegensätze aufnimmt und kommentiert.

Das Leben Josefs (AT)

Josef und seine Brüder Gen 37.3–28

Die Geschichte von Josef und seinen Brüdern handelt von **Bruderhass** und **Vaterliebe**, von Anderssein und Vergebung: Josef ist ein verträumter Junge, **Lieblingskind seines Vaters** Jakob und so ganz anders als seine Brüder. Deshalb beginnen sie ihn allmählich zu hassen und tun ihm in der Folge etwas **Schreckliches** an ...

1 Weise die im nebenstehenden Einführungstext hervorgehobenen Schlagworte im lateinischen Text nach:
Z.1–5: Vaterliebe | Z.1–12: Bruderhass | Z.17–25: Schreckliches

2 Hebräische Eigennamen werden nicht flektiert. Gib die Namen aus dem Text an und erschließe ihre Kasus.

Israhel autem diligebat Ioseph magis quam omnes filios
suos fecitque ei tunicam polymitam. Hoc autem videntes
3 fratres eius oderant eum nec comiter loqui poterant cum eo.
Accidit quoque, ut Ioseph somnium referret fratribus;
quae causa maioris odii seminarium fuit.
6 Dixit: „Audite somnium meum, quod vidi. Putabam ligare
nos manipulos in agro et consurgere manipulum meum et
stare vestrosque manipulos circumstantes adorare
9 manipulum meum." Responderunt fratres eius: „Numquid
rex noster eris aut subiciemur dicioni tuae?"
His somniis atque sermonibus invidia et odium fratrum
12 crescebat.
Cum fratres illius in pascendis gregibus patris morarentur
in Sychem, Israhel ad eum dixit: „Fratres tui pascunt oves
15 in Sychem. Mittam te ad eos!" Sic Ioseph de valle Hebron venit
in Sychem.
Ut pervenit ad fratres, eum nudaverunt miseruntque in
18 cisternam, quae non habebat aquam. Et sedentes, ut
comederent panem, viderunt viatores Ismahelitas venire
de Galaad. Dixit ergo Iudas fratribus suis: „Quid nobis
21 prodest, si occiderimus fratrem nostrum? Melius est, ut
vendatur Ismahelitis et manus nostrae non polluantur.
Frater enim et caro nostra est!"
24 Tum Ioseph Ismahelitis viginti argenteis vendiderunt, qui
eum in Aegyptum duxerunt.

1 **Israhel** *(anderer Name für* Jakob*)*
2 **tunica polymita** Ärmelrock *(ein sehr fein und aufwendig gewebtes Festtagsgewand)*
3 **cōmiter** *(Adv.)* freundlich
5 **quae causa** *(hier)* dies
6 **ligāre** binden
7 **manipulus** *(hier)* Garbe, Getreidebündel
cōnsurgere sich aufrichten
9 **numquid** ~ num
10 **diciō**, *-ōnis f* Macht und Gewalt
13 **pāscere** weiden
18 **cisterna** Zisterne *(Wasserbehälter unter der Erde)*
22 **polluere** beflecken
24 **vīgintī argenteī** zwanzig Silberlinge

→ **BD** lateinlex.de/d1dx

→ AH S.54 Partizipien und Partizipialkonstruktionen
→ AH S.62 Gerund und Gerundiv

Die Schauplätze der Josefsgeschichte

→ MEHR ERFAHREN
Silberlinge in der Bibel

Im Matthäusevangelium (26.14–16) liest man über den Verrat des **Judas**, eines der zwölf Jünger, an **Jesus** Folgendes: „Darauf ging einer der Zwölf namens Judas Iskariot zu den Hohenpriestern und sagte: Was wollt ihr mir geben, wenn ich euch Jesus ausliefere? Und *sie zahlten* ihm *dreißig Silberstücke*. Von da an suchte er nach einer Gelegenheit, ihn auszuliefern."

3 Zeige, dass Z. 6–10 typisch bibelsprachlich sind.
→ Sprache der Bibel, S. 16

4 Arbeite mithilfe der Karte alle Wege heraus, die Josef zurücklegt.

5 Josef als Mobbing-Opfer? Analysiere, warum und wie Josef zum Hassobjekt seiner Brüder wird.

6 Recherchiert, wie der „Bystander-Effekt" in Mobbingsituationen wirkt. Diskutiert dann, ob das auf die Situation zutrifft.

7 Beurteile auf der Grundlage des lateinischen Textes, ob die Geschichte von Josef und seinen Brüdern ein Vorbild für den Verrat an Jesus sein kann. → Silberlinge in der Bibel

8 Vergleiche das Mosaik mit dem lateinischen Text und gib an, welcher Teil des Textes hier abgebildet wird (Zeilenangabe). Erkläre, inwiefern das Mosaik heutigen Wimmelbüchern ähnelt.

Die Josefsgeschichte.
Mosaik in der Basilica di S. Marco
in Venedig (ca. 1120–1300)

Die Träume des Pharao Gen 41.17–31

In Ägypten erlebt Josef ein Wechselbad von Ablehnung und Anerkennung. Er beginnt als Sklave, steigt zum Verwalter auf, wird dann wegen einer Intrige ins Gefängnis geworfen. Dort muss er zwei Jahre ausharren, bevor seine Stunde kommt: Der Pharao, Herrscher über Ägypten, hat beunruhigende Träume, die ihm keiner deuten kann. Nur Josef ist mit Gottes Hilfe dazu imstande. So wird er vor den Pharao geführt und hört sich an, was dieser zu sagen hat.

1 Z.1–11: Fasse die Träume zusammen.
2 Z.12–21: Erschließe anhand von Schlüsselwörtern, wie die Träume gedeutet werden. Die Hervorhebungen im deutschen Text helfen dir dabei.

Der Pharao erzählte also, was er gesehen hatte: „Ich glaubte, ich stünde am Ufer des Flusses, und sieben überaus schöne
3 Rinder von fettem Fleisch stiegen aus dem Strom. (...) Und siehe, ihnen folgten sieben andere Rinder, so hässlich und abgemagert, wie ich es noch nie in Ägypten gesehen habe!
6 Und die hässlichen Rinder verschlangen die schönen, und doch sah man an ihnen kein Zeichen der Sättigung. Und ich sah noch einen anderen Traum: Sieben Ähren
9 sprossen aus einem Halm, voll und schön, und es entstanden andere sieben Ähren, dünn und verdörrt, und diese verschlangen die Schönheit der vorigen."

(...)

12 Respondit Ioseph Pharaoni: „Septem boves pulchrae et septem spicae plenae septem ubertatis anni sunt. Septem quoque boves tenues atque macilentae, quae
15 ascenderunt post eas, et septem spicae tenues septem anni sunt venturae famis. Ecce, septem anni venient fertilitatis magnae in universa terra Aegypti.
18 Quos sequentur septem anni alii tantae sterilitatis, ut oblivioni tradatur cuncta abundantia. Consumptura est enim fames omnem terram et ubertatis
21 magnitudinem peritura est inopiae magnitudo."

13 **spīca** Ähre
ūbertās, -ātis f Überfluss
14 **tenuis**, -e schmächtig, dünn
macilentus abgemagert
19 **oblīviō**, -ōnis f Vergessenheit
cūncta f Sg. zu cūnctī, -ae, -a

→ BD lateinlex.de/d1dy   → AH S. 62 Gerund und Gerundiv

→ GUT ZU WISSEN
Symboltraum und Parabel

In der Bibel dienen Träume oft der Offenbarung Gottes und zur Vorausdeutung der Zukunft. Um diese Träume zu verstehen, muss man ihren Inhalt von der **Bildebene** (= das, was im Text steht) auf die **Sachebene** (= das, was gemeint ist) übertragen. Die Symbolträume sind in ihrer Struktur eng mit der **Parabel** (griech. παραβολή [*parabolḗ*] „das Nebeneinanderstellen, Vergleich, Gleichnis") verwandt (siehe Schema). Die Parabel ist eine kurze, lehrhafte **Beispielerzählung**, die häufig im NT anzutreffen ist.

Josef vor dem Pharao.
Kolorierter Holzstich von Gustave Doré (1866)

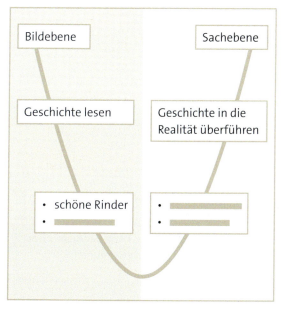

Schema zu Aufbau und Deutung einer Parabel

3 Weise nach, dass in Z. 20–21 eine Antithese vorliegt, und beschreibe deren Funktion.
4 Weise die einzelnen Bestandteile der Träume und ihrer Deutung dem Parabelschema zu. Die Hervorhebungen im Text helfen dir dabei.
→ Symboltraum und Parabel
5 Gleichniserzählungen finden sich auch in der römischen Tradition. Weise das anhand eines aus früheren Lernjahren bekannten Beispiels (z. B. Menenius Agrippa) nach.
6 Die Abbildung versucht die Geschichte in einen historischen Kontext einzubetten. Nimm Stellung dazu, ob das gelungen ist.

→ S. 225 Antithese

Ende gut, alles gut? Gen 41.37–45

Nachdem Josef dem Pharao seine Träume gedeutet hat, gibt er ihm als weiteren Ratschlag, er möge einen klugen und weisen Mann einsetzen, der das Land während der guten Jahre auf die schlechten vorbereiten soll.

1 Entwickle eine Vermutung, wie der Pharao auf Josefs Rat reagiert und welche Maßnahmen er trifft. Gib entsprechende Formulierungen aus dem Text an.

Placuit Pharaoni consilium et cunctis ministris eius. Dixit ergo ad Ioseph:
3 „Quia ostendit Deus tibi omnia, quae locutus es, num sapientiorem et similem tui invenire potero? Tu eris super
6 domum meam et ad tui oris imperium cunctus populus oboediet." Tulit anulum de manu sua et dedit in manu
9 eius vestivitque eum stola byssina et collo torquem auream circumposuit. Dixit quoque rex ad Ioseph: „Ego sum
12 Pharao, absque tuo imperio non movebit quisquam manum aut pedem in omni terra Aegypti."
15 Vertitque nomen illius et vocavit eum lingua Aegyptiaca ‚Salvatorem mundi'; dedit quoque illi uxorem Aseneth filiam
18 Putiphare sacerdotis.

2 **minister**, -trī m Hofbeamter
5 **tuī** (hier) dir (dem Josef)
7 **cūnctus** m Sg. zu cūnctī, -ae, -a
  oboedīre gehorchen
8 **ānulus** Siegelring
9 **stola byssina** Byssusgewand
  (Byssus ist feiner Leinenstoff)
10 **torquēs**, -is f Kette
12 **absque** (m. Abl.) ohne
16 **salvātor**, -ōris m Retter

2 Der Text gibt den ägyptischen Titel *Zafenat-Paneach* auf Lateinisch wieder (Z.16). Erschließe die Bedeutung und überprüfe dein Ergebnis, indem du nach der Bedeutung des ägyptischen Titels recherchierst.

→ BD lateinlex.de/d1dz

MEHR ERFAHREN

Historizität in der Bibel

Dass die biblischen Geschichten sich buchstäblich so ereignet haben, glaubt heute zwar kaum noch jemand. Doch hinter mancher Erzählung vermutet die Forschung einen realhistorischen Hintergrund. Diese Möglichkeit trifft auch auf die Josefsgeschichte zu, wie die altägyptische Hungersnotstele auf der Nilinsel Sehel zeigt.

→ **MEHR ERFAHREN**

Die Folgen der Traumdeutung

Es kam so, wie Josef es vorausgesagt hatte, und dadurch, dass die Ägypter Kornspeicher anlegten, bewahrten sie das Land vor einer Hungersnot in den schlechten Jahren. Josef selbst wurde in die ägyptische Oberschicht integriert und stieg zum zweitmächtigsten Mann nach dem Pharao in der Position eines Landwirtschaftsministers auf. Diese Entwicklungen hatten auch Einfluss auf seine Brüder, die ihn einst als Sklaven verkauften: Als sie erfuhren, dass es in Ägypten noch Getreide gab, reisten sie in der Hoffnung dorthin, dort welches kaufen und sich so vor der Hungersnot retten zu können.

3 a Fasse zusammen, auch anhand von Recherche in der Bibel (Buch Genesis 42 ff.), wie die Geschichte von Josef weitergeht.

b Vergleiche und bewerte, ausgehend von den Rechercheergebnissen, die Verhaltensweisen von Josef und seinen Brüdern.
→ Die Folgen der Traumdeutung

4 Recherchiert den Inhalt der Hungersnotstele und tragt eure Ergebnisse in der Lerngruppe zusammen. Nehmt im Anschluss daran Stellung zu der Frage, ob man sie als Beweis dafür heranziehen kann, dass in der Bibel auch über historische Ereignisse berichtet wird.
→ Historizität in der Bibel

Hungersnotstele auf der Nilinsel Sehel (bei Assuan an der Südgrenze des alten Ägypten)

→ S. 16 Gottes Wort und des Menschen Text

Jesus in seinen Worten (NT)

Das Kamel und das Nadelöhr Lk 18.22–27

Jesus möchte mit seiner Botschaft vom Kommen des Reiches Gottes die Menschen erreichen. Dazu benutzt er eine einfache Sprache und veranschaulicht seine Aussagen immer wieder mit Bildern und Gleichnissen. So antwortet er auf die Frage eines Mannes, wie er denn in das Reich Gottes kommen könne, mit folgendem Vergleich:

1 Z.1–4: Stelle alle Imperativformen aus dem Text zusammen und erschließe, was Jesus dem Mann aufträgt.

Iesus ait ei: „Adhuc unum tibi deest: Omnia quaecumque habes, vende et da pauperibus!
3 Et habebis thesaurum in caelo. Et veni! Sequere me!"
His ille auditis contristatus est, quia dives
6 erat valde.
Videns autem illum Iesus tristem factum esse dixit: „Quam difficile illi, qui pecunias habent,
9 in regnum Dei intrabunt! Facilius est enim camelum per foramen acus transire quam divitem intrare in regnum Dei."
12 Et dixerunt ii, qui audiebant: „Et quis potest salvus fieri?" Ait Iesus illis: „Ea, quae impossibilia sunt apud homines, possibilia sunt
15 apud Deum."

3 **thēsaurus** Schatz
5 **contrīstāre** traurig machen; betrüben
10 **forāmen acūs** Nadelöhr

→ BD lateinlex.de/d1d1 → AH S.6 Verbformen

Gleichnisse, Parabeln und Beispielerzählungen in der Bibel

„Gleichnisse, Parabeln und Beispiel-
erzählungen (...) stellen eine Heraus-
3 forderung dar, Alltag und Umwelt
anders sehen zu lernen. Sie erzählen
von Gott und seiner Gerechtigkeit,
6 indem sie von Menschen und ihrer
Gerechtigkeit (oder auch Ungerech-
tigkeit) sprechen. Sie öffnen die
9 Augen für die Welt Gottes, indem sie
den Blick auf die Umwelt des Men-
schen richten."
12 *Norbert Scholl, Die Bibel verstehen,
S. 137*

→ **MEHR ERFAHREN**
Das Kamel – ein Schreibfehler?

Das paradoxe Bild vom Kamel, das durch ein Nadelöhr passen soll (oder eben nicht), hat zu allen Zeiten Verständnisschwierigkeiten hervorgerufen: Warum gerade ein Kamel? Eine relativ einfache Erklärung dafür wäre, dass es sich dabei um einen Schreibfehler handelt: Das griechische Wort κάμηλος (kámelos) für „Kamel" ähnelt sehr dem griechischen Wort κάμιλος (kámilos) für „Seil, Tau". Und dass ein Seil nicht durch ein enges Nadelöhr passt, ist als Bild viel verständlicher als ein Kamel.

2 Übersetzt in Gruppen den Text. Vergleicht eure Übersetzungen miteinander und mit der Einheitsübersetzung der Bibel. Nehmt kritisch Stellung zu euren Ergebnissen.

3 Ein Gleichnis kann wie eine Parabel interpretiert werden. Interpretiere das Gleichnis vom Nadelöhr mithilfe des Schemas auf S. 23.

4 Belege die Aussage des Theologen Norbert Scholl am Text. → Gleichnisse, Parabeln und Beispielerzählungen

5 Erörtert die Frage, ob es gerecht ist, dass ein Reicher so gut wie keine Möglichkeit hat, ins Reich Gottes zu gelangen.

6 Gib weitere (deutsche oder lateinische) Beispiele an, bei denen die Vertauschung eines Buchstabens den Wortsinn grundlegend verändert. → Das Kamel – ein Schreibfehler?

7 Diskutiert in der Lerngruppe, wie sich die Information über den Schreibfehler auf die Aussage des Gleichnisses auswirkt: Bleibt die Aussage gleich, wird sie beeinträchtigt – oder sogar gestärkt? Bezieht dabei auch die Abbildung ein.

Kamel und Nadelöhr. Collage von Ernie Janes.

GESTA ROMANORUM

Eine Geschichtensammlung aus dem Mittelalter
Bei den *Gesta Romanorum* (Taten, Geschichten der
Römer) handelt es sich nicht um ein Geschichts-
werk im herkömmlichen Sinn, sondern um
eine **Sammlung** von weit über 200 Geschichten
eines uns unbekannten Verfassers (oder Verfas-
serteams). Sie ist im Mittelalter etwa **um das
Jahr 1300** entstanden. In ihr wurden Legenden,
Anekdoten, Märchenhaftes oder frei Erfundenes
zu einem bunten Sammelsurium von **Episoden
unterschiedlichsten Inhalts** und unterschiedlicher
Länge zusammengestellt. Oft zeigen diese
Geschichten sogar Elemente moderner Fantasy-
erzählungen.

Antike Quellen
Dabei greifen viele der Episoden auf **Motive aus
Werken antiker Schriftsteller** wie zum Beispiel
Livius oder Valerius Maximus (1. Jh. n. Chr.) zurück.
Daneben finden sich auch Geschichten, die durch
die **Bibel** oder **Werke mittelalterlicher Autoren**
angeregt worden sind.

Erzählen in moralischer Absicht
Wozu wurden all diese Geschichten verfasst?
Die Absicht des (oder der) Verfasser war weniger,
eine Sammlung von mittelalterlicher „Unter-
haltungsliteratur" zu schaffen, als vielmehr den
Leser **religiös-moralisch zu belehren**. Anhand
von Beispielen (*exempla*) aus allen Bereichen des
menschlichen Lebens sollten Charaktereigen-
schaften wie Mut, Großzügigkeit, Gerechtigkeit,
aber auch Neid, Missgunst, Habgier, Cleverness
oder Schlagfertigkeit den Menschen vor Augen
geführt werden – wodurch sie ihrerseits zu einem
richtigen Lebenswandel ermutigt werden sollten.

Die *Gesta Romanorum* erfreuten sich seit
ihrer Entstehung **größter Beliebtheit** bei Lesern
in ganz Europa und wurden bereits im Mittelalter
in viele Landessprachen übersetzt. Nach Erfin-
dung des Buchdrucks stieg der Verbreitungsgrad
der Sammlung noch weiter an.

1 *Exempla* haben auch in der antiken römischen
Literatur ihren festen Platz, z. B. bei Livius
oder Vergil. Gib Beispiele an.
2 Die abgebildete Seite zeigt, dass der Besitzer die
Gesta Romanorum auch inhaltlich als beson-
ders wertvoll empfand. Erläutere, worin dieser
Wert bestand.

Buchillustration aus einer Handschrift
der *Gesta Romanorum* in katalanischer Übersetzung
(14./15. Jh.)

Die prophetische Säule   Gesta 42

Rom war und ist voll von Legenden. Dazu trugen
im Mittelalter die vielen antiken Überreste von
Bauwerken und Inschriften bei: Je weniger man
darüber wusste, desto zahlreicher wucherten
die Geschichten. Gerne schrieb man sie antiken
Schriftstellern zu, wie hier Valerius Maximus.

1 Glück oder Verderben – was prophezeit
die Säule für Rom? Erschließe die Antwort
aus Schlüsselwörtern in Z. 7–9.

Refert Valerius, quod in Roma vidit in una columna
quattuor litteras, quarum quaelibet ter scribebatur:
3 tres P P P, tres S S S, tres R R R, tres F F F.
Visis litteris dixit: „Heu, heu! Confusionem video civitati."
Isti satrapae hoc audientes dixerunt: „Magister, dic
6 conceptum tuum!"
At ille: „Talis est expositio litterarum: pater patriae
perditur, sapientia secum sustollitur, ruunt regna Romae
9 ferro, flamma, fame."
Et sic factum est.

2 **quīlibet, quaelibet, quodlibet** jeder
4 **heu** wehe!
  cōnfūsiō, -ōnis f Untergang
5 **istī** (*Dativ*)
  satrapa (*hier*) (adliger) Berater
6 **conceptum** Deutung
8 **sustollere** ~ tollere

2 Fasse in einem Satz zusammen, worin die
Deutung der Prophezeiung auf der Säule
besteht.

3 *Pater patriae* (Z. 7) wurde in der Antike als Titel
vergeben. Recherchiere Beispiele für Personen,
die damit geehrt wurden.

4 Dieser Text enthält Beispiele für eine typisch
mittelalterliche Verwendung lateinischer
Pronomina bzw. von *unus*. Gib sie an und
erkläre sie. → Vom lateinischen Pronomen ...

5 Einer (nicht ganz ernst zu nehmenden) Anek-
dote zufolge soll auch der Feldherr Alarich bei
der Belagerung Roms 410 n. Chr. den Untergang
der Stadt angekündigt haben, und zwar mit
folgenden Worten:
TETE RORO MAMA NUNU DADA
TETE LALA TETE!
Entschlüsselt in Partnerarbeit den Ausruf
Alarichs, indem ihr ihn als lateinischen Satz
schreibt. Ein Lexikon kann euch dabei helfen.
Tipp: Die ersten drei Wörter lauten: *Te tero,
Roma* ... Übersetzt dann den Satz.

→ **GUT ZU WISSEN**
**Vom lateinischen Pronomen zum
italienischen Artikel**

Die Demonstrativ-Pronomina *hic, ille,
iste* schwächen sich im mittelalterli-
chen Latein in ihrer Bedeutung ab und
bedeuten häufig nur noch „er".
Ähnliches gilt für *unus, una, unum*:
hier schwächt sich die Bedeutung von
„ein einziger" ab zum unbestimmten
Artikel „ein" (vgl. den Gebrauch von
„uno" im Italienischen: z. B. *una villa,
un gelato*).

Der unterirdische Palast Gesta 107

Teil 1: Ein geheimnisvoller Fingerzeig

An Überreste antiker Bauten und Kunstwerke knüpfen sich auch zahlreiche Geschichten über magische Paläste oder rätselhafte Statuen, die irgendein Geheimnis bergen oder auf einen versteckten Schatz hinweisen. In der folgenden Erzählung ist es ein steinerner Finger, der eine Kette von Ereignissen auslöst.

1 Z.1–5: Beschreibe das Aussehen der geheimnisvollen Statue *(imago)*.

2 Erschließe, weshalb sie den Betrachtern so rätselhaft erschien.

Erat quaedam imago in civitate Romana, quae rectis
pedibus stabat habebatque manum dextram extensam,
3 et super medium digitum erat superscriptio: „Percute hic!"
Imago ista a longo tempore sic stabat eo loco, quod nullus
sciebat, quid hoc significaret: „Percute hic!"
6 Multi admirati sunt et saepius ad imaginem venerunt,
ut titulum aspicerent; et sic recesserunt, quod
superscriptionem penitus ignorabant.
9 Erat quidam clericus subtilis valde, qui, cum de imagine
audisset, multum sollicitus erat eam videre.
Cum autem eam vidisset
12 et superscriptionem legisset „Percute hic!"
et vidisset solem super imaginem et umbram solis,
quam digitus in terram faciebat,
15 statim ligonem cepit et vix per distantiam trium pedum
fodiebat et quosdam gradus descendentes inveniebat.

2 **extēnsus** ausgestreckt
3 **percutere** hauen, schlagen
4 **quod nūllus** ohne dass irgendjemand
6 **saepius** *(Komparativ von* saepe*)*
8 **penitus īgnōrāre** überhaupt nicht verstehen
9 **subtīlis**, *-e* scharfsinnig
10 **sollicitus** *(m. Akk. oder Inf.)* gespannt auf etwas
15 **ligō**, *-ōnis m* Hacke, Schaufel
pēs *(hier Längenangabe)*
16 **fodere** (fodiō) graben

3 Erstelle ein Tempusrelief und gliedere anhand dessen den Text.

4 Vergleiche die Angaben, die im Text über die Statue gemacht werden, mit der Abbildung: Sammle Argumente, die dafür, und solche, die dagegen sprechen, dass die Erzählung tatsächlich auf der Konstantinstatue beruht.

→ **BD** lateinlex.de/d1d3

→ GK 1.6.8 Analyse der Tempora
→ AH S. 6 Verbformen

Möglicherweise dienten die Überreste der Kolossalfigur des Kaisers Konstantin
(ca. 275–337 n. Chr.), die sich noch heute in Rom befinden, als Inspiration
für die Geschichte. Allein Konstantins rechte Hand, die auf einem Sockel
mit einer Inschrift steht, ist über einen Meter groß.

5 Recherchiere die Merkmale der Gattungen
  Märchen und Legende und weise nach, dass
  Elemente von beiden in der vorliegenden
  Geschichte vorkommen.

6 Recherchiere im Internet nach dem *colossus
  Neronis*, der ebenfalls Anregungen für phantas-
  tische Geschichten gegeben hat. Präsentiere
  deine Ergebnisse in der Lerngruppe.

7 Diskutiert, aus welchen Gründen der oder die
  Verfasser in vielen der Texte Wert darauf gelegt
  haben, Geschichtlichkeit zu fingieren.
  → Fiktive Geschichtlichkeit

→ **MEHR ERFAHREN**
Fiktive Geschichtlichkeit

Viele der Geschichten geben vor, eine
Episode aus der römischen Geschichte
zu erzählen, haben in Wirklichkeit
aber keinerlei historische Grundlage.
Häufig werden Namen von Kaisern
oder handelnden Personen frei
erfunden, aber auch Angaben wie
„... unter der Herrschaft des Kaisers
Titus" oder „in der Stadt Rom gab es
einst ..." haben in der Regel keinerlei
Bezug zur historischen Realität.

Teil 2: Der Karfunkelstein
Der Geistliche hat eine Treppe entdeckt, die in geheimnisvolle Tiefen führt ...

1 Z.1–14: Erschließe, was der Geistliche im Palast vorfindet, indem du die Akkusativobjekte zu den hervorgehobenen Prädikaten angibst und übersetzt.

2 Das Partizip Präsens Aktiv wird im mittelalterlichen Latein häufig verwendet. Stelle alle Wendungen mit einem PPA aus dem Text zusammen und übersetze sie.

Clericus non modicum gaudens desuper gradatim descendit,
    quousque sub terra nobile palatium invenit,
3 et aulam intravit;
    ibi regem et reginam et multos nobiles in mensa sedentes aspexit
    et circumquaque totam aulam plenam hominibus
6 et omnes erant vestimentis pretiosis induti,
    et nullus ex omnibus unicum verbum ei loquebatur,
    et aspiciens ad angulum vidit lapidem politum,
9   qui vocatur **carbunculus**,
        a quo tota domus lumen recepit,
    et ex opposito carbunculi in angulo vidit hominem stantem
12 habentemque in manu sua arcum paratum cum sagitta ad percutiendum
    et in fronte eius erat scriptum:
15 „Ego sum, qui sum. Nullus arcum meum vitare potest et praecipue carbunculus ille, qui relucet tam splendide."
    Clericus cum hoc vidisset, admirabatur, cameram intravit, mulieres
18 pulcherrimas in purpura et pallio operantes invenit et nullum verbum ei dixerunt. Deinde stabulum equorum intravit et optimos equos et asinos et sic de ceteris invenit, eos tetigit, et ad tactum
21 suum lapides apparuerunt.

9 **carbunculus**, -ī *m* „Karfunkel", Rubin

1 **nōn modicum** über die Maßen
   dēsuper gradātim die Stufen hinab
2 **quousque** *(Adv.) (hier)* bis
5 **circumquāque** *(Adv.)* ringsherum, überall
6 **indūtus** *(m. Abl.)* bekleidet mit
7 **ūnicus** einzig
8 **angulus** Winkel, Ecke
   polītus geschliffen, glatt
11 **ex oppositō** *(m. Gen.)* gegenüber von...
13 **percutere** *(hier)* töten
16 **relūcēre** leuchten
18 **in purpurā et palliō** *(wörtl.: in Purpur und Mantel)* in Samt und Seide
   operārī arbeiten
20 **sīc dē cēterīs** so auch alles übrige
   ad tāctum bei Berührung
21 **appārēre** *(hier)* sich erweisen als

→ **BD** lateinlex.de/d1d3   → AH S.54 Partizipien und Partizipialkonstruktionen

Mittelalterliches Festbankett,
Illustration aus dem Stundenbuch des
Herzogs von Berry (ca. 1410)

→ MEHR ERFAHREN
Karfunkel

Als Karfunkel (von *carbunculus*: kleine,
glühende Kohle) bezeichnete man im
Mittelalter geschliffene Edelsteine,
meist Rubine. Wegen der roten Farbe
wurden sie gleichsam als „materiali-
siertes Feuer" angesehen, das Licht und
Leben spendete. Die Lichtreflexionen
erweckten den Eindruck, als leuchteten
sie von selbst, was sie als „magische"
Steine erscheinen ließ. Dass Dinge eine
verborgene symbolische Bedeutung
haben, ist typisch für mittelalterliche
Erzählungen.

3 Erstelle ein Tempusrelief der Passage.

4 Gruppenarbeit: Versetzt euch in die Lage eines
Regisseurs, der die Szene Z. 17–21 filmisch
umsetzen will: Stellt fest, wo er auf (scheinbare)
Widersprüche stößt. Setzt die Szene dann in ein
Standbild um.

5 Beschreibe, welche Wirkung der Karfunkel in
der dargestellten Szene hat. Entwickle dann
eine Vermutung, welche Rolle er im weiteren
Verlauf noch spielen wird. → Karfunkel

6 Analysiere das Bild eines mittelalterlichen Fest-
banketts. Beschreibe, worauf der Künstler be-
sonderen Wert gelegt hat und was damit dem
Betrachter signalisiert werden soll. Erörtere
dann, was die Darstellung des Festbanketts im
unterirdischen Palast symbolisieren könnte.

7 Ähnlich wie in einer Fantasy-Erzählung ist der
Held dieser Geschichte in eine fremde, unheim-
liche Welt eingedrungen. Entwickle eine Vermu-
tung über die Erlebnisse, die ihm bevorstehen.
Notiere diese, um sie später zu überprüfen.

→ GK 1.6.8 Analyse der Tempora

Teil 3: Ein verhängnisvoller Entschluss
Bisher hat der Geistliche nirgends ein Zeichen
von Leben entdeckt. Neugierig dringt er
weiter vor.

1 a Erstelle anhand der hervorgehobenen
Prädikate ein grobes Handlungsgerüst der
Textpassage.
b EXTRA: Füge zu den Prädikaten die dazu-
gehörigen Subjekte und Objekte hinzu.
Auf diese Weise hast du auch gleich das
Grundgerüst der Übersetzung fertiggestellt.

Hoc facto omnia habitacula palatii visitavit, et quidquid cor
eius desiderabat, hoc invenit. Deinde sicut prius aulam
3 intravit et de recessu cogitabat ac in corde suo dicebat:
„Mirabilia vidi hodie, et quidquid cor desiderat, hoc poterat
invenire. Verumtamen nullus dictis meis credet de istis,
6 quae vidi; et ideo bonum est in signum veritatis aliquid
mecum portare."
Ad mensam superiorem respexit, cyphos aureos ac cultellos
9 optimos vidit; ad mensam accessit, unum cyphum cum
cultello de mensa levavit, ut secum portaret.
Cum vero in sinu suo collocavisset, imago, quae in angulo
12 cum arcu et sagitta stabat, ad carbunculum sagittam direxit
et illum percussit et in multas partes divisit. Statim tota aula
facta est sicut nox tenebrosa.
15 Clericus cum haec videret, totaliter est contristatus; viam
exeundi propter nimiam obscuritatem invenire non poterat;
et sic in eodem palatio misera morte mortuus est.

1 **habitāculum** (Wohn-)Raum
5 **vērumtamen** *(Adv.)* gleichwohl, aber doch
8 **cyphus** Becher, Pokal
 cultellus Messer
10 **levāre** *(hier)* nehmen
11 **angulus** Winkel, Ecke
12 **dīrigere ad** *(m. Akk.)* richten auf etw.
13 **percutere** *(hier)* durchschießen
14 **tenebrōsus** finster
16 **obscūritās,** *-ātis f* Dunkelheit

→ BD lateinlex.de/d1d3   → AH S.54 Partizipien und Partizipialkonstruktionen

→ MEHR ERFAHREN
Versteckte Bedeutungen

In mittelalterlichen Texten haben Dinge und Figuren oft symbolische Bedeutungen, die dem Leser Hinweise auf die tiefere Bedeutung der erzählten Geschichte geben. So steht
- der Karfunkel für Leben,
- der Kleriker für gierige Menschen,
- der Bogenschütze für Tod.

·→ MEHR ERFAHREN
Magische Portale

Magische Portale, die einen Zugang in eine Parallelwelt, einen verwunschenen Palast oder einfach schnelles Reisen ermöglichen, finden sich immer wieder in der Literatur. Besonders in der Fantasyliteratur spielen sie eine große Rolle (z. B. „Harry Potter", „Chroniken von Narnia"). Die Abbildung auf dieser Seite zeigt, dass auch schon in früheren Jahrhunderten solche Portale die Menschen faszinierten.

Porta Magica in Rom (um 1680)

2 Erst am Ende der Geschichte wird klar, was mit dem Satz *Ego sum* ... auf S. 32 (Z. 13) gemeint war. Erkläre diesen Satz.

3 Die Wendung *vidit, quidquid cor eius desiderabat* gibt dir einen Hinweis, wofür die „Wunder" (*mirabilia*) des unterirdischen Palastes symbolisch stehen könnten.
   a Erläutere die symbolische Bedeutung der Geschichte. → Versteckte Bedeutungen
   b Erkläre, welche „Moral von der Geschicht'" dadurch vermittelt werden soll.
   c Diskutiert, ob der Tod des Geistlichen als Strafe zu verstehen ist und wenn ja, ob es eine gerechte Strafe ist.

4 *Der unterirdische Palast* – Fantasy aus dem Mittelalter? Recherchiert die Definition von „Fantasy" und diskutiert, ob die Erzählung aus den *Gesta* als Fantasy gelten kann: Nennt Argumente dafür und dagegen.

5 Vergleicht in der Lerngruppe eure Vermutungen aus S. 33, Aufgabe 7 miteinander und mit dem tatsächlichen Ende.
   a Beurteilt, ob das Original-Ende das beste ist, und begründet eure Meinung.
   b Verfasst in Gruppen einen neuen Schluss der Geschichte. Behaltet dabei im Auge, welche Aussageabsicht ihr mit eurem neuen Schluss verbinden wollt.

6 Recherchiere im Internet, wer die Porta Magica in Rom errichten ließ und zu welchem Zweck. Erläutere anhand der Ergebnisse auch die geheimnisvollen Inschriften auf dem Portal.
   ·→ Magische Portale

Das Genie und der Kaiser Gesta 44

Die römischen Kaiser werden in den *Gesta* oft als Beispiele (*exempla*) für bestimmte Charaktereigenschaften wie Neid, Machtgier, Cleverness oder Schlagfertigkeit verwendet. Ob die geschilderten Episoden historisch wahr waren, interessierte dabei nicht. → Fiktive Geschichtlichkeit, S. 31
Auch die folgende Geschichte, der eine antike Anekdote zugrunde liegt, hat keine realhistorische Grundlage.

1 Z. 1–5: Stelle Charaktereigenschaften des „Kaisers Tiberius" zusammen.

2 Z. 6–9: Erschließe, wie Tiberius überprüft, ob es sich wirklich um ein *vitrum ductile* handelt.

Tiberius regnavit, qui, priusquam imperium sumpsit, erat
prudens ingenio, clarus eloquio, fortunatus in bello.
3 Sed resolutus militiae artibus nulla bella gerens populum
Romanum graviter oppressit, filios proprios pluresque
nobiles et consules interfecit.
6 Huic quidam artifex vitrum ductile se posse fabricare
obtulit; quod Tiberius ad parietem iactans non fractum
sustulit, sed curvatum, et artifex malleum capiens et velut
9 cuprum vitrum fabricans mox correxit.
Interrogante autem Tiberio ab eo, quomodo hoc posset
fieri, ille dixit neminem hanc artem scire in terra. Quem
12 Tiberius mox decollari iussit dicens: „Si haec ars venerit in
consuetudinem, pro nihilo aurum et argentum putabitur."

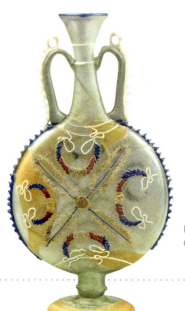

Römisches aufwändig verziertes Glasgefäß, 3./4. Jh. n. Chr.

2 **ēloquium** Redekunst
3 **resolvī** *(m. Abl.)* aufhören mit etwas
6 **vitrum** Glas
  ductilis, -e biegsam, unzerbrechlich
7 **offerre** *(m. Dat. und AcI)* jmd. anbieten, dass
  pariēs, -etis m Wand
8 **curvātus** krumm, verbeult
  malleus Hammer
9 **cuprum** Kupferkessel
12 **dēcollāre** enthaupten

→ **BD** lateinlex.de/d1d4

→ MEHR ERFAHREN
Glas im Mittelalter

Glas war in der Antike wie im Mittelalter aufgrund seiner faszinierenden Eigenschaften, aber auch wegen seiner Zerbrechlichkeit ein ausgesprochenes Luxusprodukt. Während es in der Antike gelungen war, äußerst dünnwandige und feine Gläser herzustellen (für die Herstellung eines unzerbrechlichen Glases gibt es allerdings keinen Beleg), waren die Gefäße im Mittelalter meist sehr dickwandig und von dunkelgrüner Farbe; weißes oder farbloses Glas musste extra entfärbt werden und war deshalb noch teurer. Erst seit dem 12. Jahrhundert war man in Venedig in der Lage, Glasgefäße herzustellen, deren Qualität an die antiker Gläser heranreichte. Noch heute gibt es auf der Insel Murano bei Venedig weltberühmte Glasbläserbetriebe.

Mittelalterliche Glashütte (Böhmen, um 1410)

3 Z.1f.: Arbeite heraus, welche Stilmittel im ersten Satz verwendet werden, und erkläre deren Funktion.

4 a Die Geschichte trägt im Original den Titel *De invidia*. Erläutere, welche moralische Lehre aus der Geschichte das nahelegt.
 b Erörtert in Gruppen, ob noch andere Deutungen möglich sind.

5 EXTRA: Untersuche, ob die Aussagen der ersten beiden Sätze auf den historischen Kaiser Tiberius zutreffen.

6 Erläutere die Begründung des Tiberius für die Hinrichtung genauer: Was bedeutet es für den Kaiser, wenn Gold und Silber ihren Wert verlieren?

7 Die Geschichte zeigt, dass man im Mittelalter so fest an die technische Überlegenheit der Antike glaubte, dass man ihr praktisch jede Erfindung zutraute. Erläutere die Gründe, auch anhand der Abbildungen. → Glas im Mittelalter

8 Recherchiere im Internet, wofür Glas in der Antike und im Mittelalter Verwendung fand. Erläutere die Gründe für eine unterschiedliche Verwendung.

9 In der Erzählung wird ein technischer Fortschritt gestoppt, weil sich ein Herrscher Vorteile davon verspricht. Recherchiert aktuelle Beispiele für verhinderte Zukunftstechnologien und präsentiert sie in der Lerngruppe.

AMERIGO VESPUCCI

Die Renaissance

Die Zeit um 1500 n. Chr. gehört zur spannendsten in der europäischen Geschichte: Die Menschen in Italien entdeckten ihre Begeisterung für die antike Kultur, Geschichte, Philosophie und für die griechische und lateinische Sprache. Später werden Historiker diese neue Epoche, die das Mittelalter abgelöst hat, mit dem Wort Renaissance („Wiedergeburt") bezeichnen, da die antiken Ideale scheinbar aus einem langen Schlaf wiedergeboren wurden. Man sprengte die engen Grenzen des mittelalterlichen Denkens und entdeckte ganz neue Wissens- und Forschungsgebiete. Das Zentrum dieser neuen Epoche war die italienische Stadt Florenz.

Florenz – Zentrum der Renaissance

Amerigo Vespucci

In Florenz wird um 1452 Amerigo Vespucci geboren. Nach einigen Jahren des Studiums tritt er mit 30 Jahren in seiner Geburtsstadt in die Dienste der berühmten Bankiersfamilie de' Medici. In ihrem Auftrag reist er in die spanische Stadt **Sevilla**. Zu seinen Aufgaben dort gehört es, die Finanzierung der Reisen des **Kolumbus** sicherzustellen. Im Jahr 1497 nimmt Vespucci zum ersten Mal selbst an einer Forschungsreise in die Karibik teil. Zwei Jahre später führt ihn eine zweite Erkundungsfahrt nach Südamerika. 1501 wechselt er in die Dienste des portugiesischen Königs Manuel I., der ihn als wissenschaftlichen Begleiter zur Erkundung

wieder nach **Südamerika** entsendet, ins heutige Brasilien. Vespucci stirbt 1512 in Sevilla.

Vespuccis Brief und der Name Amerika

Die dritte Reise beschreibt Vespucci in einem Brief an seinen alten Förderer Lorenzo di Pier Francesco de' Medici, den er nach seiner Rückkehr veröffentlicht. Dieser Brief, der auf Italienisch verfasst ist, wird u. a. ins Lateinische übersetzt und in ganz Europa unter dem Namen *Mundus Novus* bekannt. Er erfreut sich so großer Beliebtheit, dass mit der **Neuen Welt** jenseits des Atlantiks kaum deren eigentlicher Entdecker Kolumbus, sondern Amerigo Vespucci verbunden wird. Das neu entdeckte Land wird daher auf Karten mit *America* beschriftet, was sich schließlich sogar als offizieller Name durchsetzt.

1. Erläutere mithilfe deines Wissens aus Jgst. 8, in welcher antiken Tradition die Entdecker der Renaissance stehen.
2. Recherchiere im Internet, welche bedeutenden Erfindungen und Entdeckungen um das Jahr 1500 gemacht wurden, die es rechtfertigen, vom Beginn einer Epoche zu sprechen.
3. Auch heute gibt es viele neue Erfindungen. Diskutiert, inwiefern wir auch heute einen Epochenwandel erleben.
4. Stellt in Partnerarbeit Gründe zusammen, weshalb Menschen heute in ferne Länder aufbrechen. Vergleicht dies mit den Motiven für Vespuccis Reisen.
5. Diskutiert, inwiefern die Benennung des neuen Kontinents nach Amerigo Vespucci gerechtfertigt ist.

Amerigo Vespucci. Stich von Crispijn de Passe (1598), später koloriert

📖 Grenzenloser Forscherdrang? mund. nov. 13

Hier äußert sich Giocondo (lat. Iocundus), der Übersetzer von Vespuccis Brief. Er begründet, warum eine Übersetzung dieses Textes so wichtig ist.

1 a Arbeite heraus, aus welchem Grund der Brief ins Lateinische übersetzt wurde, und gib die lateinischen Belegstellen an.
b Erschließe, wer mit *Latini* (Z. 3) gemeint sein muss.

Ex Italica in Latinam linguam Iocundus
interpres hanc epistulam vertit,
3   ut Latini omnes intellegant,
        quam multa miranda in dies reperiantur,
et eorum comprimatur audacia,
6   qui caelum et maiestatem scrutari
    et plus sapere,
        quam liceat sapere,
9   volunt,
    quando a tanto tempore,
        quo mundus coepit,
12   ignota sit vastitas terrae et,
        quae contineantur in ea.

Übersetzung

Aus dem Italienischen übertrug der Übersetzer Giocondo diesen Brief in die lateinische Sprache, damit alle Lateiner erkennen, wie viele Wunder täglich gefunden werden, und damit die Kühnheit derer gebändigt werde, die die himmlische Weite erforschen und mehr wissen wollen, als zu wissen erlaubt ist, weil ja seit der ganzen Zeit, als die Welt begann, die unermessliche Weite der Erde und, was sie enthält, immer noch unbekannt sind.

Der Mensch lässt das mittelalterliche Weltbild hinter sich. Holzschnitt (Paris 1888)

2 Im deutschen Text findest du den Ausdruck „himmlische Weite". Nenne die lateinische Entsprechung und bewerte die Übersetzung.
3 Weise anhand lateinischer Belege nach, dass dieser Text in der Renaissance entstanden ist, zugleich aber auch mittelalterliches Denken verrät. Beziehe auch das Bild mit ein.
4 Erläutere, inwiefern der im 19. Jh. entstandene Holzstich dem mittelalterlichen Weltbild nicht ganz entspricht. → Die Kugelgestalt der Erde, S. 41
5 Der Weltraum ist der „*Mundus Novus*" des 21. Jh. Informiert euch über den aktuellen Stand der Marsmission und diskutiert, inwiefern eine solche Erkundung lohnenswert für die Menschheit sein kann.

→ S. 219 Kursorisch lesen

Die neue Welt mund. nov. 1

Amerigo Vespucci erklärt gleich zu Beginn des Briefes an seinen Förderer Lorenzo di Pier Francesco de' Medici, warum seine Reise nach Brasilien so wichtig war.

1 📖 Z. 1–10: Erschließe folgende Informationen:
  a Was hat der König von Portugal mit der Expedition zu tun?
  b Warum bezeichnet Vespucci den entdeckten Kontinent als *mundus novus*?

2 Z. 11–18: Vespucci hat mit seiner Expedition zwei frühere Vorstellungen widerlegt. Stelle Informationen zu diesen beiden früheren Vorstellungen zusammen.

Albericus Vesputius Laurentio Petri de Medicis salutem plurimam dicit.

3 Superioribus diebus satis ample tibi scripsi de reditu meo ab novis illis regionibus,

     quas et classe et impensis et mandato Serenissimi
6   Portugaliae Regis perquisivimus et invenimus,
     quasque „novum mundum" appellare licet,
          cum maiores nostri nullam de illis regionibus
9   cognitionem habuerint et omnibus audientibus sit
          novissima res.

Etenim haec res opinionem nostrorum antiquorum excedit,
12   cum illorum maior pars dicat ultra lineam aequinoctialem et
     versus meridiem non esse continentem, sed mare tantum,
          quod Atlanticum vocaverunt.
15 Et, si qui eorum continentem ibi esse affirmaverunt, eam esse terram habitabilem multis rationibus negaverunt. Sed hanc eorum opinionem esse falsam et veritati omnino contrariam
18 haec mea ultima navigatio declaravit.

3 **amplē** *(hier)* ausführlich	12 **ultrā** *(Präp. m. Akk.)* jenseits
5 **impēnsa** *f* die Kosten	**līnea aequinoctiālis** Äquator
mandātum Auftrag	13 **versus** *(Präp. m. Akk.)* in Richtung
11 **etenim** ~ enim	**merīdiēs**, *-ēī m* der Mittag, Süden
opīniō, *-ōnis f (hier)* Erwartung	17 **contrārius** *(m. Dat.)* im Widerspruch zu
excēdere *(m. Akk.)* über etwas hinausgehen	18 **dēclārāre** beweisen

→ **BD** lateinlex.de/d1d6   → S. 219 Kursorisch lesen

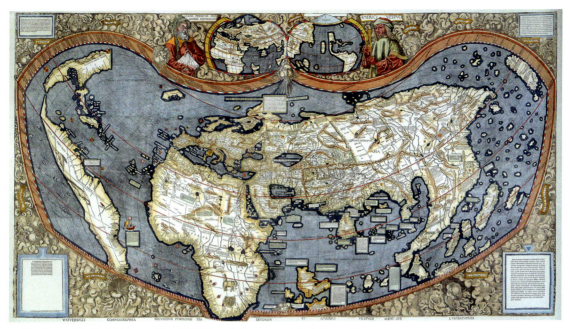

Weltkarte von Martin Waldseemüller, 1507. Oben sieht man zwei Porträts: rechts Vespucci, links der griechische Geograph Ptolemaios (2. Jh. n. Chr.). Auf ihn geht das Weltbild zurück, das von der Antike bis zur Entdeckung Amerikas gültig war.

→ **MEHR ERFAHREN**

Die Kugelgestalt der Erde

Die Auffassung, dass die Erde eine Scheibe sei, ist durchaus nicht „typisch Mittelalter": Tatsächlich hat sie seit der Antike kaum jemand vertreten. Bereits die alten Griechen wussten, dass die Erde Kugelgestalt haben musste. Auch die Kirche hat das nie bestritten.

·→ **MEHR ERFAHREN**

Die Fahrt nach Brasilien 1501–1502

Manuel I., der damalige König Portugals, finanzierte wie auch seine Vorgänger Entdeckungs- und Erkundungsreisen in alle Welt. Für die Expedition vom Mai 1501 bis September 1502 stattete er drei Schiffe mit jeweils ca. 40 bis 80 Mann Besatzung aus. Ihr Auftrag bestand darin, zu dem kürzlich entdeckten Land namens Santa Cruz (Brasilien) zu segeln und zu prüfen, ob es sich tatsächlich um eine Insel handelte. Vespucci wurde als Berater mitgenommen.

3 Erläutere anhand des Textes, inwiefern Vespucci bisherige Auffassungen über das, was sich jenseits des Atlantiks befindet, widerlegen konnte.

4 a Erkläre das Weltbild Vespuccis anhand der sogenannten Waldseemüller-Karte.

b Erläutere, auch anhand von Recherche, die Wirkung der Waldseemüller-Karte und deren Verbleib.

5 Recherchiere die antiken Beweise zur Kugelgestalt der Erde. Vergleiche diese mit den angeblichen Beweisen der heutigen Verschwörungs-Bewegung der „flatearthers", die im Internet aktiv sind. → Die Kugelgestalt der Erde

6 Erkläre, weshalb Vespucci sich nicht auf einer Entdeckungs-, sondern auf einer Erkundungsfahrt befand. ·→ Die Fahrt nach Brasilien 1501–1502

Die Überfahrt mund. nov. 2

Vespucci beschreibt recht genau die Route seiner
Reise und die Geschehnisse auf See.

1 Z. 1–10: Stelle die geographischen Begriffe
aus dem Text zusammen und erschließe
mit Hilfe der Karte Vespuccis Route, ggf. auch
anhand von Recherche.

2 Z. 11–19: Stelle aus dem Text die Widrigkeiten
der Reise und die Reaktion der Seefahrer darauf
zusammen.

Navigatio nostra fuit per Insulas Fortunatas (sic olim dictas;
nunc autem appellantur Insulae Magnae Canariae). Inde per
3 oceanum totum litus Africum et partem Aethiopici
percurrimus usque ad promontorium Aethiopum. Quod
nunc a nostris appellatur Caput Viride. Et nostrum iter per
6 vastissimum oceanum dirigentes versus Antarcticum
parumper per Occidentem infleximus per ventum, qui
Vulturnus dicitur. Et a die, qua recessimus a dicto
9 promontorio, duorum mensium et trium dierum spatio
navigavimus, antequam ulla terra nobis appareret.

Scies, quod ex diebus sexaginta septem, quibus
12 navigavimus, continuos quadraginta quattuor dies habuimus
cum pluvia, tonitruis et coruscationibus – ita obscuros, ut
neque solem in die neque serenum caelum in nocte
15 umquam videremus. Quo factum est, ut tantus in nobis
incesserit timor, quod paene iam omnem vitae spem
abieceramus. In his autem tot tantisque procellis maris et
18 caeli placuit Altissimo nobis coram monstrare continentem
et novas regiones ignotumque mundum.

3 **Aethiopicī** *ergänze* lītoris	11 **sciēs** *(hier)* du sollst wissen
4 **prōmontōrium** Vorgebirge	12 **continuus** ununterbrochen, fortwährend
6 **dīrigere** lenken	13 **pluvia** Regen
versus *(Präp. m. Akk.)* in Richtung	**tonitruum** Donner
7 **parumper** *(Adv.)* eine kleine Weile lang	**coruscātiō, -ōnis f** Blitz
per Occidentem nach Westen	16 **quod** *(m. Ind.) (hier)* dass
inflectere *(Perf. īnflexī)* abbiegen	17 **procella** Sturm
8 **recēdere** *(hier)* abfahren	18 **cōram** *(Adv.)* offen, vor aller Augen
10 **antequam** *(m. Konj.)* ohne dass	

→ **BD** lateinlex.de/d1d7

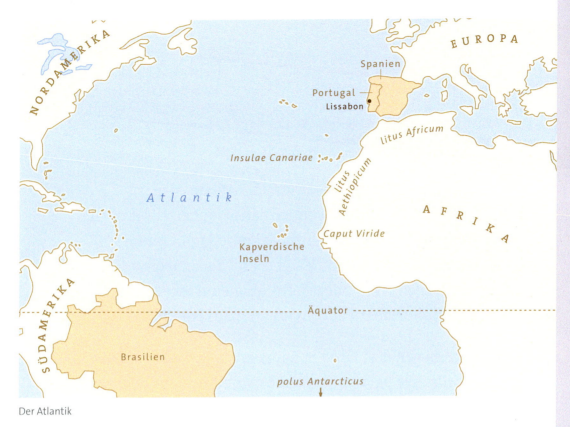

Der Atlantik

→ MEHR ERFAHREN
Navigieren auf See

Die Navigation auf dem Atlantik war zur damaligen Zeit äußerst schwierig. Dies lag unter anderem daran, dass die Seeleute nur gewohnt waren im Mittelmeer zu segeln. Für solch ungewohnte und riskante Fahrten hatte sich eine Arbeitsteilung herausgebildet: Die Kapitäne waren meist in den technischen Dingen unbedarft und hatten lediglich das Ziel vorzugeben. Praktisch umsetzen musste dies der Steuermann, der allerdings die Angabe der Richtung benötigte. Hierfür fuhr ein wissenschaftlicher Berater mit, der im Idealfall anhand astronomischer Kenntnisse die aktuelle Position feststellen und so den Kurs zum gewünschten Ziel festlegen konnte.

3 Nenne die wörtliche Bedeutung von *continens* (*terra*) (Z.18) und begründe, warum Vespucci den Begriff hier betont. ·→ Die Fahrt nach Brasilien 1501–1502, S. 41

4 Die Bedeutung der glücklichen Ankunft wird durch die sprachlich-stilistische Gestaltung hervorgehoben. Weise dies nach (Z.17 ff.).

5 Trotz großer Probleme ist die Fahrt erfolgreich. Gib an, wie Vespucci den Erfolg begründet, und nimm Stellung dazu. Beziehe dabei ein, was du über die Renaissance weißt. → S.38

6 a Recherchiere, wie lange eine Seefahrt von Lissabon nach Brasilien heute dauert, und vergleiche das mit den Angaben bei Vespucci.

b EXTRA: Stelle eine Vermutung an, weshalb Vespucci zwei verschiedene Zeitangaben macht.

7 Erläutere anhand der Abbildung, ggf. auch anhand von Recherche, das Navigieren mit dem Jakobsstab. → Navigieren auf See

BÜCHER: SPANNEND, LEHRREICH, SCHÖN!

Die Einheimischen mund. nov. 4

Nach einer Dankmesse für die geglückte Über-
fahrt unternehmen die Europäer eine Erkun-
dungsfahrt entlang der Küste des heutigen
Brasilien nach Südosten. In der Nähe des Äqua-
tors kehren sie wieder um und gehen an Land,
wo ihnen Einheimische begegnen.

1 Vespucci beschreibt die Ureinwohner Brasiliens.
Erschließe das Thema eines jeden Absatzes
anhand von Schlüsselbegriffen.

2 Z. 3–6: Gib zu den farbig hervorgehobenen
Attributen das Bezugswort an und erschließe
eine passende Wiedergabe.

Omnes utriusque sexus incedunt nudi, nullam corporis
partem operientes. Et ut ex ventre matris prodeunt, sic usque
3 ad mortem vadunt. Corpora enim habent magna, quadrata,
bene disposita ac proportionata et colore declinantia ad
rubedinem. Quod eis accidere puto, quia nudi incedentes
6 tingantur a sole. Habent et comam amplam et nigram.

Perforant sibi genas et labra et nares et aures. Neque credas
foramina illa esse parva aut, quod unum tantum habeant!
9 Et hic mos solus est virorum. Nam mulieres non perforant
sibi faciem, sed aures tantum.

Nec habent bona propria, sed omnia communia sunt. Vivunt
12 simul sine rege, sine imperio.
Vivunt secundum naturam et Epicurei potius dici possunt
quam Stoici. Non sunt inter eos mercatores neque commercia
15 rerum. Populi inter se bella gerunt sine arte, sine ordine.

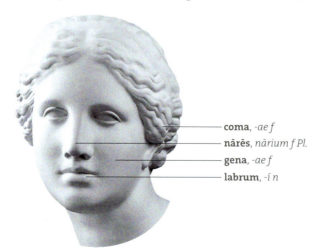

coma, -ae f
nārēs, nārium f Pl.
gena, -ae f
labrum, -ī n

2 **operīre** bedecken
venter, -tris m Bauch
3 **vādere** gehen
4 **dēclīnāre ad** zu etwas neigen
5 **rubēdō**, -inis f Röte
6 **tingere** (tingō) färben
7 **perforāre** durchbohren
8 **forāmen**, -inis n Loch
quod (m. Konj.) (hier) dass
(der quod-Satz hängt
ebenso wie der AcI
forāmina … parva
von crēdās ab)

→ BD lateinlex.de/d1d8

→ AH S. 22 Konjunktiv in Hauptsätzen
→ AH S. 54 Partizipien und Partizipialkonstruktionen

→ **MEHR ERFAHREN**
Die Tupi

Die brasilianischen Ureinwohner, denen Vespucci begegnete, hießen Tupi. Sie sprachen verwandte Sprachen, doch staatlich organisiert waren sie nicht. Bis zu 1000 Tupi wohnten in Dörfern zusammen, die aus Holzhäusern bestanden und von Palisaden umgeben waren. Sie ernährten sich vor allem vom Ackerbau: Mais, Bohnen, Süßkartoffeln und Erdnüsse, aber auch Schildkröten und Fisch standen auf ihrem Speiseplan. Nachkommen der Tupi leben heute noch in Brasilien.

Brasilianische Ureinwohner begrüßen Amerigo Vespucci. Kupferstich (um 1600)

3 „Vespucci beschreibt die Eingeborenen bemerkenswert unvoreingenommen." Erörtere, inwiefern diese Aussage zutrifft. → Die Tupi

4 Vergleiche die von Vespucci genannten Eigenschaften mit den Ureinwohnern in der Abbildung.

5 Schreibt eine kleine Spielszene, in der Vespucci und seine Begleiter sich über die Einheimischen äußern. Spielt diese Szene der Lerngruppe vor.

6 Erörtere u. a. mithilfe deines Wissens aus Jgst. 8, inwiefern der Vergleich der Einheimischen mit antiken philosophischen Richtungen (Z. 13 f.) zutrifft. → Epikureer und Stoiker

7 Coolnessfaktor Piercing? Stellt in Gruppen Gründe für Piercing aus heutiger Sicht zusammen. Vergleicht dies anhand von Recherche mit der Bedeutung von Piercing bei den Ureinwohnern.

8 Wenn Menschen mit anderen Kulturen in Kontakt kommen, können Missverständnisse entstehen. Nenne dazu Beispiele aus der heutigen Zeit.

9 a Recherchiert in Gruppen, welche Folgen die Zeit der Entdeckungen für die Ureinwohner hatte und wie ihre Lage im heutigen Brasilien ist.

b Bewertet das Ergebnis.

→ **GUT ZU WISSEN**
Epikureer und Stoiker

Die Epikureer (*Epicurei*, Z. 13) und die Stoiker (*Stoici*, Z. 14) sind Anhänger zweier unterschiedlicher Philosophenschulen der Antike. Beide stimmen darin überein, dass das höchste Ziel eines Menschen vollkommene Zufriedenheit, die sogenannte Glückseligkeit, sein solle, und man diese erreiche, indem man sich von äußeren Zwängen frei mache.
Während die Epikureer diese Glückseligkeit erreichen wollen, indem sie danach streben, möglichst viel Freude und möglichst wenig Schmerz zu spüren, stellen die Stoiker das Pflichtbewusstsein und die Tugend in den Vordergrund, die in Übereinstimmung mit der Natur zu innerer Ausgeglichenheit führe.

→ S. 137 Epikureische Lebenskunst
→ GK 7.4 Philosophie: Epikureer, Stoiker

Fremde Lebensgewohnheiten mund. nov. 4–6

Vespucci beschreibt die Lebensgewohnheiten der Einheimischen:

1 Z.1–3: Die Einheimischen sind Kannibalen! Belege diese Aussage am Text.

2 Z.16–21: Erschließe das Thema dieses Abschnittes. Belege dein Ergebnis anhand lateinischer Begriffe.

Et captivos, quos ex bello ducunt, servant, sed non eorum vitae causa, sed ut eos sui victus causa occidant; nam alii alios et victores

3 victos comedunt.

2 **victus**, *-ūs m (hier)* der Verzehr
alius alium *(hier)* einer den anderen; sich gegenseitig

Übersetzung

Sunt studiosi piscaturae. Et illud mare piscosum est et omni genere piscium

6 copiosum. Non sunt venatores. Puto, quia, cum ibi sint multa animalium silvestrium genera – et maxime leonum et ursorum

9 et innumerabilium serpentum aliarumque horridarum atque deformium bestiarum – et etiam cum ibi longe

12 lateque pateant silvae et immensae magnitudinis arbores, non audent nudi atque sine tegminibus et armis tantis

15 se discriminibus exponere.

Sie sind eifrig im Fischfang. Und jenes Meer ist fischreich und voll von jeder Art Fisch. Sie sind keine Jäger. Ich glaube, weil es dort viele Arten von Waldtieren gibt – vor allem Löwen, Bären, unzählige Schlangen und andere schreckliche und hässliche Tiere – und weil sich dort weit und breit Wälder mit riesenhaften Bäumen erstrecken, wagen sie es nicht, nackt, ohne Körperbedeckung und Waffen sich so großen Gefahren auszusetzen.

Arbores maximae ibi sine cultore perveniunt. Quarum multae fructus faciunt gustui delectabiles et humanis corporibus utiles,

18 nonnullae vero contra; et nulli fructus ibi his nostris sunt similes. Gignuntur et ibi innumerabilia genera herbarum et radicum, ex quibus panem conficiunt et optima pulmentaria. Habent et multa

21 semina his nostris omnino dissimilia.

16 **pervenīre** *(hier)* werden
17 **gūstuī** *(Dat.)* **dēlectābilis** köstlich im Geschmack
18 **contrā** *(hier)* genau das Gegenteil
19 **herba** Kraut
rādīx, *-īcis f* Wurzel; Rübe
20 **pulmentārium**, *-ī n* Beilage

→ **BD** lateinlex.de/d1d9 → AH S.35 Steigerung von Adjektiven und Adverbien

Ovid: Das Goldene Zeitalter
(Übers. nach Ov. met. I 89–112)

Als erstes entstand das Goldene Zeitalter, das
ohne Rächer, freiwillig und ohne ein Gesetz
3 Treue und Redlichkeit pflegte. Strafe und
Furcht gab es nicht; man las keine drohenden
Worte, in Erz geschrieben; keine flehende
6 Menge fürchtete die Urteilssprüche ihres
eigenen Richters, sondern alle waren auch
ohne Rächer sicher. (...)
9 Noch umringten keine abschüssigen Gräben
die Städte, weder Kriegstrompeten gab es
noch Hörner, keine Helme, keine Schwerter
12 gab es: Ohne dass ein Soldat benötigt wurde,
lebten sorglose Völker in tiefem Frieden.
Auch die Erde selbst gab alles von sich aus
15 unverletzt, von keiner Hacke berührt und
nicht verwundet von Pflugscharen. Zufrieden
mit Speise, die ohne Zwang hervorgebracht
18 wurde, sammelte man die Früchte des Erd-
beerbaums und Walderdbeeren und Kornel-
kirschen und in dornigen Sträuchern hängen-
21 de Brombeeren und Eicheln (...).
Ewiger Frühling herrschte, und sanfte West-
winde streichelten mit milden Lüften die
24 Blumen, die ohne Samen entstanden waren:
Bald trug auch die ungepflügte Erde Früchte,
der unbearbeitete Acker war weiß von
27 schweren Ähren; schon strömten Flüsse von
Milch, schon Flüsse von Nektar; und von der
grünen Steineiche tropfte goldgelber Honig.

→ MEHR ERFAHREN
Kannibalismus

Vor Vespucci berichtete bereits
Christoph Kolumbus über ein men-
schenfressendes Volk in der Neuen
Welt, das er „Caniba" nannte; davon
ist das Wort Kannibale abgeleitet.
Heute werden verschiedene Motive
des Kannibalismus unterschieden:
beispielsweise religiöse, rituelle oder
magische Motive, Ehrfurcht oder
Angst, Rache oder Strafe sowie
extreme Notlagen.

3 In Z.1–3 spielt der Autor mit dem Gleichklang
bestimmter Begriffe. Belege diese Aussage.
4 Nenne Gründe für den im lateinischen Text
beschriebenen Kannibalismus und begründe
deine Wahl. → Kannibalismus
5 Beschreibe die Lebensweise der Einheimischen
und erkläre, welcher Bezug zu den dortigen
Naturgegebenheiten besteht.
6 a Stelle anhand des Ovid-Textes und der
Abbildung wesentliche Merkmale paradiesi-
scher Zustände zusammen.
b Erkläre, inwiefern das Thema des Textes für
Ovid typisch ist.
c Vespucci bezeichnet an anderer Stelle das neu
entdeckte Land als „irdisches Paradies":
Erörtere, inwiefern die von ihm beschriebenen
Verhältnisse dem „Paradies" Ovids gleichen.
d Land oder Leute? Diskutiert in der Lern-
gruppe, was für euch „Paradies" bedeutet.

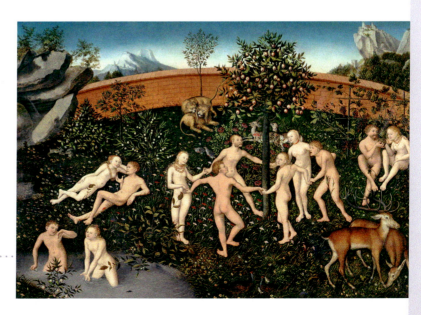

Das Goldene Zeitalter. Das Gemälde
von Lucas Cranach d. Ä. (1530) ist
von der Schilderung Ovids inspiriert.

GRUNDWISSEN Bücher: spannend, lehrreich, schön!

Phaedrus: Fabeln

Autor:
- Lebenszeit wohl zu Beginn des 1. Jh. n. Chr.
- möglicherweise Freigelassener

Werk:
- *Libri fabularum Aesopiarum*, wohl das erste Werk mit **Versfabeln** der griechisch-römischen Antike
- zentrales Vorbild: der griechische Fabelerzähler **Aesop** (wahrscheinlich 6. Jh. v. Chr.)

Die Gattung Fabel:
- Auftreten von **Tieren** mit menschlichen Verhaltensweisen
- Absicht: **unterhalten** und **belehren**
- häufig mit ausdrücklich formulierter **lehrhafter Moral** im **Promythion** oder **Epimythion**

Rezeption:
Nachleben in der **europäischen Fabeltradition**, z. B.:
- Jean de **La Fontaine** (17. Jh.) in Frankreich
- Gotthold Ephraim **Lessing** (18. Jh.) in Deutschland

Vulgata

Aufbau:
Die Bibel zerfällt grob in zwei Teile:
- **Altes Testament** (AT), Ursprungssprache Hebräisch
- **Neues Testament** (NT), Ursprungssprache Griechisch

Überlieferung und Übersetzung:
- *Septuaginta:* Übersetzung des AT durch jüdische Gelehrte ins Griechische
- *Vetus Latina:* Sammelbegriff für die ersten lateinischen Bibelübersetzungen
- *Vulgata:* Bibelübersetzung des **Hieronymus**, die sich letztlich durchgesetzt hat
- **Lutherbibel/Einheitsübersetzung:** Heutige deutsche Bibelausgaben basieren auf den hebr. bzw. griech. Originaltexten und weichen oft von der *Vulgata* ab

Wichtige Inhalte:
- **Schöpfungsgeschichte:** Erschaffung der Welt und des Menschen (**Adam und Eva**); Parallelen in anderen altorientalischen Religionen und Texten
- **Josefsgeschichte:**
  - Verkauf Josefs durch seine Brüder nach Ägypten; Karriere am Hofe des Pharao, dessen Träume er mit Gottes Hilfe deutet
  - Vorgeschichte des Exodus (Auszug aus Ägypten)
- **Leben und Lehren des Jesus** von Nazareth; **Bilder und Gleichnisse** sind ein typisches Element seiner Lehren

→ S. 271 Geschichtlicher Überblick

Gesta Romanorum

Autor:
- unbekannter Verfasser
- um das Jahr **1300** entstanden

Werk:
- Sammlung von über **200 Geschichten**
- unterschiedliche Inhalte (z. B. Legenden, Anekdoten, Märchenhaftes)

Quellen:
- **Motive** aus der **antiken** oder **mittelalterlichen** Literatur
- Antike **Ruinen** (Statuen, Inschriften ...) in Rom, um die sich Legenden bilden

Die Gattung *Gesta*:
- eigentlich „Taten", also Geschichte; tatsächlich Geschichten unterschiedlichster Art
- Geschichten dienen der **religiös-moralischen Belehrung** der Leser, sollen aber auch **unterhalten**
- Beispiele (*exempla*) für positive wie negative Charaktereigenschaften des Menschen

Rezeption:
- Sammlung über Jahrhunderte **in ganz Europa** verbreitet
- Geschichten regen zahlreiche Schriftsteller an, z. B. **Shakespeare**

Vespucci: *Mundus Novus*

Leben:
- geboren um 1452 im Florenz der **Renaissance**
- als **Bankier bei den Medici** zuständig für die Finanzierung der Reisen des **Kolumbus**
- unternimmt zwei **Erkundungsreisen** in die Karibik und nach Südamerika
- **1501** dritte Reise: als wissenschaftlicher Begleiter ins heutige **Brasilien** im Auftrag des portugiesischen Königs
- 1512 gestorben

Der Brief „Mundus Novus":
- berichtet von der **Fahrt nach Brasilien**
- ursprünglich auf Italienisch; später übersetzt ins **Lateinische**
- vielgelesen in ganz Europa
- macht Amerigo Vespucci so bekannt, dass der neue Kontinent **„Amerika"** nach seinem **Vornamen benannt** wird

Wichtige Inhalte:
Beschreibung der Einheimischen
- **Aussehen:** Sie sind nackt, aber durchstechen ihre Körper für Schmuck
- **Gesellschaft** und **Lebensweise:**
  - **ohne Herrscher**
  - **ohne Eigentum**
  - leben von den **Früchten der Natur**
- Züge des **Goldenen Zeitalters** (**Ovid**), aber auch Züge des „Barbarischen", da die Einwohner **Kannibalen** sind

→ S. 271 Geschichtlicher Überblick

MACHT UND POLITIK

Nach der Abschaffung der Monarchie entwickelte man in Rom eine Staatsform, in der die Bündelung aller Macht in den Händen einer einzigen Person nicht mehr möglich sein sollte: die Republik. Cicero lobt die Stabilität dieser Staatform, die er dadurch garantiert sah, dass sie Elemente der Monarchie, der Aristokratie und der Demokratie enthielt (**Mischverfassung**). Ein weiteres Element der staatlichen Stabilität war der *mos maiorum* als Orientierungspunkt bei allem staatlichen Handeln.

Soziale Ungleichheit – die Stabilität wackelt

Im Laufe der Jahrhunderte traten vermehrt Probleme zutage, welche die Stabilität der Republik gefährdeten. Wenngleich die Macht nicht in den Händen einer einzigen Person lag, so bündelte sie sich doch in den Händen einer begrenzten Personengruppe: des römischen Adels (**Nobilität**). Dies war ein kleiner und elitärer Personenkreis, der sich Macht und Besitz teilte. Die Adeligen hatten die Kontrolle über den Großteil des staatlichen Ackerlandes (*ager publicus*), während viele Römer – besonders die Landbevölkerung – in Armut lebten.

Optimaten und Popularen – Spaltung der Nobilität

Im 2. Jh. v. Chr. leiteten die Brüder Tiberius und Gaius Gracchus eine Reform ein. Sie formulierten neue **Ackergesetze**, die für eine gerechtere Verteilung des Staatslandes sorgen sollten. Dabei übergingen sie jedoch – in damals unerhörter Weise – den Senat und setzten ihre Reform mithilfe der Volksversammlung durch. Seitdem gab es zwei Sorten von Politikern: die, die traditionsgemäß auf die Unterstützung des Senats bauten (**Optimaten**), und jene, die auf die Volksversammlung setzten (**Popularen**). Sowohl Optimaten als auch Popularen waren Mitglieder der Nobilität, die nun gespalten war und sich nicht mehr durch den *mos maiorum* verbunden sah.

Starke Männer am Horizont – der wachsende Einfluss der Feldherrn

Etwa zwanzig Jahre nach den Gracchen sorgte ein Popular namens Marius für eine weitere wesentliche Veränderung: Er verschaffte auch den Besitzlosen Zugang zur Armee, was bislang nicht möglich gewesen war. Die verarmte Landbevölkerung erhielt dadurch eine zusätzliche Einkunftsquelle (Sold), und das Problem des Soldatenmangels war auch gelöst. Nun mussten aber alle Kriegsheimkehrer finanziell versorgt werden (Problem der Veteranenversorgung). Dies erhofften sie sich von ihrem Feldherrn, von dem sie geradezu abhängig waren. Ein Feldherr konnte umgekehrt auf die Unterstützung seiner Leute setzen (**Klientelverhältnis**), wodurch er zu einer bislang ungeahnten und geradezu unerhörten Machtfülle gelangte.

Ein starker Mann übernimmt die Macht – das Ende der Republik

Nach nur weiteren dreißig Jahren kam es so weit, dass die Römer ihr Schicksal in die Hände einer einzigen Person legten: des Pompeius, den sie mit einer geradezu monarchischen Macht-

→ S. 270 Übersicht zur römischen Republik
→ GK 3.1/3.2 Frühe, mittlere, späte Republik

fülle ausstatteten. Pompeius galt als der größte Feldherr seiner Zeit und wurde zum Vorbild und Rivalen von C. Iulius Caesar, der schließlich von Gallien aus gegen Rom marschierte, sich in einem blutigen Bürgerkrieg (*bellum civile*) gegen Pompeius durchsetzte und schließlich zum Diktator auf Lebenszeit (*dictator perpetuus*) ernannt wurde. Noch ein letztes Mal bäumten sich die Kräfte der alten Republik gegen die Alleinherrschaft auf: Caesar wurde ermordet. Doch die Republik war nicht mehr zu retten. Mit Caesars Adoptivsohn Octavian betrat der erste römische Kaiser die Bühne der Weltgeschichte: Er erhielt den Ehrentitel Augustus.

1 Erkläre mithilfe der *Grundkenntnisse:* Mischverfassung | Volksversammlung | Diktator | Klientelwesen | *mos maiorum*
2 Weise den Büsten die passenden Stichworte (a, b, c) zu, auch anhand von Recherche.
3 Stellt in der Lerngruppe Informationen zu diesen Themen zusammen und bringt sie in einen historischen Zusammenhang: Vertreibung der Könige – Ständekämpfe – Ausdehnung der Herrschaft Roms auf Mittel- und Unteritalien.

MARIUS
(158–86 v. Chr.)

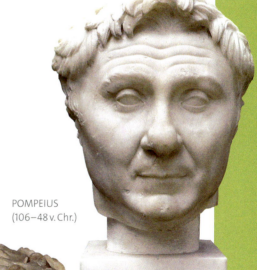

POMPEIUS
(106–48 v. Chr.)

597
POMPEJUS MAGNUS
d. 48 f. Kr.

Stichworte:
a erhielt den Beinamen „Magnus" – Schwiegersohn Caesars – er, Caesar und Crassus bildeten das sog. erste Triumvirat
b erster Feldherr, der mit seinen Truppen gegen Rom marschierte – Optimat – Diktator
c siebenmaliger Konsul und Sieger über die germanischen Kimbern und Teutonen – Popular – Onkel von Caesar

SULLA
(138–78 v. Chr.)

CORNELIUS NEPOS: HANNIBAL

Leben und Werk des Nepos

Mitten in die Zeit tobender Bürgerkriege wurde **Cornelius Nepos** 110 v. Chr. in Norditalien (vermutlich in Pavia oder Mailand) geboren. Details über seine familiäre Herkunft oder seinen Werdegang sind spärlich gesät. Lediglich ein paar befreundeten Autoren wie z. B. Cicero verdanken wir Anhaltspunkte über sein Leben und sein Werk: Bekannt ist er durch seine *Chronica*, eine Art Weltchronik in drei Bänden, die uns nur fragmentarisch erhalten ist, vor allem aber durch seine umfangreiche Biographiensammlung *De viris illustribus*.

Die Sammlung *De viris illustribus*

Die Sammlung umfasste die Lebensbeschreibungen (**Viten**, Singular: **Vita**) von fast 400 Persönlichkeiten, die in vermutlich 16 Büchern nach „Berufsgruppen" geordnet waren: Unter anderem wurden Könige, Feldherren, Dichter, Redner, Grammatiker, Historiker und Philosophen behandelt. Erhalten sind davon jedoch nur 24, vor allem Lebensläufe griechischer Staatsmänner und Feldherren. Lediglich zwei Viten von Römern sind zumindest bruchstückhaft überliefert: die über den legendären, sittenstrengen **Cato den Älteren** (234–149 v. Chr.) sowie über **Ciceros** engen Freund **Atticus** (110–32 v. Chr.).

Erhalten sind außerdem zwei Biographien, die für die römische Literatur damals ein absolutes Novum darstellten: nämlich über zwei karthagische Feldherren, **Hamilkar** (ca. 270–229 v. Chr.) und dessen Sohn **Hannibal** (ca. 247 –183 v. Chr.). Beide hatten gegen Rom gekämpft, Hannibal galt sogar als der größte Feind Roms überhaupt. Dass ein Römer solche Persönlichkeiten eigener Biographien würdigt, ist durchaus ungewöhnlich.

→ **GUT ZU WISSEN**
Die Gattung Biographie

Jede Biographie in *De viris illustribus* folgt einem Muster: Nach einer stichwortartigen Angabe von Namen und Herkunft folgt eine auf das historisch Wesentliche konzentrierte Darstellung der Taten der jeweiligen Person bis zu deren Tod. Oft rundet eine kurze Würdigung die Biographie ab. Wichtige kaiserzeitliche Vertreter sind **Sueton** (70–122 n. Chr.) mit *De vita Caesarum* (Viten der römischen Kaiser von Caesar bis Domitian) und der Grieche **Plutarch** (45–125 n. Chr.), der in seinen „Parallelbiographien" immer einen Römer und einen Griechen einander gegenüberstellt.

Nepos. Statue in Nepos' möglichem Geburtsort Ostiglia; von Pasquale Miglioretti (1868)

Die Absicht des Nepos

Wie alle Literatur, die nicht in direktem Bezug zur aktuellen Politik stand, hatte die Biographie in Rom immer mit dem Ruf zu kämpfen, bloße **Unterhaltung** zu sein. Aber war sie das?

Nepos lebte in einer turbulenten Zeit, in der die römische Republik durch Ansprüche machthungriger Politiker wie Pompeius oder Caesar (→ S. 74 ff.) zunehmend ins Wanken geriet und Konflikte immer wieder in Form von Bürgerkriegen ausgetragen wurden. Daher ist es eine berechtigte Frage, welchen Stellenwert *De viris illustribus* unter solchen Umständen beanspruchen will:

Dienen die Biographien nur der **Rückbesinnung**, also dazu, in Erinnerungen an die Tugenden und Taten der alten Zeit zu schwelgen? Oder enthalten sie im Gegenteil sogar eine **politische Aussage**? Vermitteln sie vorwiegend **Information**? Befriedigen sie die **Neugier** nach Klatsch und Tratsch über große Männer? Oder dienen sie vor allem der **Erbauung** und **moralischen Belehrung**?

1 Entwickle eine Vermutung, welche Absicht Nepos mit einer Biographie ausgerechnet über Hamilkar und Hannibal verfolgen könnte.
·→ Rom und Karthago

2 Gruppenarbeit: Ihr wollt fünf Persönlichkeiten in einer kleinen Biographiensammlung beschreiben. Erarbeitet eine Zielsetzung für eine solche Sammlung und wählt geeignete Personen aus. Begründet eure Auswahl.

3 Während von Staatsmännern oft Originalporträts existieren (z. B. S. 51), beruhen Bilddarstellungen römischer Schriftsteller meist nur auf Phantasie. Beschreibe die Statue und arbeite heraus, wie Miglioretti bzw. seine Auftraggeber den berühmtesten Sohn der Stadt sahen (achte auf Mimik und Gestik!).

4 Beschreibe anhand der Abbildung und mittels Recherche, welche Funktion der Hafen von Karthago hatte und welche Rolle er in der Konkurrenz zwischen Karthago und Rom spielte.

·→ GUT ZU WISSEN
Rom und Karthago

Die reiche und mächtige Handelsstadt Karthago war die wichtigste Rivalin Roms im Kampf um die Macht im westlichen Mittelmeer. Gegen sie führten die Römer die **drei Punischen Kriege**. Im ersten (264–241 v. Chr.) kämpften sie u.a. gegen **Hamilkar** Barkas, Hannibals Vater. Im zweiten (218–201 v. Chr.) marschierte **Hannibal** in Italien selbst ein und brachte den Römern schwere Niederlagen bei – für die Römer ein bleibendes Trauma, obwohl sie am Ende siegten. Den dritten Krieg (149–146 v. Chr) schließlich beendeten die Römer mit der völligen **Zerstörung Karthagos**. Wieviel Hass hier im Spiel war, zeigt das Verhalten des **Cato d. Ä.**: Er soll jede seiner Senatsreden mit der Forderung beendet haben: *Ceterum censeo Karthaginem esse delendam.*

Der Hafen von Karthago, im 3. Jh. vermutlich der größte der Welt. Rekonstruktion.

→ GK 3.2 Mittlere Republik, 3.3 Rom und Karthago

📖 Die Gattung Biographie – nichts für ernsthafte Männer? Prol. 1

De viris illustribus beginnt mit einem Paukenschlag, indem Nepos in seiner Einleitung, dem sogenannten Prolog, mögliche Kritiker seines Werkes scharf angreift.

Non dubito fore plerosque, qui hoc
genus scripturae leve et non satis
3 dignum summorum virorum personis
iudicent (...) Sed hi erunt fere, qui
expertes litterarum Graecarum nihil
6 rectum, nisi quod ipsorum moribus
conveniat, putabunt. Hi si didicerint
non eadem omnibus esse honesta atque
9 turpia, sed omnia maiorum institutis
iudicari, non admirabuntur nos in
Graiorum virtutibus exponendis mores
12 eorum secutos:

(Es folgen Beispiele für griechische Sitten.)

Quae omnia apud nos partim infamia,
15 partim humilia atque ab honestate
remota ponuntur.
Contra ea pleraque nostris moribus sunt
18 decora, quae apud illos turpia putantur:

(Es folgen Beispiele für römische Sitten.)

1 📖 Arbeite mithilfe der deutschen Übersetzung heraus, welchen Vorwurf Nepos offenbar erwartet, und wie er kontert.

Übersetzung

Ohne Zweifel wird es sehr viele geben, die urteilen, diese literarische Gattung sei seicht und der Persönlichkeiten großer Männer unwürdig (...).

Aber das werden bestimmt diejenigen sein, die ohne Ahnung von griechischer Literatur nur das für richtig halten, was ihrem eigenen Sittenempfinden entspricht. Wenn diese Leute begreifen, dass nicht für alle dasselbe anständig und unanständig ist, sondern alles nach dem Sittenkodex der Vorfahren beurteilt wird, dann werden sie sich nicht wundern, dass ich mich bei der Darstellung der Leistungen von Griechen auch am Sittenempfinden der Griechen orientiert habe:

(Es folgen Beispiele für griechische Sitten.)

So etwas wird bei uns teils als schändlich, teils einfach als niedrig und als weit weg von der Ehrenhaftigkeit angesehen. Umgekehrt ist nach unseren Sitten sehr viel ehrenwert, was bei jenen als schändlich gilt:

(Es folgen Beispiele für römische Sitten.)

2 a Weise den hervorgehobenen Begriffen in der Übersetzung die Entsprechungen im lateinischen Text zu.
b Arbeite anhand der lateinischen Begriffe heraus, worum es Nepos in seinem Werk vor allem zu gehen scheint.

3 Die hier ausgelassenen Beispiele findest du auf der rechten Seite – aber durcheinander. Entwickle Vermutungen, welche der Bräuche in Rom, welche in Griechenland gelten. Prüfe deine Vermutungen anhand einer Übersetzung des Prologs des Nepos.
4 Diskutiert in der Lerngruppe: Welche dieser Bräuche entsprechen im heutigen Europa üblichen Moralvorstellungen?

→ S. 219 Kursorisch lesen
→ S. 237 Wörterbuchgebrauch

Römische und griechische Bräuche

> Es ist nicht schändlich, die Halbschwester zu heiraten, wenn die Mitbürger demselben Brauch folgen.

> Eine anständige Frau nimmt an einem Gastmahl nur teil, wenn ausschließlich Verwandte zugegen sind, und sie sitzt nur im inneren Teil des Hauses im sogenannten Frauengemach, das nur enge Blutsverwandte betreten dürfen.

Anständig oder unanständig? Griechen, Römer und wir heute sehen diese etruskische Bankettszene aus dem 5. Jh. v. Chr. mit unterschiedlichen Augen.

> Höchst ruhmvoll war es im ganzen Land, wenn man als Sieger bei den Olympischen Spielen ausgerufen wurde.

> Für männliche Jugendliche gilt es als ruhmvoll, möglichst viele Liebhaber gehabt zu haben.

> Die Familienmutter hat den ersten Platz im Haus und hält sich in den belebten Teilen des Hauses auf.

Wie beginnt man eine Biographie?

Anfangssätze aus modernen Hannibal-Biographien:

Walter Görlitz (1970): Als Hannibal im Jahre 218 v. Chr. von Spanien aus über die Alpen nach
3 Italien marschierte, war Alexander der Große etwas mehr als hundert Jahre tot.

Jakob Seibert (1993): Wer das Leben einer
6 historischen Persönlichkeit darstellen will, muss möglichst umfassend alle Quellen und Unterlagen zur Person und zu ihrer Zeit
9 sammeln und kritisch verwerten.

Hartwig A. Vogelsberger (1996): Seit etwa 30 Jahren hat sich in der (...) Geschichtsfor-
12 schung ein Trend etabliert, der sich beharrlich darauf versteift, die Bedeutung der großen Einzelperson in der Geschichte zu eliminieren.

15 **Patrick Hunt (2017):** Hannibal has loomed (*to loom: aufragen*) large in my imagination since my youth.

> Kein Mann schämt sich, seine Frau mit zum Gastmahl zu nehmen.

> Niemandem gereicht es zur Schande, auf der Bühne zu stehen und dem Volk als Spektakel zu dienen.

5 Arbeite aus dem Prolog des Nepos Aspekte heraus, die auch heute für das gegenseitige Verständnis verschiedener Kulturen wichtig sind.

6 a Vergleiche die modernen Anfangssätze miteinander und arbeite heraus, welches Ziel die Autoren mit dieser Art der Einleitung wohl jeweils verfolgen.

b Entwickle eine Vermutung, ob diese Gesichtspunkte bzw. welche davon auch für Nepos wichtig sein könnten.

Hannibal Hann. 1.1–2

Nepos eröffnet die Biographie Hannibals mit einem verblüffenden Eingeständnis ...

1 Wie beginnt wohl ein Römer die Lebensbeschreibung des Erzfeindes von Rom? Stellt Vermutungen zusammen und vergleicht sie nach der Übersetzung mit dem Text.

2 Z. 2–9: Gib alle Verben an, die zum Wortfeld „übertreffen" gehören. Erschließe dann jeweils: *Wer* übertrifft *wen worin?*

Hannibal, Hamilcaris filius, Karthaginiensis.
Si verum est

3   (quod nemo dubitat),
ut populus Romanus omnes
gentes virtute superarit,

6 non est infitiandum Hannibalem tanto
praestitisse ceteris imperatoribus prudentia,
quanto populus Romanus antecedat

9   fortitudine cunctas nationes.
Nam quotienscumque cum eo congressus
est in Italia, semper discessit superior.

12 Nisi domi civium suorum invidia debilitatus
esset, Romanos videtur superare potuisse.
Sed multorum obtrectatio devicit unius virtutem.

4/5 **ut ... superārit** *hängt ab von* sī vērum est
6 **īnfitiārī** leugnen
6/8 **tantō ... quantō** um so viel ... wie
10 **quotiēnscumque** sooft
12 **dēbilitāre** lähmen, schwächen
14 **obtrectātiō**, *-ōnis f* Missgunst, Neid

3 Stelle aus dem Text wertende Begriffe zusammen und arbeite heraus, welche Menschen und Gruppen positiv, welche negativ dargestellt werden.

4 Vergleiche den Befund mit deiner Vermutung aus **1** und ggf. auch mit der aus **6 b** (S. 55) und erläutere, inwiefern der Befund überrascht. Erschließe Gründe für diese Darstellung Hannibals.

5 **EXTRA:** In Z. 5 würde man statt Konj. Perf. eigentlich Konj. Präs. erwarten. Stelle eine Vermutung an, welche Aussageabsicht hinter dieser Tempuswahl stehen könnte.

→ **BD** lateinlex.de/d1eb   → AH S. 50 Funktionen des Ablativs

T. Livius: Hannibal

Auch Livius beginnt seine Darstellung des Zweiten Punischen Krieges mit einer Charakteristik des großen Puniers:

Nie war ein Mensch in zwei so gegensätzlichen Dingen so gut wie Hannibal: im Gehorchen ebenso wie im Befehlen. Deshalb liebte
3 ihn und vertraute ihm das Heer nicht weniger als der Feldherr (*gemeint: sein Vater Hamilkar*).
6 Gewaltig war sein Mut, Gefahren anzugehen, gewaltig auch sein klarer Verstand, wenn die Gefahr dann da war. Keine Mühe konnte
9 seinen Körper ermüden oder seinen Geist besiegen. Hitze und Kälte ertrug er, im Essen und Trinken war er maßvoll, im Wachen und
12 Schlafen richtete er sich nicht nach Tag und Nacht, sondern schlief dann, wenn die Arbeit getan war – und nicht in einem bequemen
15 Bett oder besonders abgeschirmt: Oft sah man ihn in einen Soldatenmantel gewickelt mitten zwischen den Wachposten auf dem Boden
18 schlafen. Er kleidete sich nicht vornehmer als seine Altersgenossen, nur seine Waffen und Pferde waren bemerkenswert: Sowohl zu
21 Pferde wie zu Fuß überragte er die anderen; als erster ging er in die Schlacht, als letzter verließ er sie.
24 Diese so großen Tugenden wurden jedoch durch gewaltige Fehler ausgeglichen: unmenschliche Grausamkeit, selbst nach puni-
27 schen Maßstäben große Treulosigkeit; nichts war ihm heilig, nichts wahr; keine Götterfurcht, keinen Eid, keine Tabus kannte er.

---

6 Livius ist dir aus früheren Jahren bekannt. Stelle Erzählungen zusammen, die in seinem Werk überliefert sind.

7 Vergleiche die Charakteristik des Nepos mit der des Livius. → Hannibal in antiken Quellen
Erläutere die Unterschiede im Hinblick darauf,
a welche Schwerpunkte sie setzen und
b wie sie Hannibal bewerten.

8 Beschreibe das Aussehen der Büste (Mimik, Kleidung) und erläutere, welche charakteristischen Merkmale des Hannibal dadurch vermittelt werden sollen.

→ MEHR ERFAHREN
Hannibal in antiken Quellen

Antike Historiker haben den Zweiten Punischen Krieg dargestellt und gehen in diesem Rahmen auch ausführlich auf Person und Taten Hannibals ein. Die beiden wichtigsten sind Titus **Livius** mit den Büchern 21–30 seines Geschichtswerkes *Ab urbe condita* und der griechische Historiker **Polybios** (ca. 200–120 v. Chr.), der mit Scipio Aemilianus, dem Zerstörer Karthagos, befreundet war. Polybios ist oft zuverlässiger als Livius (insbesondere im Hinblick auf Hannibals militärische Taktik), aber nur unvollständig erhalten.

Hannibal. Marmorbüste (angeblich aus dem 2. Jh. v. Chr., vermutlich aber neuzeitlich)

Der Schwur des Hannibal Hann. 2.3–6

Über seine Jugend lässt Nepos Hannibal selbst zu Wort kommen. Viele Jahre nach dem Krieg gegen Rom erzählt der Punier einem Verbündeten, wie er schon als Kind in die Fußstapfen seines Vaters Hamilkar trat.

1 Z. 1–16:
  a Erschließe durch die hervorgehobenen Ausdrücke, was Hamilkar tut.
  b Ergänze die von dir erschlossenen Informationen und belege deine Ergänzung am Text. Beziehe auch die Abbildung mit ein.

„Pater meus," inquit, „Hamilcar puerulo me, utpote non amplius novem annos nato, in Hispaniam imperator

3 proficiscens Karthagine Iovi Optimo Maximo hostias immolavit.

    Quae divina res dum conficiebatur,

6 quaesivit a me,

    vellemne secum in castra proficisci.

    Id cum libenter accepissem

9   atque ab eo petere coepissem,

       ne dubitaret <me secum> ducere,

tum ille: „Faciam", inquit, „si mihi fidem, quam postulo,

12 dederis."

Simul me ad aram adduxit,

    apud quam sacrificare instituerat,

15 eamque ceteris remotis tenentem <me> iurare iussit

numquam me in amicitia cum Romanis fore.

Id ego ius iurandum patri datum usque ad hanc aetatem ita

18 conservavi,

    ut nemini dubium esse debeat,

      quin reliquo tempore eadem mente sim futurus.

1 **puerulō mē** *(nominaler Abl. abs.)* als ich noch ein kleiner Junge war

1/2 **utpote ... nātō** nicht älter als neun Jahre alt

2 Paraphrasiere die Schwurszene (Z. 1–16) in ihrem Ablauf.

3 Begründe, warum der Gott Baal im Text mit Jupiter gleichgesetzt wird. → Die Götter der Karthager

→ **BD** lateinlex.de/d1ec

→ AH S. 16 Indikativ und Konjunktiv in Nebensätzen
→ AH S. 59 nominaler Ablativus absolutus

Hannibals Schwur.
Gemälde von
Giovanni Pittoni (1723)

→ MEHR ERFAHREN
Die Götter der Karthager

Über die Religion der Karthager sind uns kaum verwertbare Zeugnisse überliefert. Bekannt ist, dass sie stark von der Götterwelt der Phönizier geprägt ist, von denen die Karthager abstammen. Die Hauptgottheit war demnach Baal Schamim, der „Herr der Himmel", der als Wettergott fungierte. Andere Gottheiten waren für Fruchtbarkeit, das Meer, die Gesundheit oder den Schutz des Staates verantwortlich. Bei den zahlreichen kultischen Festen wurden den Göttern Frucht- und Tieropfer dargebracht. Dass auch Kinder geopfert wurden, wie die Römer behaupteten, gilt als widerlegt.

T. Livius: Hannibals Schwur

Es geht auch das Gerücht um, dass Hannibal im Alter von kaum neun Jahren seinen Vater Hamilkar auf
3 kindliche Art schmeichelnd darum bat, nach Spanien mitgenommen zu werden, als Hamilkar den Krieg in Afrika beendet hatte und gerade ein Opfer abhielt, um
6 anschließend sein Heer nach Spanien überzusetzen. Hannibal sei an den heiligen Altar herangeführt worden, habe ihn berührt und sei eidlich verpflichtet
9 worden, dass er, sobald er dazu fähig wäre, als Feind des römischen Volkes auftreten werde.

4 Der Historiker Livius berichtet ebenfalls von Hannibals Schwur. Vergleiche seine Darstellung mit der des Nepos: Arbeite Gemeinsamkeiten und Unterschiede heraus. → Hannibal in antiken Quellen, S. 57

5 Vergleiche das Gemälde von Giovanni Pittoni mit der Darstellung bei Nepos.

6 a Recherchiere die Darstellung der Schwurszene im Wikipedia-Artikel über Hannibal und vergleiche sie nach folgenden Kriterien mit der des Nepos: Ort innerhalb der Vita – Umfang – literarische Gestaltung.

   b Weise nach, dass die Darstellung bei Nepos ein anderes Ziel hat als die in Wikipedia.

→ S. 57 Hannibal in antiken Quellen

Der Marsch über die Alpen Hann. 3.2–3

Der kometenhafte Aufstieg Hannibals beginnt mit dem Tod seines Vaters Hamilkar (229 v. Chr.). Obwohl noch sehr jung, tritt Hannibal sogleich dessen Nachfolge als Heerführer an.

1 Z. 1–9:

  a Gib alle Prädikate an und erschließe, was Hannibal tut.

  b Ergänze die von dir erschlossenen Informationen und belege deine Ergänzung am Text.

2 Z. 10–16: Fertige eine syntaktische Analyse an. Der Hauptsatz ist hervorgehoben.

Sic Hannibal minor quinque et viginti annis natus
imperator factus proximo triennio omnes gentes
3 Hispaniae bello subegit; Saguntum, foederatam
civitatem, vi expugnavit; tres exercitus maximos
comparavit. Ex his unum in Africam misit, alterum cum
6 Hasdrubale fratre in Hispania reliquit, tertium in Italiam
secum duxit. Saltum Pyrenaeum transiit. Quacumque
iter fecit, cum omnibus incolis conflixit: neminem nisi
9 victum dimisit.
Ad Alpes posteaquam venit, quae Italiam ab Gallia
seiungunt, quas nemo umquam cum exercitu ante eum
12 praeter Herculem Graium transierat – quo facto is hodie
saltus Graius appellatur –, Alpicos conantes prohibere
transitu concidit, loca patefecit, itinera muniit, effecit,
15 ut ea <via> elephantus ornatus ire posset, qua antea
unus homo inermis vix poterat repere.
Hac <via> copias traduxit in Italiamque pervenit.

  1 **minor quīnque et vīgintī annīs nātus** mit weniger als 25 Jahren

  2 **triennium** Zeitraum von drei Jahren

  3 **foederātus** verbündet *(mit Rom)*

  7 **saltus, -ūs m** (bewaldetes) Gebirge

    quācumque wohin auch immer

10 **posteāquam** ~ postquam

11 **sēiungere** trennen

12 **Graīus** ~ Graecus

    quō factō *(hier)* deshalb

14 **concīdere** *(Perf.* concīdī*)* niedermachen

    loca patefacere das Gelände wegbar machen

15 **ōrnātus** *(hier)* beladen

16 **inermis, -e** unbewaffnet

    rēpere kriechen

17 **in Ītaliamque** ~ *et* in Ītaliam

3 Beschreibe mithilfe des Textes und der Karte auf S. 63 Hannibals Weg von Sagunt bis zu den Alpen.

4 a Gib an, auf welchen Ursprung Nepos den Namen der *Alpes Graiae* (heute Graijsche Alpen) zurückführt (Z. 11–13).

  b Nepos' Erklärung trifft historisch nicht zu. Stelle eine Vermutung über den Zweck dieser „erfundenen" Erklärung im vorliegenden Text an.

→ BD lateinlex.de/d1ed

→ S. 216 Satzanalyse
→ AH S. 6 Verbformen

Hannibal auf dem Weg durch die Alpen.
Holzstich aus Deutschland (1866)

→ **GUT ZU WISSEN**
Die Alpen

Für die Römer stellten die Alpen eine natürliche Barriere dar, die von Norden einströmende Völker über Jahrhunderte fernhielt. Umso bemerkenswerter ist es, mit welcher Zielstrebigkeit Hannibal und sein Heer die unwegsamen Bergschluchten in angeblich nur 16 Tagen überwunden haben – wenn auch unter massiven Verlusten: Von den knapp 90 000 Mann, mit denen die Expedition begann, haben nach Expertenmeinung ca. 25 000 überlebt.

→ **MEHR ERFAHREN**
Hannibals Alpenroute in der Forschung

Der griechische Autor Polybios (ca. 200–120 v. Chr.) erwähnt, dass Hannibal sich den Alpen über das Tal der Rhône und der Isère genähert hat. Auf welchem Wege er das Gebirge dann überquert hat, ist in der Forschung noch immer umstritten – doch es gibt neue Erkenntnisse: Auf einem der drei in Frage kommenden Pässe, dem 3000 m hoch gelegenen Col de la Traversette, haben Geologen umfangreiche Reste von ca. 2200 Jahre altem Pferdemist gefunden, die ihrer Meinung nach nur von dem Heer Hannibals stammen können. In der Nähe befand sich ein kleiner See, wo man Tiere in großer Zahl tränken konnte – auch auf so etwas musste Hannibal bei seiner Routenplanung achten.

5 Erläutere das taktische Vorgehen Hannibals mithilfe des Textes.

6 Die Passage weist ein sehr hohes Erzähltempo auf. Analysiere, mit welchen sprachlichen Mitteln diese Geschwindigkeit erreicht wird.

7 Die Alpenüberquerung machte Hannibal für die Weltgeschichte unsterblich. Ermittle, an welcher Stelle im lateinischen Text die Besonderheit dieses Unternehmens deutlich wird. Diskutiert, warum sich Hannibal für diesen Weg entschieden haben könnte. → Die Alpen

8 Gruppenarbeit:
  a Stellt mithilfe einer Bildrecherche im Internet weitere Abbildungen zur Alpenüberquerung zusammen und arbeitet heraus, mit welchen Schwierigkeiten Hannibal dabei zu kämpfen hatte.
  b Vergleicht eure Ergebnisse mit der Darstellung bei Nepos.

9 Recherchiert in Gruppen nach Hannibals möglichen Marschrouten über die Alpen und ihrem Für und Wider; präsentiert sie dann.
  → Hannibals Alpenroute in der Forschung

→ S. 50 Geschichte der römischen Republik
→ S. 233 Präsentation

Hannibals größter Sieg   Hann. 4.1–4

In Italien angekommen, dringt Hannibal konsequent weiter nach Süden vor. Niemand scheint ihn aufhalten zu können.

1 Hannibals Marschroute.
  a Erschließe sie, indem du aus dem Text alle geographischen Angaben zusammenstellst und die Karte mit einbeziehst.
  b Ordne allen Orten bzw. Gegenden von Schlachten die Namen von Hannibals Gegnern zu. → Die militärische Führung in Rom · → Die Konsuln 218–216 v. Chr.
2 Belege am Text, dass Hannibal aus allen Gefechten als Sieger hervorging.

Conflixerat apud Rhodanum cum P. Cornelio
Scipione consule eumque pepulerat. Cum hoc
3 eodem Clastidii apud Padum decernit
sauciumque inde ac fugatum dimittit. Tertio idem
Scipio cum collega Tiberio Longo apud Trebiam
6 adversus eum venit. Cum iis manum conseruit,
utrosque profligavit.
Inde per Ligures Appenninum transiit petens
9 Etruriam. Hoc itinere adeo gravi morbo afficitur
oculorum, ut postea numquam dextro aeque
bene usus sit. Qua valetudine cum etiamtum
12 premeretur lecticaque ferretur, C. Flaminium
consulem apud Trasumenum cum exercitu
insidiis circumventum occidit, neque multo post
15 C. Centenium praetorem cum delecta manu
saltus occupantem.
Hinc in Apuliam pervenit. Ibi obviam ei venerunt
18 duo consules, C. Terentius et L. Aemilius.
Utriusque exercitus uno proelio fugavit, Paullum
consulem occidit et aliquot praeterea consulares,
21 in his Cn. Servilium Geminum, qui superiore
anno fuerat consul.

3 **dēcernere** *(hier)* sich eine Entscheidungsschlacht liefern
3/4 **dēcernit; dīmittit** → S. 226 *Historisches Präsens*
4 **saucius** verwundet
tertiō zum dritten Mal
6 **manum cōnserere** *(Perf.* cōnseruī) sich ein Handgemenge liefern, kämpfen
7 **prōflīgāre** überwältigen
11 **etiamtum** damals noch
12 **lectīca** Sänfte
16 **saltus**, *-ūs m* (bewaldete) Anhöhe; Pass
20 **cōnsulāris**, *-is m* ehemaliger Konsul

→ **BD** lateinlex.de/d1ee
→ S. 67 Die Scipionen
→ S. 226 Historisches Präsens
→ GK 3.2 Drei Kriege gegen Karthago
→ GK 4 Politik und Karriere: Konsul, Prätor

→ GUT ZU WISSEN
Die militärische Führung in Rom

Zur Zeit des Zweiten Punischen Krieges hatten die beiden **Konsuln** den Oberbefehl über das Heer, wobei jeder Konsul seine eigene Armee führte. Als **Konsulare** (*consulares*) spielten sie auch nach ihrem Amtsjahr eine wichtige Rolle: Sie waren die Meinungsführer im Senat und übernahmen bei Bedarf auch weitere militärische Aufgaben. Auch das zweithöchste Amt, die **Prätur** (von *prae-ire*), war damals noch ein vorwiegend militärisches; oft führten Prätoren zusätzliche Kontingente.

·→ GUT ZU WISSEN
Die Konsuln 218–216 v. Chr.

Bei den Konsuln, die in Schlachten des 2. Pun. Krieges fielen, sind die Todesdaten angegeben.

218 P. Cornelius Scipio † 211
 Ti. Sempronius Longus
217 C. Flaminius † 217
 Cn. Servilius Geminus † 216
216 L. Aemilius Paullus † 216
 C. Terentius Varro

→ MEHR ERFAHREN
Die Schlacht von Cannae

Die Schlacht von Cannae gilt als taktische Meisterleistung Hannibals. Es gelang ihm, die zahlenmäßig weit überlegene Armee beider Konsuln einzukesseln und zu vernichten. Für die Römer war es ihre schwerste Niederlage überhaupt: Von 80 000 Soldaten fielen 50 000, außerdem einer der beiden Konsuln und mehrere Konsulare und Prätoren. Der Tag ging als *dies ater* („Schwarzer Tag") in den Kalender ein, d. h. als Unglückstag, an dem keine wichtigen Unternehmungen getätigt werden durften. Die Panik, die Rom nach Cannae ergriff, zeigt sich auch darin, dass damals sogar Menschenopfer dargebracht wurden.

3 Wo ist Cannae? Gib die Textstelle an, die die Schlacht von Cannae behandelt, und erschließe Nepos' Gründe für diese Art der Darstellung.
→ Die Schlacht von Cannae
4 Stelle aus dem Text alle Subjekte zusammen, beschreibe die Auffälligkeit und erkläre den Zusammenhang mit der Aussageabsicht.

Westlicher Mittelmeerraum zur Zeit Hannibals

Rom in Gefahr! Oder? Hann. 5.1–4

Nach Cannae wagte niemand mehr, sich Hannibal offen entgegenzustellen. Ungehindert konnte dieser nun durch Italien ziehen.
Es war zu erwarten, dass sein nächstes Ziel Rom sein würde ... → „Hannibal ante portas!"

1 1. Z.1–8: Erschließe anhand der Prädikate und der geographischen Angaben (s. Karte S. 63), ob Hannibal Rom angreift.

2 Z.9–14: Nacht – Stiere – Reisigbündel: Erschließe, wie Hannibal damit den Gegner täuschte; ziehe auch die Abbildung heran.

3 Z.15–19: Fasse anhand des bisher Gelesenen Hannibals militärisches Handeln in Italien zusammen. Vergleiche dann deine Zusammenfassung mit der des Nepos in Z.15–19.

Hac pugna pugnata Romam profectus est nullo resistente. In propinquis urbi montibus moratus
3 est. Cum aliquot ibi dies castra habuisset et Capuam reverteretur, Q. Fabius Maximus, dictator Romanus, in agro Falerno ei se obiecit.
6 Hic clausus locorum angustiis noctu sine ullo detrimento exercitus se expedivit Fabioque, callidissimo imperatori, dedit verba.
9 Namque obducta nocte sarmenta in cornibus iuvencorum deligata incendit eiusque generis multitudinem magnam dispalatam
12 immisit. Quo repentino obiecto visu tantum terrorem iniecit exercitui Romanorum, ut egredi extra vallum nemo sit ausus.

7 **dētrīmentum** Schaden
expedīre befreien
8 **verba dare** (m. Dat.) jmd. täuschen
9 **obductā nocte** „unter dem Schleier der Nacht"
sarmentum Reisigbündel; Bündel aus dürren Ästen
10 **iuvencus** Jungstier
dēligāre anbinden
11 **dispālāre** in alle Richtungen zerstreuen
12 **repentīnus** plötzlich

In den insgesamt 15 Jahren, die Hannibal mit seinem Heer in Italien verbringt, kann trotz aller Anstrengungen weder er die Römer endgültig besiegen noch sie ihn.
Nepos fasst seine Taten so zusammen:

15 Longum est omnia enumerare proelia. Quare hoc unum satis erit dictum, ex quo intellegi possit, quantus ille fuerit: Quamdiu in Italia fuit,
18 nemo ei in acie restitit, nemo adversus eum post Cannensem pugnam in campo castra posuit.

15 **longum est** es würde zu weit führen
17 **quamdiū** solange
19 **pūgna Cannēnsis** die Schlacht bei Cannae
in campō auf freiem Gelände

→ BD lateinlex.de/d1ef   → AH S. 54 Partizipien und Partizipialkonstruktionen

Hannibal täuscht Fabius mit einer Kriegslist.
Illustration von Severino Baraldi (1975)

T. Livius: Hannibals Kriegsrat nach Cannae

Nach dem Sieg von Cannae rät Hannibals Reiterführer Maharbal, keine Zeit zu verlieren:

„Damit du weißt", sprach er, „was mit dieser Schlacht geleistet worden ist:
3 In fünf Tagen wirst du als Sieger auf dem Kapitol speisen! Folge mir! Ich werde mit der Reiterei vorauseilen,
6 sodass sich gar nicht erst die Nachricht verbreitet, dass du kommen wirst, sondern, dass du schon da bist."
9 Der Gedanke schien Hannibal allzu optimistisch und zu groß, als dass er ihn sogleich hätte erfassen können.
12 Deshalb sagte er, er lobe die gute Absicht Maharbals, es brauche aber Zeit, um sich einen Plan auszuden-
15 ken. Darauf erwiderte Maharbal: „Nicht alles haben die Götter demselben gegeben. *Vincere scis, Hannibal,*
18 *victoria uti nescis.*"

→ MEHR ERFAHREN
„Hannibal ante portas!"

Der berühmte Schreckensruf *„Hannibal ante portas!"* wurde in dieser Formulierung nie ausgesprochen und findet sich weder bei Nepos noch bei Livius oder Polybios. Überliefert ist er durch Cicero, der in einer Rede den mit Bürgerkrieg drohenden Marcus Antonius als einen *„Hannibal ad portas"* beschimpft.

·→ MEHR ERFAHREN
Fabius, der „Zauderer"

Q. Fabius Maximus wurde nach der Niederlage am Trasimenischen See zum Diktator ernannt und spielte auch nach Cannae eine große Rolle. Seine Strategie bestand darin, die militärische Lage zu stabilisieren, dabei aber eine offene Schlacht zu vermeiden, weshalb er den Beinamen *Cunctator* (von *cunctari: zaudern*) erhielt. Der Dichter Ennius widmete ihm den Vers: *Unus homo cunctando restituit rem (publicam).*

4 a Nepos lässt einen Handlungsschritt aus, den Livius ausführlich thematisiert. Gib die Stelle bei Nepos an, die dem Livius-Auszug entspricht.
b Erörtere, warum Nepos wohl diese berühmte Szene übergeht, und beziehe dabei Maharbals Ausspruch mit ein.
5 Z. 3–14: Arbeite heraus, wie Nepos die beiden Gegner Fabius und Hannibal im lateinischen Text charakterisiert. ·→ Fabius, der „Zauderer"
6 Z. 15–19: Erläutere, welches Bild von Hannibal Nepos im letzten Textabschnitt vermittelt; vergleiche dies mit dem Beginn der Biographie.

→ GK 4 Politik und Karriere: Diktator

Die Schlacht von Zama Hann. 6.1–7.1

Der Senat von Karthago hat Hannibal in die
Heimat zurückbeordert, da der römische Feldherr
Scipio mit seinem Heer nach Afrika übergesetzt
ist und nun Karthago bedroht.

1 a Ist Hannibal wirklich unbesiegbar?
Stelle pro Abschnitt Ausdrücke zum Sachfeld
„Krieg" zusammen, die sich auf Hannibal
beziehen, und erschließe seine militärischen
Tätigkeiten. Achte dabei auch auf die
Tempora.
  b Z. 2–4: Gib die Stelle im Buch an, an der diese
Schlachten schon erwähnt worden sind.

Hinc invictus patriam defensum revocatus
bellum gessit adversus P. Scipionem, filium eius
3 Scipionis, quem apud Rhodanum, iterum apud
Padum, tertio apud Trebiam fugarat.

Cum hoc exhaustis iam patriae facultatibus
6 cupivit impraesentiarum bellum componere, quo
valentior postea congrederetur. In colloquium
convenit, condiciones non convenerunt.

9 Post id factum paucis diebus apud Zamam cum
eodem conflixit; pulsus – incredibile dictu – biduo
et duabus noctibus Hadrumetum pervenit, quod
12 abest ab Zama circiter milia passuum trecenta.

1 **patriam dēfēnsum** um die Heimat zu verteidigen
5 **exhaurīre** (*PPP* exhaustum) erschöpfen
6 **impraesentiārum** vorläufig
7 **valēns, -entis** kräftig
10 **incrēdibile dictū** unglaublich zu sagen
bīduō in zwei Tagen

2 Z. 1–4:
  a Untersuche die stilistische Gestaltung des
Satzes und beschreibe deren Wirkung.
  b Vergleiche die Gestaltung mit der bei **1 b**
gefundenen Stelle. Erkläre, warum dieser
Rückgriff Nepos gerade hier wichtig ist.
3 Z. 9–12: Bei Zama erleidet Hannibal seine
entscheidende (und nach Nepos überhaupt
erste) Niederlage.
  a Gib die Stelle an, an der diese dargestellt wird.
  b Erläutere den Befund im Vergleich zu Z. 1–4.
  c Zeige, inwiefern der Befund zur Charakteristik auf S. 56 passt.

→ MEHR ERFAHREN
Die Scipionen

P. Scipio, mit vollem Namen Publius Cornelius Scipio Africanus Maior (235–183 v. Chr.), trug bei Zama den ersten echten Sieg über Hannibal davon (202 v. Chr.). Damit wurde er für die Römer zum Nationalhelden. Sein Adoptivsohn P. Cornelius Scipio Aemilianus Africanus Minor (185–129 v. Chr.) siegte im dritten punischen Krieg und war für die völlige Vernichtung Karthagos im Jahre 146 v. Chr. verantwortlich.

Marmorbüste des Scipio Africanus Maior (um 50 v. Chr.)

·→ MEHR ERFAHREN
Die Schlacht von Zama

In den 14 Jahren seit Cannae hatten die Römer nie wieder eine Schlacht gegen Hannibal gewagt, obwohl sie einige seiner Unterfeldherren besiegt hatten. Scipio bereitete sich daher sehr gründlich vor: Er lernte von Hannibal selbst, indem er dessen Siege über Rom analysierte. Als Hannibal bei Zama die gefürchteten Elefanten einsetzte, hatte Scipio auch dafür einen Plan: Die Römer traten gruppenweise zur Seite, so dass zwischen ihnen breite Gassen entstanden. Durch diese liefen die Elefanten einfach durch, um sich dann in die eigenen Reihen zu stürzen.

4 Die Schlacht von Zama wird oft als eine persönliche Auseinandersetzung zwischen Hannibal und Scipio beschrieben. Arbeite heraus, inwiefern das auch bei Nepos der Fall ist. → Die Scipionen ·→ Die Schlacht von Zama

5 Recherchiere Darstellungen der Taktik der Schlacht von Zama im Internet und präsentiere sie. Beschreibe anhand der Ergebnisse die Abbildung unten, ggf. auch kritisch.

Schlacht von Zama (Stich, 19. Jh.)

→ GK 3.3 Rom und Karthago: Scipio

Das zweite Leben Hannibals Hann. 7.4–7

Nach Zama schließt Karthago Frieden mit den Römern. Hannibal hält sich von der Stadt fern, bleibt aber weiterhin Heerführer, zusammen mit seinem Bruder Mago. Als die Römer den Karthagern ihr Missfallen darüber kundtun, reagieren diese unerwartet.

1 📖 Z.1–9: Erschließe passende Ergänzungen für die Übersetzung auf der rechten Seite.

2 Z.15–18: Analysiere das Satzgefüge (*Hac re … iudicarunt*) nach der Einrückmethode.

Karthaginienses Hannibalem domum et Magonem revocarunt. Huc ut rediit, rex factus est. Ut enim Romae
3 consules, sic Karthagine quotannis annui bini reges creabantur. In eo magistratu pari diligentia se Hannibal praebuit, ac fuerat in bello.
6 Namque effecit ex novis vectigalibus non solum,
    ut esset pecunia,
        quae Romanis ex foedere penderetur,
9   sed etiam superesset, quae in aerario reponeretur.
Deinde anno post M. Claudio L. Furio consulibus Roma legati Karthaginem venerunt. Hos Hannibal ratus sui
12 exposcendi gratia missos, priusquam iis senatus daretur, navem ascendit clam atque in Syriam ad Antiochum profugit.
15 Hac re palam facta Poeni naves duas, quae eum comprehenderent, si possent <eum> consequi, miserunt, bona eius publicarunt, domum a fundamentis
18 disiecerunt, ipsum exulem iudicarunt.

11 **suī** *gemeint ist Hannibal*
12 **senātum dare** *(m. Dat.)* eine Anhörung vor dem Senat (von Karthago) gewähren
17 **pūblicāre** beschlagnahmen
18 **disicere** *(Perf.* disiēcī*)* zerstören

3 Z.10–18: Der Text bietet eine knappe Zusammenfassung von Ereignissen – was völlig fehlt (außer Z.11f.), sind Begründungen. Stelle zusammen, an welchen Stellen man sich nach Ursachen und Motiven fragt. Erschließe mögliche Begründungen.

→ **BD** lateinlex.de/d1eh
→ S.216 Satzanalyse
→ S.219 Kursorisch lesen
→ S.237 Wörterbuchgebrauch
→ AH S.6 Verbformen
→ AH S.16 Indikativ und Konjunktiv …
→ AH S.54 Partizipien …
→ AH S.62 Gerund und Gerundiv

Verbrennung der karthagischen Flotte (Stich, 19. Jh.)

Übersetzung
Das zweite Leben Hannibals, Z. 1–9

Die Karthager riefen Hannibal und Mago nach Hause zurück. Sobald er hierhin zurückgekehrt war, ▬▬. Denn wie in Rom ▬▬, so wurden in Karthago alljährlich zwei ▬▬ gewählt. In diesem Amt bewies Hannibal dieselbe ▬▬, die er auch im ▬▬ gezeigt hatte. Denn durch neue Steuern bewirkte er nicht nur, dass das Geld zur Verfügung stand, das gemäß dem Friedensvertrag an die Römer zu zahlen war, sondern dass sogar noch welches übrig blieb, das man in die Staatskasse legen konnte.

→ MEHR ERFAHREN
Der Friedensschluss nach Zama

Karthago musste nicht nur die gewaltige Summe von 10 000 Talenten – in Raten – bezahlen, sondern auch seine Flotte ausliefern, der es Reichtum und Stärke verdankte (→ S. 53). Außerdem verlor es seine Besitzungen in Spanien und damit die spanischen Silberminen. All das bedeutete das Ende von Karthago als Großmacht. Doch wirtschaftlich erholte sich Karthago erstaunlich schnell – und zahlte dabei pünktlich die Raten an die Römer.

4 Z. 1–9: Arbeite heraus, welche neue Seite Hannibals hier beschrieben wird.

5 Z. 1–9: Die Übersetzung gibt den lateinischen Text nicht immer wörtlich wieder. Weise dies an zwei ausgewählten Beispielen nach.

6 Die Folgen des Friedens für Karthago:
   a Erkläre die Folgen; beziehe dabei auch die Abbildung ein.
   b Erläutere die Rolle Hannibals dabei.
      → Der Friedensschluss nach Zama

7 Z. 10–18: Nepos hat sich bereits zu Beginn darüber geäußert, wer am Scheitern Hannibals schuld war (→ S. 56, Z. 9–13). Erörtere, ob bzw. inwiefern der Text auf S. 68 dazu passt.

📖 Hannibals letzte Kriegslist Hann. 10.4–11.7

Der verbannte Hannibal unterstützt nun König Antiochus im Krieg gegen Rom. Als die Römer erneut seine Auslieferung verlangen, flieht er zu König Prusias nach Bithynien. Für ihn führt Hannibal eine Seeschlacht gegen Eumenes II. von Pergamon, einen Verbündeten der Römer. Um Eumenes' Übermacht an Schiffen auszuschalten, greift Hannibal zu einer List.

1 Erschließt in Gruppen folgende Informationen aus den farbig hervorgehobenen Passagen. Tragt anschließend die Informationen zusammen und beschreibt gemeinsam den Schlachtverlauf.

a Z.1–2: Was soll mit den Giftschlangen geschehen?

b Z.2–5: Welche Taktik verfolgte Hannibal in der Seeschlacht gegen Eumenes?

c Z.6–7: Wie gingen die Bithynier gegen Eumenes vor und mit welchem Erfolg?

d Z.8–9: Wie kamen die Giftschlangen gegen die übrigen pergamenischen Schiffe zum Einsatz?

e Z.9–10: Welche Reaktion löste das Vorgehen der Bithynier zunächst bei den feindlichen Pergamenern aus?

f Z.11–12: Wie reagierten die Pergamener schließlich auf das Vorgehen der Bithynier und warum?

g Z.12–13: Wie endete die Seeschlacht für die Pergamener?

Imperavit quam plurimas venenatas serpentes vivas colligi easque in vasa fictilia conici. Harum cum effecisset magnam multitudinem, die ipso, quo
3 facturus erat navale proelium, classiarios convocat iisque praecipit, omnes ut in unam Eumenis regis concurrant navem, a ceteris tantum satis habeant se defendere. Id illos facile serpentium multitudine consecuturos.
(...)
6 Horum in concursu Bithyni Hannibalis praecepto universi navem Eumenis adoriuntur. Quorum vim rex cum sustinere non posset, fuga salutem petit. Reliquae Pergamenae naves cum adversarios premerent acrius, repente in eas
9 vasa fictilia, de quibus supra mentionem fecimus, conici coepta sunt. Quae iacta initio risum pugnantibus concitarunt, neque, quare id fieret, poterat intellegi. Postquam autem naves suas oppletas conspexerunt serpentibus, nova re
12 perterriti, cum, quid potissimum vitarent, non viderent, puppes averterunt seque ad sua castra nautica rettulerunt. Sic Hannibal consilio arma Pergamenorum superavit, neque tum solum, sed saepe alias pedestribus
15 copiis pari prudentia pepulit adversarios.

4 **ūnus** *(hier)* nur ein
8 **cum** *(stellt* cum *an den Satzanfang!)*
9 **vāsa conicī coepta sunt** ~ *(Bithyni)* vāsa conicere **coepērunt** *(darin sind die Schlangen)*
9 **Quae iacta** *(Subjekt)* diese (geworfenen) Dinge

10 **concitārunt** ~ concitāvērunt
12 **perterritī** *(eigentlich PC; ergänzt zunächst* sunt!*)*
13 **sē referre** *(erschließt eine im militärischen Zusammenhang passende Bedeutung!)*

→ S.219 Kursorisch lesen
→ S.237 Wörterbuchgebrauch
→ S.226 Hyperbaton (Gruppe B)

Nepos: Wie Hannibal sein Gold rettete
Hann. 9

Seine Irrfahrten führten Hannibal auch nach
Kreta. Dort brachte er sein Gold mit einer List
in Sicherheit:

Er füllte mehrere Weinkrüge mit Blei, oben
aber deckte er sie mit Gold und Silber zu.

3 Diese stellte er im Beisein der Vornehmen im
Tempel der Artemis auf, wobei er so tat, als
vertraue er sein Vermögen ihrer Treue an.

6 Danach füllte er eherne Statuen, die er bei sich
hatte, mit seinem ganzen Geld und stellte sie
ganz offen auf dem Vorplatz seines Hauses

9 auf. Die Kreter aber bewachten sorgfältig den
Tempel, weniger vor Dieben als vor Hannibal
selbst, damit er nicht ohne ihr Wissen das

12 Geld nähme und mit sich fortführte.

→ MEHR ERFAHREN
Epische Irrfahrten

Im antiken Epos sind die Irrfahrten der
Helden ein bestimmendes Element
für die Handlung. Dem Zorn einer
Gottheit ausgeliefert, werden Helden
wie der listenreiche **Odysseus** oder der
rechtschaffene **Aeneas** von Stürmen
und Unwettern von ihrem ursprüngli-
chen Kurs abgeschlagen und von einem
fremden Ort an den nächsten getrie-
ben, wo es zahlreiche gefährliche
Abenteuer zu überstehen gilt. Nach
vielen Jahren der Entbehrung und Not
finden die epischen Helden jedoch
immer den Weg an ihren Bestim-
mungsort.

2 Zeige anhand der Karte Hannibals Route nach
seiner Flucht; beziehe dabei die Texte und
Angaben auf dieser und der vorigen Doppel-
seite mit ein.

3 „Nepos stellt Hannibal nach dem Vorbild eines
epischen Helden dar."
a Belege diese Aussage anhand der Texte auf
dieser Doppelseite. → Epische Irrfahrten
b Erschließe mithilfe deines Wissens aus frühe-
ren Jahren, an welchen Helden Nepos
wohl am ehesten gedacht haben könnte,
und begründe deine Aussage.

Länderkarte der Region um östliches
Mittelmeer und Schwarzes Meer

Hannibals Tod Hann. 12.1–13.1

Die Seeschlacht ist noch im Gange, als an anderer Stelle das Schicksal für Hannibal eine folgenreiche Wendung nimmt.

1 📖 Z. 1–13:
  a Auf der rechten Seite stehen deutsche Zusammenfassungen zu jedem Abschnitt. Weist – ggf. in Gruppen – den deutschen Einzelinformationen die lateinischen Formulierungen zu, auf denen sie beruhen.
  b EXTRA: Erschließe aus dem lateinischen Text zusätzliche Informationen.

2 Z. 14–24: Übersetze zunächst nur die fett gedruckten Hauptsätze und stelle Vermutungen über den Ausgang der Geschichte an.

3 Z. 14–24: Gib alle AcI-Konstruktionen und das Verb, von dem sie abhängen, an. Erschließe so weitere Informationen zum Verlauf der Geschichte.

Quae dum in Asia geruntur, accidit casu, ut legati Prusiae Romae apud
T. Quinctium Flamininum consularem cenarent, atque ibi de Hannibale
3   mentione facta ex iis unus diceret eum in Prusiae regno esse.

Id postero die Flamininus senatui detulit. Patres conscripti, qui Hannibale vivo
numquam se sine insidiis futuros <esse> existimarent, legatos in Bithyniam
6   miserunt – in his Flamininum –, qui ab rege peterent, ne inimicissimum suum
secum haberet sibique dederet.

Iis Prusia negare ausus non est; illud recusavit, ne id a se fieri postularent, quod
9   adversus ius hospitii esset. Ipsi, si possent, comprehenderent: locum, ubi esset,
facile inventuros.

Hannibal enim uno loco se tenebat in castello, quod ei a rege datum erat
12   muneri, idque sic aedificarat, ut in omnibus partibus aedificii exitus haberet,
scilicet verens, ne usu veniret, quod accidit.

Huc cum legati Romanorum venissent ac multitudine domum
15   eius circumdedissent, **puer ab ianua prospiciens Hannibali dixit**
plures praeter consuetudinem armatos apparere.
Qui imperavit ei, ut omnes fores aedificii circumiret ac propere
18   sibi nuntiaret, num eodem modo undique obsideretur. Puer cum
celeriter, quid esset, renuntiasset omnisque exitus occupatos
ostendisset, <Hannibal> sensit id non fortuito factum, sed se
21   peti neque sibi diutius vitam esse retinendam.
Quam ne alieno arbitrio dimitteret, **memor pristinarum**
virtutum venenum, quod semper secum habere consuerat,
24   **sumpsit**.
Sic vir fortissimus, multis variisque perfunctus laboribus, anno
acquievit septuagesimo.

16 **plūrēs praeter cōnsuētūdinem** mehr als sonst
17 **foris**, *-is f* Tür
20 **fortuītō** *(Adv.)* zufällig
21 **diūtius** länger
22 **aliēnum arbitrium** fremde Willkür; Entscheidung anderer
25 **perfungī** *(Perf.* perfūnctus sum) überstehen
26 **acquiēscere** *(Perf.* acquiēvī) *(hier)* entschlafen, sterben
septuāgēsimus der siebzigste

→ BD lateinlex.de/d1em
→ S. 219 Kursorisch lesen
→ S. 237 Wörterbuchgebrauch
→ AH S. 6 Verbformen
→ AH S. 16 Indikativ und Konjunktiv in Nebensätzen

Der Tod des Hannibal. Stich (USA, 1882)

Der Tod des Sokrates.
Ölgemälde von Jacques Louis David (1787) (Ausschnitt)

Zusammenfassung: Hannibals Tod, Z. 1–13

Hannibal ist in Kleinasien. Währenddessen wird dem T. Quinctius
Flamininus in Rom zufällig der Aufenthaltsort Hannibals mitgeteilt.

Flamininus berichtet dem Senat davon. Dieser schickt Gesandte an den Hof
des Prusias. Dort sollen sie die Auslieferung Hannibals erbitten.

Prusias entspricht der Bitte. Allerdings sollen die Römer Hannibal selbst
gefangennehmen.

Hannibal lebt in einer Burg, aus der an allen Seiten Fluchtwege führen.
Hannibal hatte dies als Vorsichtsmaßnahme so einrichten lassen.

4 Fasse zusammen, welche Schritte letztlich zum Tod Hannibals führen.

5 Z. 22–24: Nepos begründet Hannibals letzte Entscheidung. Erläutere, welche Wertung darin zum Ausdruck kommt.

6 Gruppenarbeit:
a Untersucht alle bisher gelesenen Kapitel der Hannibal-Vita und stellt eine Liste aller Eigenschaften zusammen, die Nepos Hannibal zuschreibt.
b Diskutiert, welches Charakterbild des „Titelhelden" sich für euch ergibt.
c Diskutiert, welches Bild der Römer sich ergibt.

7 Zu Beginn der Lektüre hast du eine Vermutung angestellt, warum Nepos ausgerechnet über Hannibal schreibt (→ S. 53, Aufgabe **1**). Erläutere, ob sich diese bestätigt hat.

8 Die linke Abbildung „zitiert" offenbar eine bekannte Darstellung des Todes des Sokrates.
a Belege diese Aussage, indem du die Bilder vergleichst. Recherchiere dafür ggf. nach dem Tod des Sokrates.
b Diskutiert u. a. auf der Grundlage eures Wissens über Sokrates aus Jgst. 8, ob eine solche Stilisierung Hannibals angemessen ist.

GAIUS IULIUS CAESAR

Caesars Leben

C. Iulius Caesar wurde wurde am **13. Juli 100 v. Chr.** in Rom als Angehöriger eines alten Patriziergeschlechts geboren. Er war als **Politiker**, **Feldherr** und **Schriftsteller** eine der bedeutendsten Persönlichkeiten seiner Zeit.

Mit Anfang 30 begann Caesar seine politische Karriere. Er durchlief rasch den *cursus honorum* und schloss sich im Jahr **60 v. Chr.** mit Pompeius, dem erfolgreichsten Feldherrn seiner Zeit, und Crassus, einem der reichsten Männer Roms, zum **1. Triumvirat**, einer inoffiziellen politischen Interessengemeinschaft, zusammen. Diese drei Männer bestimmten in den Folgejahren die Politik: Durch sie wurde Caesar im Jahr **59 v. Chr. Konsul**. Während seiner Amtszeit machte er sich durch seine volksfreundliche Politik und seine turbulente Amtsführung viele Senatoren zu erbitterten Feinden.

Nach seinem Amtsjahr begab sich Caesar als **Prokonsul** in die nördlichen Provinzen Illyrien und **Gallien**: Dort gelang es ihm in den Jahren **58–50 v. Chr.** durch zahlreiche Eroberungen, der bedeutendste Feldherr Roms neben Pompeius zu werden. Der Ruhm war aber nicht alles: Caesar verfügte nun über viel Gold aus der Beute und über ein schlagkräftiges, treu ergebenes Heer.

In Rom weckte Caesars Machtgewinn Misstrauen, und Pompeius sah in seinem ehemaligen Verbündeten nun einen Konkurrenten. Seine Feinde im Senat planten, ihm aufgrund verschiedener Rechtsverstöße in Gallien den Prozess wegen Amtsmissbrauchs zu machen. Diesem Risiko wollte sich Caesar nicht aussetzen: Er überschritt im Jahr **49 v. Chr.** mit seinen Truppen den Fluss **Rubikon**, der die Grenze zwischen der Provinz Gallia Cisalpina und Italien markierte, und zog gegen Rom. Es folgte ein mehrjähriger **Bürgerkrieg** gegen Pompeius und später Cato als Führer der Senatspartei (**49–45 v. Chr.**), aus dem Caesar schließlich als Sieger hervorging. Er wurde zum **Diktator auf Lebenszeit** ernannt und war jetzt unumschränkter Herrscher in Rom.

Damit war die Republik de facto außer Kraft gesetzt. Das wollten die republikanisch gesinnten Senatoren nicht hinnehmen: An den **Iden des März** (15. März) **44 v. Chr.** fiel Caesar einem Attentat von Verschwörern unter Führung von Brutus und Cassius zum Opfer.

→ MEHR ERFAHREN
Caesars Leben im Überblick

100 Geburt Caesars am 13. Juli
 73 Militärtribunat Caesars
 63 Caesar wird Pontifex maximus
 62 Caesars Prätur
 60 1. Triumvirat (Caesar, Pompeius, Crassus)
 59 Konsulat des Caesar und des Bibulus
58–50 Prokonsulat Caesars in Gallien
 49 Caesar überschreitet den Rubikon: Beginn des Bürgerkriegs
 48 Sieg Caesars über Pompeius bei Pharsalus;
Tod des Pompeius in Ägypten
 47 Eroberung der ägyptischen Stadt Alexandria (bellum Alexandrinum)
 46 Sieg Caesars bei Thapsus über die Anhänger der Republik (bellum Africum); Tod des Cato; Triumph (u. a. über Gallien)
 45 Sieg Caesars bei Munda über die Söhne des Pompeius (bellum Hispaniense)
 44 Caesar Diktator auf Lebenszeit; Ermordung Caesars am 15. März

Die Quellen

Über Caesars Leben berichten der römische Historiker **Velleius Paterculus** (20/19 v. Chr. – 30 n. Chr.), daneben **Sueton** (70 – 122 n. Chr.), der Verfasser von Biographien römischer Kaiser, und außerdem der griechisch schreibende Biograph **Plutarch** (45 – 125 n. Chr.).

→ S. 52 Die Gattung Biographie

→ GK 3.1/3.2 späte Republik: Caesar

Caesars
skrupelloser Weg an die Macht
(1)

ALEA IACTA EST.
(2)

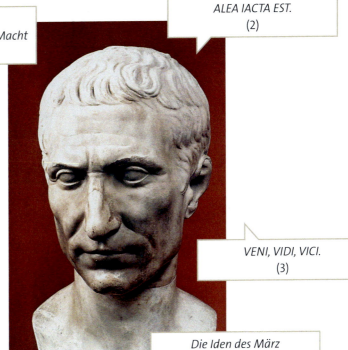

VENI, VIDI, VICI.
(3)

Göttersproß und zweiter
Alexander
(5)

Die Iden des März
(4)

Marmorbüste Caesars
(1. Jh. v. Chr.)

1 Optimaten – Popularen: Ordne Caesar einer der beiden Gruppen zu und begründe deine Zuordnung. → S. 50 f.

2 a Zu den Schlagworten (1)–(5) erfahrt ihr auf den nächsten Seiten mehr. Stellt vorab in der Lerngruppe erste Eindrücke zusammen.

b Recherchiert in Gruppen zu folgenden weiteren Aussprüchen und Themen, ordnet sie in den Lebenslauf Caesars ein und präsentiert eure Ergebnisse: → Caesars Leben im Überblick

• Das dreiköpfige Monster
• Caesar und Kleopatra
• „Mutter, heute wirst du deinen Sohn als Pontifex Maximus oder als Verbannten sehen."
• Caesar als Proprätor: „Lieber der Erste hier als der Zweite in Rom!"
• „Caesar unterwarf Gallien, Nikomedes unterwarf Caesar."

3 Der Name Caesar ist das Ursprungswort der Begriffe Kaiser und Zar: Erläutere (ggf. anhand von Recherche), inwiefern sich darin die Bedeutung Caesars und seines Namens für die Geschichte Roms widerspiegelt.

4 Erläutere u. a. mithilfe deines Wissens über den römischen Kalender, inwiefern bis heute unser Kalender von Caesar geprägt ist.

5 Caesars Leben hat vielfältige Spuren in der europäischen Kultur hinterlassen. Recherchiert in Gruppen zu folgenden Themen und präsentiert eure Ergebnisse in der Lerngruppe:

a Julius Caesar (Drama von William Shakespeare): „Bei Philippi sehen wir uns wieder" ist eine Redensart, die auf Plutarch zurückgeht. Erklärt, was diese Redensart bedeutet. In Shakespeares Drama (Akt 4) lautet der Ausspruch so: „To tell thee thou shalt see me at Philippi" („Um dir zu sagen, dass du mich bei Philippi sehen wirst"). Erläutert den Zusammenhang dieses Ausspruchs.

b Giulio Cesare (Oper von G. F. Händel): Erläutert anhand von Recherche, inwiefern das Arioso „Alma del gran Pompeo", in dem Caesar angesichts des toten Pompeius über das Leben des Menschen nachdenkt, von Plutarchs Vita des Pompeius (80) beeinflusst zu sein scheint.

→ S. 50 Geschichte der römischen Republik
→ S. 270 Übersicht zur römischen Republik

📖 1 Caesars skrupelloser Weg an die Macht Sueton, Div. Iul. 19–20

Das Kernstück von Caesars Politik als Konsul war ein Ackergesetz. Im Kampf um die Annahme dieses Gesetzes stellt Caesar seinen Amtskollegen Bibulus politisch kalt. → *Lex agraria*
Davon erzählen Sueton und auch Robert Harris in seinem Roman „Titan".

1 Lies zunächst den Romanausschnitt auf der rechten Seite.
2 Beide Texte sind durch Nummern in Abschnitte untergliedert, die inhaltlich einander entsprechen. Untersucht, ggf. in Gruppen, die Abschnitte 1–5 und gebt aus Harris' Text jeweils die Stelle an, die mit der farbig hervorgehobenen Aussage Suetons übereinstimmt. (Beachtet: Die fett gedruckten Verben sind politische Fachausdrücke, die ihr nachschlagen müsst.) Erschließt dann den Inhalt von (6).

Caesar cum Bibulo consul creatur. **(1)** Lege autem agraria **promulgata (2) obnuntiantem** collegam **(3)** armis foro
3 **expulit** ac **(4)** postero die in senatu conquestum **(5)** nec quoquam reperto, qui super tali consternatione referre aut **censere** aliquid auderet, qualia multa saepe
6 in levioribus turbis decreta erant, **(6)** in eam coegit desperationem, ut, quoad potestate abiret, domo abditus nihil aliud quam per edicta **obnuntiaret**.

3 **conquerī** *(Perf. conquestus sum)* sich beschweren *(Bezugswort:* collēgam*)*
4 **nec quōquam repertō** *(Abl. abs.;* nec quisquam *und keiner)* **super** *(m. Abl.)* über
6 **cōgere in** *(m. Akk.)* in (einen Zustand) versetzen
7 **quoad potestāte abīret** bis zum Ende seiner Amtszeit
8 **per ēdicta** schriftlich

Sueton berichtet weiter von einem Scherz, den sich manche humorvollen Römer *(nonnulli urbanorum)* bei der offiziellen Datumsangabe erlaubten.

3 Z. 9–12: Nenne die beiden Datumsangaben, vergleiche sie und erkläre den Scherz.
→ Jahreszählung
4 Erläutere mithilfe der grün gefärbten Passage und der Spottverse (Z. 13–14) die Hintergründe dieses Scherzes.

9 Unus ex eo tempore omnia in re publica et ad arbitrium administravit, ut nonnulli urbanorum non Caesare et Bibulo <consulibus>, sed Iulio et Caesare consulibus
12 actum scriberent utque vulgo mox ferrentur hi versus:
  „Non Bibulo quiddam nuper sed Caesare factum est:
  Nam Bibulo fieri consule nil memini."

9 **ūnus** *gemeint ist Caesar*
ex eō tempore von da an
ad arbitrium nach seinen eigenen Vorstellungen

Übersetzung
„Nicht unter Bibulus ist neulich etwas geschehen, sondern unter Caesar.
Denn dass etwas unter dem Konsul Bibulus geschah, daran kann ich mich nicht erinnern."

→ S. 219 Kursorisch lesen
→ S. 237 Wörterbuchgebrauch
→ AH S. 59 nominaler Ablativus absolutus

Robert Harris: Titan (S. 432 ff.)

Tiro, Ciceros Sekretär, berichtet:

(1) Am Abend vor der Abstimmung über Caesars Landreformgesetz drang vom Forum Lärm zu uns

3 herauf (...). Im Morgengrauen hing ein Schleier braunen Qualms über dem Gelände hinter dem Tempel des Castor, wo die Abstimmung stattfinden sollte. Cicero

6 zog sich sorgfältig an und ging hinunter aufs Forum. (...) **(2)** Nach einer Weile fiel uns auf, dass zur Via Sacra hin (...) gedrängelt und geschoben wurde. Schnell wusste

9 jeder, dass Bibulus mit den drei Volkstribunen eingetroffen war, die gegen das Gesetz ihr Veto einlegen wollten. Das erforderte ungeheuren Mut. Um uns

12 herum zogen Männer Dolche und sogar Schwerter unter ihrer Kleidung hervor. (...) Bibulus schlug auf die Hände, die ihn festzuhalten versuchten, riss sich immer

15 wieder los und kletterte schließlich aufs Podium. (...) Der Lärm der rasenden Menge war ohrenbetäubend. Bibulus zeigte hinauf zum Himmel und fuhr sich mit

18 einer ruckartigen Geste quer über den Hals. Er wiederholte diese Geste mehrere Male, bis jeder verstand, was er damit sagen wollte – in seiner Funktion als

21 Konsul hatte er den Himmel beobachtet, die göttlichen Vorzeichen stünden ungünstig, öffentliche Angelegenheiten könnten deshalb nicht verhandelt werden.

24 **(3)** Dann näherten sich plötzlich zwei stämmige Burschen, die einen großen Bottich trugen (...). Sie stiegen auf das Podium, hoben den Bottich hoch und kippten

27 eine widerliche braune Flüssigkeit über Bibulus, die ihn von Kopf bis Fuß durchnässte. (...) Er und seine Anhänger flohen aus dem Forum.

30 **(4)** [*Am nächsten Tag findet eine Senatssitzung unter dem Vorsitz des Bibulus statt.*] Er erhob sich und verlangte als Erstes, dass die Kammer die schändlichen

33 Gewaltausbrüche des Vortages verurteilen müsse. Des Weiteren bestand er darauf, das Gesetz für ungültig zu erklären, weil die Vorzeichen ungünstig gewesen seien.

36 **(5)** Aber niemand war dazu bereit – nicht, solange draußen vor der Tür mehrere Hundert bewaffnete Männer warteten.

39 **(6)** (...)

→ **GUT ZU WISSEN**

Jahreszählung

In Rom war es seit der Republik üblich, das Jahr nach den beiden amtierenden Konsuln zu benennen. Dies geschah mit einer festen Formel im nominalen Ablativus absolutus, z. B.: *C. Antonio Hybrida et M. Tullio Cicerone consulibus* – „unter dem Konsulat von C. Antonius Hybrida und M. Tullius Cicero". Dies entspricht dem Jahr 63 v. Chr.

→ **GUT ZU WISSEN**

Lex agraria

Im Jahr 59 v. Chr. brachte Caesar den Antrag über ein Ackergesetz zur Abstimmung in den Senat. Es sah die Verteilung des Staatslandes (*ager publicus*) an Veteranen und bedürftige Familien vor. Dieses innovative, volksfreundliche Gesetz fiel beim konservativen Senat jedoch durch. Daraufhin brachte Caesar das Gesetz in der Volksversammlung auf dem Forum durch – allerdings unter Tumulten und Gewalt gegen die politischen Gegner.

5 Verfasst eine eigene Fortführung des Harris-Textes bei (6).

6 Vergleicht die Darstellung bei Sueton und Harris anhand von Recherche mit der des Plutarch (Pompeius-Vita 48).

7 Ordne den Inhalt der Textstelle in den Lebenslauf Caesars ein. → Caesars Leben, S. 74

8 Der Popular – ein Populist? Recherchiere den Begriff „Populismus" und erörtere, ob Caesar im modernen Sinne als Populist gelten könnte.

→ GK 4 Volksversammlung
→ GK 5 Zeitrechnung und Kalender

📖 2 *Iacta alea est!* Sueton, Div. Iul. 31–32

1 Erschließt in Gruppen pro Abschnitt die Antworten, indem ihr die hervorgehobenen Passagen übersetzt.

a Z. 1–5: Caesar am Rubikon – Kriegstreiber oder Bedenkenträger?

b Z. 6–11: Eine seltsame Begebenheit: Welche Reaktion ruft ein Flötenspieler (*quidam harundinem canens*) bei einem Kriegstrompeter (*aeneator*) hervor? Die Abbildung gibt dir zusätzliche Anregungen.

c Z. 12–13: Welche Rolle spielen bei Caesars Entscheidung die Zeichen der Götter (*deorum ostenta*) und die Ungerechtigkeit seiner Feinde (*inimicorum iniquitas*)?

2 **EXTRA:** Wer es sich zutraut, übersetzt die nicht hervorgehobenen Passagen.

Aeneator classicum exorsus pertendit ad alteram ripam.

Eatur!

Caesar überschreitet den Rubikon (Holzstich, 19. Jh.)

Ad Rubiconem flumen, qui provinciae eius finis erat, paulum constitit, ac reputans, quantum moliretur,

3 conversus ad proximos: „Etiam nunc", inquit, „regredi possumus; quod si ponticulum transierimus, omnia armis agenda erunt." Cunctanti ostentum tale factum est:

6 Quidam eximia magnitudine et forma in proximo sedens repente apparuit harundine canens. Ad quem audiendum cum praeter pastores plurimi etiam ex stationibus milites

9 concurrissent interque eos et aeneatores, unus ex aeneatoribus rapta tuba prosilivit ad flumen et ingenti spiritu classicum exorsus pertendit ad alteram ripam.

12 Tunc Caesar: „Eatur", inquit, „quo deorum ostenta et inimicorum iniquitas vocat. Iacta alea est", inquit.

2 **cōnstitit** Subjekt ist Caesar
3 **convertī** (*Perf.* conversus sum) **ad** (*m. Akk.*) sich zu jmd. hinwenden **re-gredī** (*erschließe selbst*)
4 **quod sī** wenn aber
10/11 **classicum exordīrī** (*Perf.* exorsus sum) (mit der Trompete) das Angriffssignal geben **per-tendere** (*erschließe selbst*)
12 **ostentum** (Wunder) zeichen
13 **inīquitās, -ātis** *f* Ungerechtigkeit

3 Erläutere, inwiefern die Abbildung in der zeitlichen Abfolge der Ereignisse vom lateinischen Text abweicht. Gib einen möglichen Grund dafür an, inwiefern es sich dabei um eine bewusste Entscheidung des Künstlers handeln könnte.

4 Ordne den Inhalt der Textstelle in den Lebenslauf Caesars ein. → Caesars Leben, S. 74

5 Arbeite aus dem Text eine Charakteristik Caesars heraus.

→ S. 219 Kursorisch lesen
→ S. 237 Wörterbuchgebrauch

📖 3 *Veni, vidi, vici.* Sueton, Div. Iul. 37

Neben Caesars Triumph über Gallien wurden ihm noch weitere Triumphe gewährt. Mit einem von ihnen steht auch der Spruch VENI VIDI VICI in Verbindung.

1 Erschließe aus dem Text die Anzahl der Triumphe und deren Bezeichnungen (z. B. *triumphus Gallicus*).
2 Gib an, zu welchem Triumph der Spruch *Veni, vidi, vici* gehört, und beschreibe mithilfe des Textes und der Abbildung, wie der Spruch beim Triumphzug zum Einsatz kam.

Confectis bellis quinquiens triumphavit. Primum et
excellentissimum triumphum egit Gallicum,
3 sequentem Alexandrinum, deinde Ponticum, huic
proximum Africanum, novissimum Hispaniensem.
Pontico triumpho inter pompae fercula trium verborum
6 praetulit titulum VENI VIDI VICI.

ferculum

titulus

Darstellung der *pompa* (Festzug) bei Caesars Triumph.
Gemälde von Andrea Mantegna (ca. 1490)

3 Sueton erklärt im Anschluss, dass der *titulus* VENI VIDI VICI nicht wie sonst üblich die Kriegstaten beschreibe, sondern auf die Schnelligkeit der Durchführung hinweise. Erläutere diese Bemerkung, indem du den Ausspruch sprachlich-stilistisch untersuchst.
4 Stelle mithilfe deines Wissens aus früheren Jahren Elemente eines Triumphs zusammen.

5 Gruppenarbeit:
   a Ordnet anhand von Recherche folgende Personen je einem Triumph zu: Pharnakes II. – Titus Labienus – Kleopatra VII. – Juba II.
   b Ordnet die einzelnen kriegerischen Auseinandersetzungen in den Lebenslauf Caesars ein und präsentiert knapp die historischen Hintergründe. → Caesars Leben, S. 74

→ S. 219 Kursorisch lesen
→ S. 237 Wörterbuchgebrauch
→ S. 225 Stilmittel

→ GK 4 Triumphzug

📖 4 Caesars Ermordung Sueton, Div. Iul. 82

Trotz verschiedener Warnungen und unheilvoller Vorzeichen begibt sich Caesar am 15. März 44 zur Senatssitzung in die Kurie.

1 Tatort Senat: Erschließt euch in drei Schritten den Hergang von Caesars Ermordung:
A (fett): Alle erschließen die vier Etappen der Ermordung Caesars.
B (rot): Wer früher fertig ist, erschließt, wie Caesar auf die Attacken reagiert.
C (grün): **EXTRA:** Wer auch damit früher fertig ist, zeigt am Text, dass die Verschwörer als heimtückisch dargestellt werden.

2 Tragt alle Informationen in der Lerngruppe zusammen, ggf. anhand von Präsentationen.

(1) **Assidentem conspirati** specie officii **circum-steterunt,**
ilicoque Cimber Tillius, qui primas partes susceperat,
3 quasi aliquid rogaturus **propius accessit** renuentique **et**
gestum in aliud tempus differenti ab utroque umero
togam ap-prehendit:
6 (2) **deinde** clamantem, „Ista quidem vis est!" **alter e**
Cascis aversum **vulnerat paulum infra iugulum.**
Caesar Cascae brachium arreptum graphio traiecit
9 **conatusque prosilire alio vulnere tardatus est;**
utque animadvertit undique se strictis pugionibus peti,
toga caput obvolvit, simul sinistra manu sinum ad
12 ima crura deduxit, quo honestius caderet etiam inferiore
corporis parte velata.
(3) **Atque ita tribus et viginti plagis confossus est**
15 uno modo ad primum ictum gemitu sine voce edito,
etsi tradiderunt quidam Marco Bruto irruenti dixisse:
„kai su, teknon?"
18 (4) **Exanimis** dif-fugientibus cunctis **aliquamdiu iacuit,**
donec lecticae impositum, dependente brachio,
tres servoli domum rettulerunt. Nec in tot vulneribus,
21 ut Antistius medicus existimabat, letale ullum repertum
est, nisi quod secundo loco in pectore acceperat.

A.
1 **assidentem** (assidēre: sitzen) *ergänze* Caesarem
cōnspīrātus Verschwörer
2 **īlicō** sogleich
6/7 **alter ē Cascīs**: der eine der beiden Casca-Brüder
7 **iugulum** Kehle
8 **brachium** Arm
graphium (metallener) Schreibstift, Griffel
9 **cōnātus prōsilīre** beim Versuch aufzuspringen
tardāre hemmen, hindern
14 **plāga** Messerstich
cōnfodere (*PPP* confossum) durchbohren
18 **exanimis, -e** leblos
19 **lectīca** Bahre
20 **servolus** ~ servus

B.
6 **clāmantem** *ergänze* Caesarem
10 **pūgiō, -ōnis** m Dolch
11 **obvolvere** (*Perf.* obvolvī) verhüllen
11/12 **ad īma crūra** bis zu den Knöcheln
13 **vēlāre** verhüllen

C.
7 **āversum** von hinten (*ergänze* Caesarem)

→ S. 219 Kursorisch lesen
→ S. 237 Wörterbuchgebrauch

3 Recherchiert, um welchen berühmten Ausspruch Caesars es sich bei den griechischen
Worten καὶ σύ, τέκνον („kai su, teknon") (Z. 17)
handelt.

4 Arbeitet aus dem Text eine Charakteristik
Caesars heraus und vergleicht eure Ergebnisse
mit der Abbildung. Erörtert, welche der beiden
Darstellungen Caesar in besserem Licht zeigt.

Die Ermordung Caesars. Ölbild von V. Camuccini
(um 1805) (Ausschnitt)

5 Caesar – Götterspross und zweiter Alexander Vell. Pat., Hist. 2.41

5 Z. 1–2: Zeige am Text, inwiefern Caesar als
„Götterspross" gelten kann.

6 Z. 3–5: Wähle die Charaktereigenschaften aus,
die Velleius dem Caesar zuschreibt, und belege
deine Auswahl am Text:
*außerordentliche Tatkraft – überdurchschnittliche Schönheit – vorbildliche Bescheidenheit –
verschwenderische Großzügigkeit – übermenschlicher Mut – großes Einfühlungsvermögen*

7 a Caesar – ein zweiter Alexander: Erschließe
anhand der blauen Begriffe die charakterliche
Übereinstimmung.

b Caesar – ein besserer Alexander: Zeige dies
am Beispiel von Essen und Trinken.

8 Caesar war fasziniert von Alexander: Stelle
mögliche Gründe dafür mithilfe deines Wissens
über Alexander zusammen.

Caesar nobilissima Iuliorum genitus familia et ab
Anchise ac Venere deducens genus,

3 forma omnium civium excellentissimus, vigore animi
acerrimus, munificentia effusissimus, animo super
humanam et naturam et fidem evectus,

6 magnitudine cogitationum, celeritate bellandi, patientia
periculorum Magno illi Alexandro, sed sobrio neque
iracundo simillimus, qui denique semper et cibo et

9 somno in vitam, non in voluptatem uteretur.

→ S. 77 Jahreszählung
→ AH S. 35 Steigerung von Adjektiven und Adverbien
→ S. 219 Kursorisch lesen
→ S. 237 Wörterbuchgebrauch
→ GK 3.3 Alexander der Große

CAESAR: DE BELLO GALLICO

Warum Krieg?

Als Konsul hatte Caesar sich wegen seiner turbulenten und selbstherrlichen Amtsführung viele Feinde gemacht (→ S. 74). Diese warteten nur darauf, ihn unter einem Vorwand vor Gericht stellen zu können. Folglich war Caesar höchst interessiert daran, als Prokonsul einen großen, eindrucksvollen und einträglichen Eroberungskrieg zu führen. Denn wenn er als Sieger zurückkehrte, so glaubte er, ginge alles, was er vorher getan hatte, im Jubel unter.

Büste Caesars aus grünem Schiefer (1. Jh. n. Chr.)

Das Prokonsulat – Caesars letzte Chance

Für Caesar ging es um alles, und diese Tatsache muss man vor Augen haben, wenn man
3   verstehen will, welche Bedeutung für ihn das Amt des Provinzstatthalters hatte, das sich unmittelbar an das Konsulat anschloss. Dieses
6   Amt, das Prokonsulat, war für jeden römischen Oberbeamten die vorgesehene Gelegenheit, zusätzliches Ansehen durch Kriege und
9   Triumphe zu gewinnen. Für Caesar aber war es die letzte Chance, seine Reputation wiederherzustellen und sein politisches Überleben
12 zu sichern.
Aus: Markus Schauer, Der Gallische Krieg, S. 77

Warum Gallien?

Als Prokonsul erhielt Caesar die Provinzen **Gallia Cisalpina**, **Illyrien** und **Gallia Transalpina**. Er wartete zunächst in Rom ab, in welchem dieser Gebiete sich eine Gelegenheit zum Eingreifen bieten würde. Die Gelegenheit kam in Form der Nachricht, dass die Helvetier, die Bewohner der heutigen Schweiz, aus ihrem Land in das Gebiet Galliens auswandern wollten. Damit bot sich Caesar ein Anfang, und mehr brauchte er nicht.

Warum „*Commentarii de bello Gallico*"?

Aus der besonderen Bedeutung des Prokonsulats für Caesar erklärt sich, warum er den Krieg nicht nur führte, sondern auch darüber berichtete: Mit seinen *Commentarii de bello Gallico* wollte er die Römer sowohl von seinen militärischen Leistungen als auch von der Notwendigkeit und Legalität seiner Feldzüge überzeugen, indem er diese als *bellum iustum*, als einen rechtmäßigen Krieg, darstellte.

Kein Wunder also, dass die Zuverlässigkeit seines Berichts von der Forschung bezweifelt wird. Man tut sicher gut daran, ihm nicht in jedem Punkt vorbehaltlos zu vertrauen. Immerhin berichtet hier ein Feldherr über *seine eigenen* Taten, und tatsächlich lenkt Caesar seine Leser – also auch uns – geradezu strategisch durch seinen Text, um sie auf seine Seite zu ziehen.

> **→ MEHR ERFAHREN**
> ### *Bellum iustum*
>
> *Bellum iustum* bedeutet nicht „gerechter Krieg", sondern eher „rechtskonformer Krieg". Vor allem der Beginn eines *bellum iustum* war an gesetzliche Regeln geknüpft, besonders an das Vorhandensein
> * eines gerechtfertigten Grundes (z. B. Verteidigung des eigenen Territoriums oder Schutz von Verbündeten)
> * eines Volksbeschlusses
> * einer offiziellen Kriegserklärung.

→ S. 270 Übersicht zur römischen Republik
→ GK 2.3 Provinzen: Gallia

Die Gattung *Commentarii*

Caesars Mittel zur Beeinflussung des Lesers ist aber nicht ausufernde Rhetorik. Ganz im Gegenteil: Der Titel *Commentarii* (zu *comminisci* „sich erinnern") verspricht lediglich eine Art Notizbuch. Caesar präsentiert seinen Text also nicht als „Geschichtsschreibung", sondern als ein nüchternes Protokoll der reinen Fakten. Doch hinter der schlichten Form verbirgt sich ein bewusst gestalteter literarischer Text.

→ GUT ZU WISSEN
Caesars Stil

Um **Objektivität** zu suggerieren, bedient Caesar sich folgender sprachlicher Mittel:
- 3. Person statt Ich-Erzählung
- schlichte, sachliche Wortwahl
- indirekte statt direkter Rede

Die **Effizienz** seines Handelns wird hervorgehoben durch:
- kurze, parataktische Sätze
- Häufung von Partizipialausdrücken.

→ MEHR ERFAHREN
Inhaltsübersicht *De Bello Gallico*

Buch 1 (58 v. Chr.): Caesar unterbindet eine Auswanderung der Helvetier und drängt in Gallien eingefallene Germanen zurück. *Buch 2 (57 v. Chr.):* Er unterwirft weitere gallische Stämme im Norden und *(Buch 3; 56 v. Chr.)* an der Westküste. *Buch 4 (55 v. Chr.):* Im vierten Jahr besiegt Caesar wieder Germanen und überquert selbst kurz den Rhein. Im Spätsommer setzt er nach Britannien über. *Buch 5 (54 v. Chr.):* Es folgt eine zweite Britannienexpedition. In Gallien brechen Aufstände aus, die Caesar niederschlägt. *Buch 6 (53 v. Chr.):* Es kommt wieder zu Zusammenstößen mit Germanen. In Exkursen berichtet Caesar auch vom Leben der Gallier und Germanen. *Buch 7 (52 v. Chr.):* Das siebte Jahr bringt die Entscheidung: In der Schlacht bei Alesia besiegt Caesar den Arvernerfürsten Vercingetorix.

Caesars literarisches Werk

Caesars Hauptwerk sind die sieben Bücher umfassenden *Commentarii de bello Gallico (BG)*. Jedes Buch berichtet von den Ereignissen eines Kriegsjahres (**annalistisches Prinzip**). Das achte Buch stammt von **Hirtius**, einem Offizier Caesars. Neben der **Eroberung Galliens** hat Caesar auch den folgenden **Bürgerkrieg** in Form von *Commentarii* beschrieben. Noch heute gilt Caesar – gemeinsam mit seinem Zeitgenossen **Cicero** – als **Meister römischer Prosa**.

Der Beginn von *De bello Gallico* in einer französischen Prachthandschrift (2. Hälfte des 15. Jh.)

1 Vergleiche den sog. „grünen Caesar" mit der Marmorbüste auf S. 75: Arbeite Gemeinsamkeiten und Unterschiede heraus. Erkläre, wie Caesar jeweils auf den Betrachter wirken soll.
2 Cicero schrieb über Caesars *Commentarii*: „Sie sind nämlich nackt, geradlinig und anmutig ..." Erkläre diese Aussage. → Caesars Stil
3 Die Grundregeln des *bellum iustum* gelten bis heute. Wähle einen aktuellen militärischen Konflikt aus und untersuche ihn daraufhin, ob sie befolgt worden sind. → *Bellum iustum*
4 Entziffere die Anfangsworte der Handschrift.

Der Helvetierkrieg

Das Prooemium BG 1.1

Am Anfang vieler antiker Werke steht eine Vorrede, ein sogenanntes Proöm, in dem der Autor sich, sein Thema und seine Absicht vorstellt. Caesar aber beginnt folgendermaßen:

1 Stelle aus dem Text Wörter und Ausdrücke zu den Themenbereichen „Krieg", „Kultur" und „Geographie" zusammen. Ordne den drei Textabschnitten jeweils ein Sachfeld zu.

2 Analysiere Z. 15–18 nach der Einrückmethode.

Gallia est omnis divisa in partes tres, quarum unam incolunt
Belgae, aliam Aquitani, tertiam, qui ipsorum lingua Celtae,
3 nostra Galli appellantur. Hi omnes lingua, institutis, legibus
inter se differunt. Gallos ab Aquitanis Garumna flumen, a Belgis
Matrona et Sequana dividit.

6 Horum omnium fortissimi sunt Belgae,
propterea quod a cultu atque humanitate provinciae
longissime absunt
9 minimeque ad eos mercatores saepe commeant atque ea,
quae ad effeminandos animos pertinent,
important
12 proximique sunt Germanis,
qui trans Rhenum incolunt,
quibuscum continenter bellum gerunt.

15 Qua de causa Helvetii quoque reliquos Gallos virtute praecedunt,
quod fere cottidianis proeliis cum Germanis contendunt,
cum aut suis finibus eos prohibent aut ipsi in eorum finibus
18 bellum gerunt.

2 **nostrā** *ergänze* linguā
9 **minimē ... saepe** ganz selten
commeāre kommen
10 **effēmināre** verweichlichen
14 **continenter** *(Adv.)* ununterbrochen
16 **cottīdiānus** täglich
cum *(hier)* indem

→ **BD** lateinlex.de/d1eu

→ 216 Satzanalyse
→ AH S. 35 Steigerung von Adjektiven und Adverbien
→ AH S. 38 Pronomina

Gallien zur Zeit Caesars (grün: römische Provinz vor 58 v. Chr.)

→ MEHR ERFAHREN
Gallier und Germanen

Gallien war für die Römer größtenteils *terra incognita* („unbekanntes Land"), und Germanien erst recht. Dennoch hatten die Römer sowohl an die Gallier als auch an die Germanen sehr unangenehme Erinnerungen: Um 390 v. Chr. waren Gallier in Italien eingefallen und hatten Rom zur Kapitulation gezwungen. Knapp 300 Jahre später waren die germanischen Kimbern und Teutonen über zehn Jahre lang marodierend kreuz und quer durch Mitteleuropa – Gallien, Nordspanien und Norditalien – gezogen, bis die Römer sie entscheidend schlagen konnten (102/101 v. Chr.).

3 Erläutere, inwiefern Caesar von den auf S. 84 (Einleitungstext) beschriebenen Merkmalen eines Prooms abweicht. Stelle mögliche Gründe dafür zusammen.

4 Vergleiche zum ersten Absatz die Karte, die Gallien zur Zeit Caesars zeigt. Weise nach, dass die Karte auf der Darstellung Caesars beruht.

5 Gib an, welches Substantiv in *effeminare* (Z. 10) steckt, und erläutere, inwiefern das Wort einen Gegenbegriff zu *virtus* (Z. 15) bildet.

6 Der Gallische Krieg beginnt mit einem Krieg gegen die Helvetier. Diese möchte Caesar zu Beginn schon als möglichst gefährlich darstellen. Zeige mithilfe der Karte am Text, dass er geschickt dabei vorgeht. → Gallier und Germanen

→ GK 3.3 Römer und Germanen

Der Plan BG 1.2

Die Helvetier, laut Caesar ohnehin stets kriege-
risch, sind aktuell besonders umtriebig: Es droht
eine „Verschwörung" führender Helvetier,
die einen gefährlichen Plan schmieden wollen ...

1 Z.1–6:
  a Stelle Informationen zu Orgetorix zusammen.
  b Zitiere die Datumsangabe und gib mithilfe
     des Eigennamenverzeichnisses die Jahreszahl
     an. → Jahreszählung, S. 77
2 Z.7–14: Erschließe mithilfe der fettgedruckten
   Begriffe die geographische Lage der Helvetier.
   Beziehe auch die Karten auf S. 85 und S. 95 ein.
3 Z.15–20: Erschließe, welche Konsequenzen
   die geographische Lage für die Helvetier hat.

Apud Helvetios longe nobilissimus fuit et ditissimus
Orgetorix. Is M. Messala M. Pisone consulibus regni
3 cupiditate inductus coniurationem nobilitatis fecit et
civitati persuasit, ut de finibus suis cum omnibus copiis
exirent. Perfacile esse, cum virtute omnibus praestarent,
6 totius Galliae imperio potiri.
Id hoc facilius iis persuasit, quod undique loci natura
Helvetii continentur:
9 **una ex parte** flumine Rheno latissimo atque altissimo,
qui agrum Helvetiorum a Germanis dividit;
altera ex parte monte Iura altissimo, qui est inter
12 Sequanos et Helvetios;
tertia lacu Lemanno et flumine Rhodano, qui
provinciam nostram ab Helvetiis dividit.

15 His rebus fiebat, ut et minus late vagarentur et
minus facile finitimis bellum inferre possent.
Qua de causa homines bellandi cupidi magno dolore
18 afficiebantur. Pro multitudine autem hominum
et pro gloria belli atque fortitudinis angustos se fines
habere arbitrabantur.

1 **dītissimus** ~ dīvitissimus
7 **id ... persuāsit** er überredete ... dazu
  hōc facilius umso leichter
10 **ager** *(hier)* Land
15 **vagārī** umherziehen

10-Rappen-Münze aus
der heutigen Schweiz

→ **MEHR ERFAHREN**

Die Helvetier und die heutige Schweiz

Die Schweiz ist nach dem deutschsprachigen Kanton **Schwyz** benannt. Aus Rücksicht auf die anderen im Land vertretenen Sprachgruppen wurde aus dem lateinischen *Helvetii* zudem die neulateinische Bezeichnung **Helvetia** für die Schweiz abgeleitet. Sie findet sich auf Münzen, Briefmarken und Autokennzeichen: Die Abkürzung **CH** steht für *Confoederatio Helvetica* (Schweizer Eidgenossenschaft).

4 Charakterisiere Orgetorix, den Urheber des Plans, und untersuche, ob er als eine positive oder als eine negative Figur beschrieben wird. Belege deinen Eindruck anhand des Textes.

5 Vergleiche den letzten Absatz mit der Darstellung der Helvetier im Proöm (S. 84). Arbeite heraus, wie Caesar seine Darstellung der Helvetier nun fortsetzt und durch weitere Aspekte ergänzt.

6 Arbeite heraus, was laut Caesar das eigentliche Ziel des Helvetierzugs gewesen sein soll.

7 a Erkläre anhand der Münze den Begriff „Personifikation".

  b Zeige, wie die moderne Schweiz den Namen „Helvetier" wieder aufgegriffen hat.

  → Die Helvetier und die heutige Schweiz

8 Viele Abbildungen zum Helvetierkrieg (S. 87, S. 91, S. 97, S. 99, S. 101) stammen von Schweizer oder italienischen Künstlern aus dem 17.–19. Jh. Untersucht im Laufe der Lektüre in Gruppen alle genannten Abbildungen daraufhin, ob und ggf. in welcher Weise sie die eigene Nation idealisieren.

Gerichtsversammlung bei den Helvetiern. Holzschnitt nach dem Schweizer Künstler Édouard Ravel (1847–1920)

📖 Die Vorbereitungen BG 1.3

Unter der Führung des Orgetorix bereiten die Helvetier den Auszug aus ihrem Land vor. Dabei sind viele verschiedene Dinge zu beachten.

1 Gliedere den Text und formuliere eine Überschrift für jeden Abschnitt.

His rebus adducti et auctoritate Orgetorigis permoti
constituerunt ea, quae ad proficiscendum pertinerent,
comparare, iumentorum et carrorum quam maximum
numerum coemere, sementes quam maximas facere,
ut in itinere copia frumenti suppeteret, cum proximis
civitatibus pacem et amicitiam confirmare.
Ad eas res conficiendas biennium sibi satis esse duxerunt;
in tertium annum profectionem lege confirmant. Ad eas
res conficiendas Orgetorix deligitur. Is sibi legationem ad
civitates suscipit.
In eo itinere persuadet Castico, Catamantaloedis filio,
Sequano, cuius pater regnum in Sequanis multos annos
obtinuerat et a senatu populi Romani amicus appellatus
erat, ut regnum in civitate sua occuparet, quod pater
ante habuerit; itemque Dumnorigi Haeduo, fratri Diviciaci,
qui eo tempore principatum in civitate obtinebat ac
maxime plebi acceptus erat, ut idem conaretur, persuadet
eique filiam suam in matrimonium dat.
Perfacile factu esse illis probat conata perficere, propterea
quod ipse suae civitatis imperium obtenturus esset: non
esse dubium, quin totius Galliae plurimum Helvetii possent.
Se suis copiis suoque exercitu illis regna conciliaturum
confirmat.
Hac oratione adducti inter se fidem et ius iurandum dant et
regno occupato per tres potentissimos ac firmissimos
populos totius Galliae imperio sese potiri posse sperant.

(Zeilenzählung: 3, 6, 9, 12, 15, 18, 21, 24)

3 **iūmentum** Zugtier
4 **co-emere** aufkaufen
   sēmentis, *-is f* Aussaat
5 **suppetere** vorhanden
   sein
7 **biennium** Zeitraum
   von zwei Jahren
8 **profectiō**, *-ōnis f*
   Aufbruch
19 **factū** zu tun
23 **conciliātūrum** *ergänze*
   esse

Im Folgenden berichtet Caesar, wie die Helvetier die Verschwörung aufdecken. Orgetorix kommt zu Tode – möglicherweise durch Selbstmord. Die Pläne, die Heimat zu verlassen, werden von dem Stamm jedoch weiterverfolgt.

→ S. 219 Kursorisch lesen
→ S. 237 Wörterbuchgebrauch
→ AH S. 29 Indirekte Rede (Oratio obliqua)

Übersetzung: Die Vorbereitungen BG 1.3

Deswegen und weil Orgetorix so einflussreich war, beschlossen sie, das, was zum Aufbruch nötig war, zu beschaffen, eine möglichst große

3 Anzahl an Zugtieren und Wagen aufzukaufen, möglichst umfangreiche Aussaaten vorzunehmen, damit auf der Reise genügend Getreide vorhanden sei, und Friedens- und Freundschaftsverträge mit ihren Nachbarn

6 zu schließen.

Sie meinten, dass ihnen dafür ein Zeitraum von zwei Jahren reichte; für das dritte Jahr legen sie den Aufbruch gesetzlich fest. Für diese Aufgaben

9 wird Orgetorix ausgewählt. Er übernimmt höchstpersönlich die Gesandtschaft zu den Stämmen.

Auf dieser Reise überredet er Casticus, den Sohn des Catamantaloedes,

12 einen Sequaner, dessen Vater viele Jahre die Herrschaft bei den Sequanern innegehabt und vom Senat des römischen Volkes den Titel „Freund" erhalten hatte, in seinem Stamm die Herrschaft zu übernehmen, die sein

15 Vater vorher gehabt hatte. Und ebenso überredet er den Haeduer Dumnorix, den Bruder des Diviciacus, der zu dieser Zeit Stammesführer und beim einfachen Volk besonders beliebt war, dasselbe zu versuchen,

18 und gibt ihm seine Tochter zur Frau.

Er macht ihnen plausibel, dass es sehr leicht sei, diese Vorhaben in die Tat umzusetzen, und zwar, weil er selbst die Herrschaft über seinen Stamm

21 innehaben werde: Es bestehe kein Zweifel, dass die Helvetier der stärkste Stamm von ganz Gallien seien. Er versichert, dass er ihnen mithilfe seiner Truppen und seines Heeres die Herrschaft verschaffen werde.

24 Aufgrund dieser Rede schwören sie einander Treue. Sie hoffen, dass sie nach der Übernahme der Königsherrschaft mittels der drei mächtigsten und stärksten Völker ganz Gallien kontrollieren können.

2 a Weise den hervorgehobenen Ausdrücken in der Übersetzung die lateinischen Entsprechungen zu.

b Diskutiert in Kleingruppen, ob die Stellen jeweils angemessen wiedergegeben sind.
→ Freunde und Bundesgenossen, S. 95 (zu Z. 13 dt.)

c Erörtert strittige Punkte anschließend im Plenum.

3 Fasse Orgetorix' Strategie anhand lateinischer Belege zusammen.

4 Caesar will dem Leser ein bestimmtes Bild von Orgetorix vermitteln und bedient sich dafür folgender sprachlicher Mittel:
- Wörter und Wendungen aus dem Sachfeld „Macht" (z. B. Z. 1: *auctoritas*)
- historisches Präsens zur Steigerung der Spannung (z. B. Z. 8: *confirmant*)
- zahlreiche Superlative
- Hervorhebung von Aussagen durch Doppelung von Ausdrücken (z. B. Z. 1: *adducti et … permoti*)

a Stellt in Gruppen weitere Beispiele für diese Mittel aus dem Text zusammen.

b Arbeitet heraus, wie dadurch Orgetorix charakterisiert wird und wie dies Caesars Erzählstrategie unterstützt.

→ S. 223 Übersetzungsvergleich

Die Lage BG 1.6

Der Auszug der Helvetier aus ihrem Gebiet beginnt: Um ihren Entschluss unwiderruflich zu machen, brennen sie ihre Häuser nieder und machen sich auf den Weg. Die Reiseroute steht allerdings noch nicht fest.

1 Arbeite mithilfe der hervorgehobenen Begriffe und der Karten auf S. 85 und S. 95 den Verlauf und die Beschaffenheit der beiden Routen heraus, die den Helvetiern zur Verfügung stehen.

Erant omnino *itinera duo*, quibus itineribus domo exire possent: *unum* per Sequanos, angustum et difficile, inter montem Iuram
3 et flumen Rhodanum, vix qua singuli carri ducerentur; mons autem altissimus impendebat, ut facile perpauci prohibere possent; *alterum* per provinciam nostram, multo facilius atque
6 expeditius, propterea quod inter fines Helvetiorum et Allobrogum, qui nuper pacati erant, Rhodanus fluit isque nonnullis locis vado transitur. Extremum oppidum Allobrogum
9 est proximumque Helvetiorum finibus Genava. Ex eo oppido pons ad Helvetios pertinet.

1 **itineribus** *(wiederholt itinera aus dem Hauptsatz; bei der Übersetzung kannst du es weglassen)*
4 **impendēre** steil (über dem Weg) aufragen
  perpaucī sehr wenige
  prohibēre *(hier)* blockieren
6 **expedītus** bequem
8 **vadum** Furt; seichte Stelle

Caesar greift ein BG 1.7.3

Caesar befindet sich noch in Rom, als die Nachricht eintrifft, dass die Helvetier durch die römische Provinz marschieren wollen. Sofort begibt er sich nach Genava. Dort verstärkt er seine Truppen und befiehlt, die Brücke einzureißen.

2 Erschließe jeweils die Funktion der hervorgehobenen Konjunktive und weise ihnen die passende Erklärung zu:
  • abhängiger Begehrsatz (in der indirekten Rede)
  • finaler Nebensinn
  • Nebensatz in der indirekten Rede.
3 Z. 15: Gib die Attribute zu *iter* an.

Ubi de eius adventu Helvetii certiores facti sunt, legatos ad
12 eum mittunt nobilissimos civitatis – cuius legationis Nammeius et Verucloetius principem locum obtinebant –, qui *dicerent* sibi esse in animo sine ullo maleficio iter per provinciam facere,
15 propterea quod aliud iter *haberent* nullum. Se rogare, ut eius voluntate id sibi facere *liceat*.

11 **eius** *(bezieht sich auf Caesar)*
  lēgātōs *(übersetze als Prädikativum)*

→ **BD** lateinlex.de/d1ex (zu **1.6**)
→ **BD** lateinlex.de/d1ey (zu **1.7.3**)
→ S. 226 Hyperbaton
→ S. 236 *Oratio obliqua*
→ AH S. 16 Indikativ und Konjunktiv in Nebensätzen
→ AH S. 29 Indirekte Rede (*Oratio obliqua*)
→ AH S. 32 Substantive und Adjektive

Zug der Helvetier. Kupferstich von Matthäus Merian d. Ä. aus Basel (1593–1650)

4 Stimmt in der Lerngruppe darüber ab, für welchen Weg ihr euch in der Situation der Helvetier entschieden hättet. Begründet eure Entscheidung anhand des Textes und der Karten (wie Aufgabe 1).

5 Stelle auf der Grundlage des bisher Gelesenen Vermutungen an, wie Caesar auf die Anfrage der Helvetier reagieren wird.

6 Nenne das Substantiv, von dem *pacare* (Z. 7) abgeleitet ist, und erkläre die wörtliche Bedeutung des lateinischen Wortes für „unterwerfen". Erläutere, was das Wort über die Haltung der Römer zum Krieg aussagen kann.

7 Der Kupferstich zeigt, wie ein Künstler des 17. Jh.s sich den Helvetierzug vorstellte. Beschreibe die Abbildung: Gib Elemente an, die zu Caesars Darstellung passen; begründe, warum es sich nicht um eine historisch genaue Darstellung handelt.

8 Caesar schildert hier und in den vorausgegangenen Kapiteln den Beginn einer Migration.
  a Um die Ursachen für Migration zu beschreiben, verwendet man heute das sogenannte „Push-und Pull-Modell". Recherchiere dieses Modell und übertrage es auf den Helvetierzug.
  b Erörtere auf der Grundlage der vorangegangenen Texte, inwiefern Caesars Darstellung der „Push"- und „Pull"-Faktoren manipulativ wirkt.
  c Nimm die Perspektive der Helvetier ein und beschreibe die „Push"- und „Pull"-Faktoren aus deren Sicht.

Caesars Maßnahmen BG 1.8

Caesar glaubt, er dürfe der Bitte der Helvetier nicht zustimmen, denn die Helvetier würden sicher nicht ohne Gewalttaten durch die Provinz marschieren. Um Zeit zu gewinnen, verlangt er, die Helvetier sollten in zwei Wochen wiederkommen. Diese Zeit nutzt er, um eine Befestigungsanlage gegen die Helvetier zu errichten.

1 Z.1–10: Arbeite mithilfe der Karte aus dem Text heraus:
- den Ort der Befestigung
- die Art der Befestigung
- die Größe der Befestigung.

2 Z.15–26: Stelle alle Partizipien mit ihren Bezugswörtern zusammen und übersetze sie als Hauptsätze. Übersetze erst dann den gesamten Satz.

Interea ea legione, quam secum habebat, militibusque,
      qui ex provincia convenerant,
3 a lacu Lemanno,
      qui in flumen Rhodanum influit,
ad montem Iuram,
6   qui fines Sequanorum ab Helvetiis dividit,
milia passuum decem novem murum in altitudinem pedum sedecim
fossamque perducit.
9 Eo opere perfecto praesidia disponit, castella communit, quo
facilius, si se invito transire conentur, prohibere possit.
Ubi ea dies, quam constituerat cum legatis, venit et legati ad eum
12 reverterunt, negat se more et exemplo populi Romani posse iter ulli
per provinciam dare et, si vim facere conentur, prohibiturum
ostendit.

15 Helvetii
ea spe deiecti
navibus iunctis ratibusque compluribus factis,
18 alii vadis Rhodani,
      qua minima altitudo fluminis erat,
nonnumquam interdiu, saepius noctu,
21   si perrumpere possent,
conati,
operis munitione
24 et militum concursu
et telis repulsi
hoc conatu destiterunt.

9 **castellum** Stützpunkt
commūnīre befestigen
16 **spē dēicere** (PPP dēiectum) in einer Hoffnung täuschen
18 **aliī** (hier) teilweise
vadum Furt, seichte Stelle
20 **interdiū** tagsüber
saepius (Komparativ von saepe)
21 **perrumpere** durchbrechen
24 **concursus, -ūs m** Ansturm
26 **cōnātus, -ūs m** Versuch

→ BD lateinlex.de/d1ez → 216 Satzanalyse → AH S.54 Partizipien und Partizipialkonstruktionen

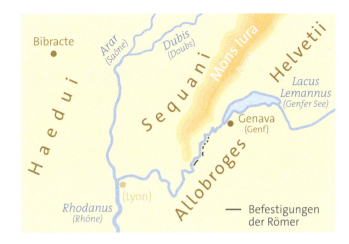

Caesars Befestigungen
gegen die Helvetier

3 Die Beschreibung des Verlaufs der Befestigung ist nicht ganz klar. Erläutere, wie man zu der Einschätzung gelangen kann, die auf der Karte dargestellt ist. Ziehe dazu neben Z.1–8 auch S.90, Z.1–10 heran.

4 In Z.12 verwendet Caesar den Ausdruck *more et exemplo populi Romani*, womit er sich auf den *mos maiorum* beruft. Erläutere anhand eines dir bekannten Wertbegriffs, welche Bedeutung der *mos maiorum* in Rom hatte.

5 Entwickelt in Partnerarbeit eine freie und gut verständliche Wiedergabe des langen Satzes in Z.15–26. Ihr könnt den Satz dabei auch mit mehreren deutschen Sätzen wiedergeben.

6 Caesar stellt manipulativ das eigene Vorgehen im Vergleich zu dem der Helvetier als wesentlich effizienter dar.
   a Belege das, indem du den Satzbau in Z.1–8 und in Z.15–26 analysierst. → Caesars Stil, S.83
   b Weise in Z.9 ein Asyndeton nach und erkläre, inwiefern die Verwendung dieses Stilmittels gut zum Inhalt des Satzes passt.

7 Ordne anhand von Recherche die Begriffe der Illustration zu. → Militärische Begriffe

8 Recherchiert in Gruppen aktuelle Beispiele für Abwehrmaßnahmen gegen das Eindringen Fremder und vergleicht sie mit jenen Caesars.

Römer kämpfen gegen Gallier.
Illustration von Peter Connolly.

→ MEHR ERFAHREN
Militärische Begriffe

Folgende Begriffe kommen im militärischen Zusammenhang oft vor:
*pilum – telum – gladius –
scutum – clipeus –
galea – lorica –
aquila – equus*

→ S.225 Stilmittel → GK 4 Militär

Die Not der Verbündeten BG 1.11

Die Helvetier beschließen, den anderen Weg –
den über das Juragebirge und durch das Gebiet
der Sequaner – zu nehmen. Von den Sequanern
haben sie die Erlaubnis erhalten, durch deren
Gebiet zu ziehen. Aber um ihr Ziel, das Land der
Santonen, zu erreichen, müssen sie noch viele
andere Gebiete durchqueren.

1 Der Text ist in fünf Abschnitte gegliedert.
Begründe die Einteilung.

Helvetii iam per angustias et fines Sequanorum suas
copias traduxerant et in Haeduorum fines pervenerant
3 eorumque agros populabantur.

Haedui, cum se suaque ab iis defendere non possent,
legatos ad Caesarem mittunt rogatum auxilium:
6 Ita se omni tempore de populo Romano meritos esse, ut
paene in conspectu exercitus nostri agri vastari, liberi in
servitutem abduci, oppida expugnari non debuerint.

9 Eodem tempore Ambarri, necessarii et consanguinei
Haeduorum, Caesarem certiorem faciunt sese
depopulatis agris non facile ab oppidis vim hostium
12 prohibere.

Item Allobroges, qui trans Rhodanum vicos
possessionesque habebant, fuga se ad Caesarem
15 recipiunt et demonstrant sibi praeter agri solum nihil
esse reliqui.

Quibus rebus adductus Caesar non exspectandum sibi
18 statuit, dum omnibus fortunis sociorum consumptis in
Santonos Helvetii pervenirent.

3 **populārī** verwüsten
5 **rogātum** um zu
erbitten
9 **cōnsanguineus**
Verwandter
11 **dēpopulāre** verwüsten
15 **solum** Boden
18 **dum** *(hier)* bis
fortūnae *(hier)* Besitz

→ **BD** lateinlex.de/d1e1
→ AH S. 6 Verbformen
→ AH S. 29 Indirekte Rede *(Oratio obliqua)*
→ AH S. 47 Funktionen des Dativs
→ AH S. 62 Gerund und Gerundiv

Der Zug der Helvetier

→ GUT ZU WISSEN

Tempusfunktionen

- **Plusquamperfekt**: Ereignisse, die vor weiteren Ereignissen in der Vergangenheit geschehen sind
- **Imperfekt**: Hintergrundhandlung oder Situationsbeschreibung
- **Perfekt**: Erzähltempus
- **Historisches** Präsens: → S. 226.

→ MEHR ERFAHREN

Freunde und Bundesgenossen

In den außenpolitischen Beziehungen Roms gab es zwei Kategorien von Partnern: die eher locker assoziierten *amici*, die mit grundsätzlichem Wohlwollen der Römer rechnen konnten, und die eng verbündeten *socii*. Wenn die Mitglieder eines Volkes als *socii* der Römer galten, garantierte ihnen dieses Verhältnis den Schutz durch die Römer. Es verpflichtete sie aber auch zu Gegenleistungen wie der Unterstützung des römischen Heeres im Kriegsfall. Im Grunde entsprach dieses Verhältnis dem Klientelverhältnis innerhalb der römischen Gesellschaft.

2 **a** Erkläre, inwiefern laut Caesar die Lage für die Verbündeten dramatisch ist. Beziehe die Karten hier und auf S. 85 in deine Ausführungen ein.
   b Erläutere, wie Caesar diese Dramatik durch die Art, wie in Z. 4–16 die Nachrichten aufeinander folgen, geschickt steigert.

3 Erstelle ein Tempusrelief aufgrund der Prädikate in den Hauptsätzen und werte den Befund inhaltlich aus. → Tempusfunktionen

4 Caesar möchte sein Vorgehen gegen die Helvetier als *bellum iustum* darstellen. Stelle aus dem Text Begriffe zusammen, die dies belegen. → Freunde und Bundesgenossen
   → *Bellum iustum*, S. 82

5 Im Folgenden sind die Gründe aufgelistet, die Caesar bislang für sein Vorgehen gegen die Helvetier genannt hat. Stelle aus den bisher gelesenen Textstücken Belege dafür zusammen.

   Die Helvetier ...
   - ... sind eine Gefahr für die Bundesgenossen der Römer.
   - ... sind ein kriegslustiges und gefährliches Volk.
   - ... sind Lügner, auf deren Aussagen in Verhandlungen man sich nicht verlassen kann.
   - ... nutzen verbrecherische Maßnahmen wie Verschwörungen, um ihre Pläne durchzusetzen.

→ S. 226 Historisches Präsens

→ GK 1.6.8 Analyse der Tempora
→ GK 4 Gesellschaft: Klientel-/Patronatswesen

📖 Die Schlacht am Fluss Arar BG 1.12

Caesar hat beschlossen, die Helvetier gewaltsam aufzuhalten. Er braucht jetzt nur noch eine passende Gelegenheit für eine Schlacht.

1 Z.1–12: Erschließe mithilfe der fettgedruckten Passagen …
(Z.1–4) die Bedeutung, die der Arar für den Zug der Helvetier hat,
(Z.5–7), was Caesar über die Positionen der vier Stammesteile der Helvetier erfährt,
(Z.8–11), was Caesar unternimmt und welche Auswirkungen das für den vierten Stammesteil hat.

2 Z.13–22: Vervollständige die Übersetzung auf S.97 mithilfe eines Wörterbuchs.

Flumen est Arar, quod per fines Haeduorum et
Sequanorum in Rhodanum influit incredibili lenitate, ita ut
3 oculis, in utram partem fluat, iudicari non possit. **Id Helvetii**
ratibus ac lintribus iunctis transibant.
Ubi per exploratores **Caesar certior factus est tres** iam
6 **partes copiarum Helvetios id flumen traduxisse,**
quartam vero **partem citra flumen Ararim reliquam esse,**
de tertia vigilia cum legionibus tribus e castris profectus
9 **ad eam partem pervenit, quae nondum flumen**
transierat. Eos impeditos et inopinantes aggressus **magnam**
partem eorum concidit. Reliqui sese fugae mandarunt
12 atque in proximas silvas abdiderunt.

Is pagus appellabatur Tigurinus; nam omnis civitas Helvetia
in quattuor pagos divisa est. Hic pagus unus, cum domo
15 exisset, patrum nostrorum memoria L.Cassium consulem
interfecerat et eius exercitum sub iugum miserat. Ita sive
casu sive consilio deorum immortalium, quae pars civitatis
18 Helvetiae insignem calamitatem populo Romano intulerat,
ea princeps poenam persolvit. Qua in re Caesar non solum
publicas, sed etiam privatas iniurias ultus est, quod eius
21 soceri L.Pisonis avum, L.Pisonem legatum, Tigurini eodem
proelio quo Cassium interfecerant.

2 **īn-fluere** (erschließe selbst)
lēnitās, -ātis f Langsamkeit
3 **pars** (hier) Seite, Richtung
4 **linter, -tris f** Kahn
5 **explōrātor, -ōris m** Kundschafter
6 **trā-dūcere** (erschließe selbst)
7 **citrā** (m. Akk.) diesseits
8 **dē** (hier) noch während
10 **impedītus** nicht kampfbereit
inopīnāns, -antis ahnungslos
11 **concīdere** (Perf. concīdī) niedermachen
mandārunt ~ mandāvērunt

→ S.219 Kursorisch lesen
→ S.237 Wörterbuchgebrauch
→ AH S.6 Verbformen

Übersetzung:
Die Schlacht am Fluss Arar,
Z. 13–22

Dieser ▓▓▓▓ hieß Tigurinus. Der ganze helvetische
3 Stamm ist nämlich in
vier ▓▓▓▓ gegliedert. Dieser
eine ▓▓▓▓ hatte, als er
6 seine Heimat verlassen
hatte, zur Zeit unserer Vorfahren den Konsul L. Cassius
9 getötet und dessen Heer
unters ▓▓▓▓ geschickt.
So ▓▓▓▓ – sei es durch
12 Zufall oder durch einen Plan
der unsterblichen Götter –
der Teil des helvetischen
15 Stammes, der dem römischen Volk eine ▓▓▓▓ Niederlage beigebracht hatte,
18 als erster seine Strafe. Bei
dieser Gelegenheit rächte
Caesar nicht nur öffentliches, sondern auch privates
21 Unrecht, weil die Tiguriner
den Legaten L. Piso, den
24 Großvater seines ▓▓▓▓
L. Piso, in derselben Schlacht
getötet hatten wie Cassius.

Die Helvetier zwingen die Römer unter das Joch.
Gemälde von dem Schweizer Maler Charles Gleyre (1858)

3 In Z. 13–22 führt Caesar weitere Gründe dafür an, warum der Krieg gegen die Helvetier gerechtfertigt sei (→ S. 95, Aufgabe 5). Gib diese Gründe mit eigenen Worten wieder und führe jeweils lateinische Belege an.

4 a Erkläre ausgehend von der Abbildung und Z. 16 im lateinischen Text das Wort „unterjochen".
b Erläutere, warum dieses Ereignis für Caesars Rechtfertigung von so großer Bedeutung war.

Caesar im Wortgefecht BG 1.13–14

Auch nach seinem Sieg am Fluss Arar setzt
Caesar die Helvetier unter Druck. Schließlich
schicken die Helvetier eine Gesandtschaft
zu Caesar. Ihr Sprecher Divico ist für die Römer
kein Unbekannter ...

1 Z. 3–7 | Z. 8–13 | Z. 14–18 | 40–43: Untersucht
in Gruppen den Modus der Prädikate aller
Hauptsätze in der Oratio obliqua und gebt an,
ob Divico eine Aussage macht, auffordert
oder abrät.

Cuius legationis Divico princeps fuit, qui bello Cassiano
dux Helvetiorum fuerat. Is ita cum Caesare egit:
3 Si pacem populus Romanus cum Helvetiis faceret, in eam
partem ituros atque ibi futuros Helvetios, ubi eos Caesar
constituisset atque esse voluisset; sin bello persequi
6 perseveraret, reminisceretur et veteris incommodi populi
Romani et pristinae virtutis Helvetiorum.
    Quod improviso unum pagum adortus esset,
9   cum ii,
           qui flumen transissent,
        suis auxilium ferre non possent,
12 ne ob eam rem aut suae magnopere virtuti tribueret
aut ipsos despiceret.
Se ita a patribus maioribusque suis didicisse, ut magis
15 virtute quam dolo contenderent aut insidiis niterentur.
Quare ne committeret, ut is locus, ubi constitissent, ex
calamitate populi Romani et internecione exercitus
18 nomen caperet aut memoriam proderet.

1 **cuius** ~ eius *(relativer Satzanschluss)*
bellum Cassiānum der Krieg gegen Cassius 107 v. Chr. (vgl. S. 96, Z. 15)
5 **cōnstituere** *(hier)* ansiedeln
velle *(hier)* bestimmen, befehlen
6 **persevērāre** fortfahren
reminīscī *(m. Gen.)* sich erinnern
8 **quod** *(hier)* dass
imprōvīsō unvermutet
pāgus Bezirk; Stammesteil
adorīrī *(Perf. adortus sum)* angreifen
12 **māgnopere virtūtī suae tribuere** seiner ach so großen Tapferkeit zuschreiben
13 **ipsōs** *(gemeint sind die Helvetier)*
16 **committere, ut** es dazu kommen lassen, dass
17 **internecio̅, -ōnis f** völlige Vernichtung
17/18 **nōmen capere ex** wegen etwas berühmt werden
18 **memoriam prōdere** in die Geschichte eingehen

Caesar antwortet mit einer Gegenrede; seine
Argumente findest du auf S. 99.
Am Ende erklärt sich Caesar zum Frieden bereit,
falls die Helvetier ihm Geiseln stellen und die
Verbündeten entschädigen würden.
Das letzte Wort hat Divico:

40 Divico respondit: Ita Helvetios a maioribus suis institutos
esse, uti obsides accipere, non dare consuerint; eius rei
populum Romanum esse testem. Hoc responso dato
43 discessit.

41 **cōnsuērint** ~ cōnsuēverint

→ **BD** lateinlex.de/d1e3

→ AH S. 16 Indikativ und Konjunktiv in Nebensätzen
→ AH S. 29 Indirekte Rede *(Oratio obliqua)*

Caesars Antwort an Divico BG 1.14

19 (...) Er habe die Ereignisse, an die die helveti-
schen Gesandten erinnerten, sehr gut im
21 Gedächtnis, erst recht, da sie dem römischen
Volk zu Unrecht widerfahren seien. Die Römer
hätten sich leicht vor diesem Unrecht schüt-
24 zen können, wenn sie es erwartet hätten,
aber sie hätten es nicht erwartet, da sie den
Helvetiern keinerlei Grund dazu gegeben
27 hätten. Grundlose Furcht aber sei den Römern
fremd.
Selbst wenn er aber bereit wäre, die alte
30 Schmach zu vergessen, wie könnte er ihre
neuesten Vergehen aus dem Gedächtnis
streichen: ihren gewaltsamen Versuch, gegen
33 seinen Willen die Provinz zu durchqueren, ihre
Gewalttaten gegen die Haeduer, die Ambarrer,
die Allobroger? (...)
36 Die unsterblichen Götter würden oft Verbre-
cher, die sie bestrafen wollten, eine Zeitlang
absichtlich im ungetrübten Glück leben
39 lassen, nur damit sie ihren Sturz alsdann noch
schmerzhafter empfänden.

2 Z.1–2: Erkläre, warum Caesar auf die im Relativsatz gegebene Information über Divico Wert legt.

3 Vergleiche Caesars Antwort mit der Rede des Divico: Beschreibe, wie bzw. ob er auf Divicos Argumente eingeht.

4 Z.40–43: Ist Divicos Reaktion auf Caesars Rede angemessen? Begründe deine Meinung.

5 Begründe, warum die Divico-Rede zu Caesars Anliegen passt, sich und seine Taten positiv darzustellen. → *Bellum iustum*, S. 82

6 Selten, aber gezielt erwähnt Caesar die Götter (Z. 35 sowie S. 96, Z. 17 f.).
   a Erläutere, was er damit im Gespräch mit Divico, aber auch seinem römischen Publikum gegenüber bezwecken könnte.
   b Nimm Stellung zu dieser Art von Argumentation.

7 Beschreibe die Abbildung. Gehe darauf ein, wie das Rangverhältnis zwischen Caesar und Divico dargestellt ist und ob das dem Text entspricht.

8 Entwickelt eine szenische Darstellung des Rededuells und tragt diese vor.

Darstellung des Treffens zwischen Divico und Caesar
von dem Schweizer Maler und Illustrator Karl Jauslin (1842–1904)

📖 Das Ende des Helvetierkrieges BG 1.27–28.2

Caesar hat die Helvetier bei Bibracte in einer großen Schlacht besiegt. Nun nehmen sie Kapitulationsverhandlungen mit ihm auf.

1 Schlage die im Text markierten Verben in einem Schulwörterbuch oder dem Wörterbuchanhang nach und gib jeweils die Nennform und die Grundbedeutung an.

Helvetii omnium rerum inopia adducti legatos de deditione ad eum miserunt. Qui cum eum in itinere convenissent seque ad pedes
3 proiecissent suppliciterque locuti flentes pacem petissent atque eos in eo loco, quo tum essent, suum adventum exspectare iussisset, paruerunt. Eo postquam Caesar pervenit, obsides, arma, servos, qui
6 ad eos perfugissent, poposcit.
Dum ea conquiruntur et conferuntur, nocte intermissa circiter hominum milia sex eius pagi, qui Verbigenus appellatur, sive timore
9 perterriti, ne armis traditis supplicio afficerentur, sive spe salutis inducti, quod in tanta multitudine dediticiorum suam fugam aut occultari aut omnino ignorari posse existimarent, prima nocte e
12 castris Helvetiorum egressi ad Rhenum finesque Germanorum contenderunt.
Quod ubi Caesar resciit, quorum per fines ierant, his, uti
15 conquirerent et reducerent, si sibi purgati esse vellent, imperavit. Reductos in hostium numero habuit; reliquos omnes obsidibus, armis, perfugis traditis in deditionem accepit.

→ S. 219 Kursorisch lesen
→ S. 237 Wörterbuchgebrauch
→ AH S. 42 Funktionen des Genitivs
→ AH S. 54 Partizipien und Partizipialkonstruktionen

Übersetzung: Das Ende des Helvetierkrieges BG 1.27–28.2

Weil an allem Not herrschte, schickten die Helvetier Gesandte wegen der Kapitu-
lation zu ihm. Als diese ihn auf dem Marsch getroffen und sich ihm zu Füßen
3   geworfen hatten und flehend unter Tränen um Frieden gebeten hatten und er
ihnen befohlen hatte, an dem Ort, an dem sie sich damals aufhielten, auf seine
Ankunft zu warten, da gehorchten sie. Nachdem Caesar dort hingekommen war,
6   forderte er Geiseln, Waffen und die Sklaven, die zu ihnen übergelaufen waren.
Während man dies zusammensuchte und zusammentrug, wurde es Nacht.
Da verließen gleich bei Einbruch der Nacht ungefähr 6000 Menschen aus dem
9   Stammesteil, der Verbigenus genannt wird, das Lager der Helvetier und eilten zum
Rhein und dem Gebiet der Germanen – entweder aus Angst, dass sie nach
Übergabe der Waffen hingerichtet würden, oder in der Hoffnung auf Rettung, weil
12   sie glaubten, dass ihre Flucht wegen der so großen Anzahl der Kapitulierenden
entweder verborgen bleiben oder überhaupt nicht bemerkt werden könne.
Sobald Caesar dies erfahren hatte, befahl er denen, durch deren Gebiet sie gezogen
15   waren, dass sie sie aufspürten und zurückbrachten, falls sie ihm gegenüber von
Schuld frei sein wollten. Diejenigen, die zu ihm zurückgebracht worden waren,
behandelte er als Feinde. Die Kapitulation aller Übrigen nahm er an, nachdem
18   man ihm Geiseln, Waffen und Überläufer übergeben hatte.

2 a Weise den hervorgehobenen Ausdrücken in
der Übersetzung die lateinischen Entspre-
chungen zu.
 b Beschreibe den Unterschied zwischen
Original und Übersetzung.
→ S. 223, *Übersetzungsvergleich*

3 Erstelle zu Z. 7–13 (lat.) eine Satzanalyse nach
der Einrückmethode. Achtung: In der Überset-
zung ist die Struktur des Satzes gegenüber dem
lateinischen verändert. → S. 216, *Satzanalyse*

4 Stelle aus dem lateinischen Text alle Wendun-
gen zusammen, in denen es um Handlungen
Caesars geht, und vergleiche sie mit den
Aktivitäten der Besiegten. Arbeite davon
ausgehend heraus, wie Caesar sich hier selbst
charakterisiert. → Caesars Stil, S. 83

5 Das Bild zeigt Caesar, seine Soldaten sowie
die Helvetier. Beschreibe, was diese jeweils tun.
Diskutiert, ob die Darstellung Caesars Text
entspricht.

Caesar unterwirft
die Helvetier. Decken-
gemälde in der Villa Gera
(Veneto, Italien)
von Giovanni Demin (1835)

Heldentaten in Britannien und Germanien

Der Adlerträger der 10. Legion BG 4.25

Bei der ersten Britannienexpedition (55 v. Chr.) ankern Caesars Schiffe vor der Küste, wo die Britannier ihre Truppen aufgestellt haben. Die Römer müssten also bewaffnet von den Schiffen springen und im Wasser kämpfen.

1 Übersetze die Verben der Bewegung, ggf. mit den dazugehörigen Präpositionalausdrücken; erschließe so Ausgangs- und Zielpunkt der im Text beschriebenen Bewegungen.

Atque nostris militibus cunctantibus – maxime propter
altitudinem maris –, qui decimae legionis aquilam ferebat,
3 obtestatus deos, ut ea res legioni feliciter eveniret: „Desilite",
inquit, „commilitones, nisi vultis aquilam hostibus prodere; ego
certe meum rei publicae atque imperatori officium praestitero."
6 Hoc cum voce magna dixisset, se ex navi proiecit atque in
hostes aquilam ferre coepit. Tum nostri cohortati inter se, ne
tantum dedecus admitteretur, universi ex navi desiluerunt. Hos
9 item ex proximis navibus cum conspexissent, subsecuti
hostibus appropinquaverunt.

2 **quī** ergänze is (, quī ...)
3 **obtēstārī** beschwören
dēsilīre (Perf. dēsiluī) herabspringen
4 **commīlitō**, -ōnis m Kamerad
5 **praestiterō** (übersetze als Fut. I)
8 **dēdecus**, -oris n Schande (gemeint: die Schande, es dem Adlerträger nicht gleich zu tun)
9 **subsequī** (Part. Perf. subsecūtus) nachfolgen

Ein Germanenangriff BG 6.38

Überraschend greifen Germanen ein römisches Lager an. Die wenigen anwesenden Römer geraten schwer in Bedrängnis, da greift der Offizier Sextius ein, der krank in seinem Zelt liegt.

2 Stelle die Prädikate und ggf. ihre Subjekte zusammen. Arbeite so den groben inhaltlichen Ablauf heraus.

Hic diffisus suae atque omnium saluti inermis ex tabernaculo
12 prodit. Videt imminere hostes atque in summo rem esse
discrimine. Capit arma a proximis atque in porta consistit.
Consequuntur hunc centuriones eius cohortis, quae in statione
15 erat. Paulisper una proelium sustinent. Relinquit animus
Sextium gravibus acceptis vulneribus. Aegre per manus
tractus servatur. Hoc spatio interposito reliqui sese
18 confirmant tantum, ut in munitionibus consistere audeant
speciemque defensorum praebeant.

11 **diffīsus** (m. Dat.) ohne Hoffnung auf
inermis, -e unbewaffnet
tabernāculum Zelt
14 **statiō**, -ōnis f Wachdienst
15 **animus** (hier) Bewusstsein
16 **aegrē** mit Mühe
16/17 **per manūs trahere** von Hand zu Hand reichen
17 **hōc spatiō interpositō** währenddessen
19 **speciem dēfēnsōrum praebēre** wenigstens den Anschein einer Verteidigung bieten

→ **BD** lateinlex.de/d1e6 (zu **4.25**)
→ **BD** lateinlex.de/d1e7 (zu **6.38**)
→ S. 226 Hyperbaton
→ AH S. 6 Verbformen
→ AH S. 13 velle, nolle, malle
→ AH S. 54 Partizipien und Partizipialkonstruktionen

Caesars erste Landung in Britannien. Illustration von Peter Connolly.

→ MEHR ERFAHREN
Caesar in Britannien und Germanien

Caesar setzte zweimal nach Britannien über. Gerade bei der ersten Britannienexpedition konnte er jedoch auch nach der riskanten und nur um Haaresbreite geglückten Landung keine großen Erfolge erzielen. Die zweite Fahrt nach Britannien war besser vorbereitet, führte aber auch nicht dazu, dass sich die Römer dauerhaft in Britannien festsetzen konnten.

Mehrmals überschritt Caesar auch den Rhein und kämpfte gegen Germanen, um sie von Einfällen nach Gallien abzuschrecken, doch ebenfalls, ohne rechtsrheinisches Gebiet dauerhaft zu erobern.

3 Z.1–10: Vergleiche die Illustration der Szene mit dem Text.

4 Z.1–10: Caesar weicht hier von seiner üblichen Form der Darstellung ab. Erkläre, inwiefern, und erläutere die Wirkung. → Caesars Stil, S. 83

5 Z.11–19: Arbeite die brenzlige Situation heraus, indem du den Satzbau und die Tempora untersuchst. → S. 226, *Historisches Präsens*

6 Beide Texte sind nach ähnlichem Muster gestaltet.
   a Weise das nach, indem du folgendes untersuchst und am Text belegst:
   • Handlungsmotiv des Protagonisten
   • Aktion des Protagonisten (stelle dazu u. a. die Verben zusammen, die die Aktion beinhalten)
   • Reaktion der übrigen Römer
   • Reaktion der Feinde
   b Erkläre, welche Absicht Caesar mit dieser Darstellung verfolgt haben könnte.
   c Erkläre, warum ihm das gerade bezüglich der Britannien-Exkursion wichtig war.
   → Caesar in Britannien und Germanien

Statue eines römischen Adlerträgers (1. Jh. n. Chr.)

→ S. 226 Historisches Präsens

Die Exkurse über Gallier und Germanen

Religion und Lebensweise der Germanen BG 6.21–22.1

In den sogenannten Gallier- und Germanen-exkursen informiert Caesar seine Leser über die Kultur der Gallier und Germanen. Nachdem er von den Galliern berichtet hat, beschreibt er das Leben der Germanen.

1 Z.1–6: Caesar behauptet, dass die Germanen nicht viele Gottheiten hätten. Gib die von Caesar genannten Gottheiten an und erschlie-ße, was sie für die Germanen zur Gottheit macht.

2 Z.7–11: Caesar beschreibt die Germanen als tapfer. Stelle aus dem Text Begriffe zusammen, die einen Bezug zum Thema Tapferkeit haben.

3 Z.11–17: Zeige am Text, dass Caesar die Germa-nen für unzivilisiert hält.

4 Z.12: Gib das Attribut zu *rebus* an.

Germani multum ab hac consuetudine differunt. Nam neque druides habent, qui rebus divinis praesint, neque
3 sacrificiis student. Deorum numero eos solos ducunt, quos cernunt et quorum aperte opibus iuvantur, Solem et Vulcanum et Lunam; reliquos ne fama quidem
6 acceperunt.
Vita omnis in venationibus atque in studiis rei militaris consistit; a parvis labori ac duritiae student. Qui
9 diutissime impuberes permanserunt, maximam inter suos ferunt laudem: hoc ali staturam, ali vires nervosque confirmari putant. Intra annum vero vicesimum
12 feminae notitiam habuisse in turpissimis habent rebus. Cuius rei nulla est occultatio, quod et promiscue in fluminibus perluuntur et pellibus aut parvis renonum
15 tegimentis utuntur magna corporis parte nuda. Agriculturae non student, maiorque pars eorum victus in lacte, caseo, carne consistit.

3 **numerō dūcere** *(m. Gen.)* rechnen zu
5 **nē fāmā quidem** nicht einmal vom Hören-sagen
7 **vēnātiō, -ōnis** *f* Jagd
8 **ā parvīs** von klein auf
   dūritia Abhärtung
9 **diūtissimē** *Superlativ zu* diū
   impūbēs, -eris ohne sexuellen Kontakt
10 **nervus** Muskel
11 **intrā annum vīcēsimum** vor dem 20. Lebensjahr
12 **nōtitia fēminae** sexueller Kontakt mit einer Frau
   habēre in rechnen zu
13 **cuius reī** in dieser Beziehung
   occultātiō, -ōnis *f* Heimlichtuerei
   prōmīscuus gemein-sam
14 **perluī** baden
   rēnō, -ōnis *m* Pelz
17 **cāseus** Käse

→ **BD** lateinlex.de/d1e8

→ S.226 Hyperbaton
→ AH S.6 Verbformen
→ AH S.50 Funktionen des Ablativs

Darstellung eines germanischen
Gelages nach J. Gehrts (um 1906)

→ GUT ZU WISSEN
Die Gallier- und Germanenexkurse

An mehreren Stellen seiner
Commentarii unterbricht Caesar seine
Schilderungen, um die Leser genauer
über Völker und geographische
Gegebenheiten zu informieren.
Die umfangreichste dieser Passagen ist
ein großer Exkurs über die Gallier und
die Germanen in Buch 6; er umfasst
18 Kapitel. Dort äußert sich Caesar
folgendermaßen über die **germanische
Gesellschaft**:

- Durch das Verbot von Sesshaftigkeit
  und Landbesitz wollen die Germa-
  nen verhindern, dass sie aus Kriegern
  zu Bauern werden und sich Bequem-
  lichkeit und Besitzgier ausbreiten.
- Zwischen Mächtigen und einfachen
  Leuten gibt es keine Vermögensun-
  terschiede. Dies soll den Zusammen-
  halt fördern.
- Im Kriegsfall werden gemeinsa-
  me Führer gewählt, in Friedenszeiten
  regieren einzelne Stammeshäupt-
  linge.
- Raubzüge dienen der militärischen
  Übung. Wer sich einer Teilnah-
  me verweigert, gilt als Verräter.
- Das Gastrecht ist heilig.

5 Erschließe aus dem Beginn des Textes (Z.1–3),
   worum es in Caesars vorangehendem Bericht
   über die Gallier ging.
6 Erläutere, inwiefern die Informationen über die
   Germanen zu Caesars bisherigen Darstellungs-
   absichten passen → S.82; S.85.
7 Stellt auf der Grundlage der gelesenen Texte
   und eures Wissens aus früheren Jahren
   Informationen über das Verhältnis von Römern
   und Germanen zusammen.
8 Caesar bietet die früheste Beschreibung der
   Germanen. Sie wurde in späteren Jahrhunder-
   ten zur Grundlage für eine idealisierende
   Auffassung der Deutschen von ihren Vorfahren.
   a Erkläre, was diese damals wohl an den
      Germanen als vorbildhaft empfanden.
   b Beschreibe die Abbildung. Untersuche,
      inwiefern sie eine idealisierende Vorstellung
      von den Germanen vermittelt, und vergleiche
      diese mit Caesars Darstellung.
      → Die Gallier- und Germanenexkurse
9 Diskutiert, worin die Gefahr bei solchen Gleich-
   setzungen zwischen Vergangenheit und
   Gegenwart besteht.

→ GK 3.3 Römer und Germanen

📖 Die Story vom Elch BG 6.26–28

In Germanien sind auch die Tiere anders. Caesar berichtet über die Tiere im sogenannten herkynischen Wald unter anderem folgendes.

1 Gruppenarbeit (A/B/C) – Teil I:
  a Erschließt die Bedeutung der farbig gedruckten Wörter oder schlagt sie in einem Wörterbuch nach.
  b Stellt aus dem Text Informationen über das jeweilige Tier (unterstrichen) zusammen.

(A) Est bos cervi figura, cuius a media fronte inter aures unum cornu exsistit excelsius magisque directum his
3 cornibus, quae nobis nota sunt; ab eius summo sicut palmae ramique late diffunduntur. Eadem est feminae marisque natura, eadem forma magnitudoque cornuum.

6 **(B)** Sunt item, quae appellantur alces.
Harum est con-similis capris figura et varietas pellium, sed magnitudine paulo antecedunt mutilaeque sunt
9 cornibus et crura sine nodis articulisque habent.

Da sich die alces aufgrund ihrer anatomischen Besonderheit zum Schlafen nicht hinlegen – sie könnten sonst nicht mehr aufstehen –,
12 *lehnen sie sich an Bäume an. Diese Gewohnheit nutzen die Germanen bei der Jagd auf sie:*

Omnes arbores aut ab radicibus subruunt aut accidunt.
15 Huc cum se consuetudine reclinaverunt, infirmas arbores pondere affligunt atque una ipsae concidunt.

(C) Tertium est genus eorum, qui uri appellantur. Hi sunt
18 magnitudine paulo infra elephantos, specie et colore et figura tauri. Magna vis eorum est et magna velocitas, neque homini neque ferae quam conspexerunt parcunt. (...)
21 Sed adsuescere ad homines et mansuefieri ne parvuli quidem excepti possunt. Amplitudo cornuum et figura et species multum a nostrorum boum cornibus differt.

2 **exsistere** *(hier)* aufragen
  dīrēctus gerade
2/3 **hīs cornibus** *(Ablativ des Vergleichs)*
3 **summum** *(hier)* Spitze
4 **rāmus** Zweig
5 **mās**, *maris m* Männchen; männliches Tier
6 **sunt item** es gibt dort auch Tiere
7 **capra** Ziege
8/9 **mutilae sunt cornibus** sie haben ein stumpfes Geweih
9 **crūs**, *crūris n* Bein
  nōdus Gelenk
  articulus Knöchel

14 **subruere** von unten her angraben
  accīdere *(ad + caedere)* ansägen
15 **hūc** *(gemeint: an die Bäume)*
  sē reclīnāre sich anlehnen
16 **pondus**, *-eris n* Gewicht
  afflīgere *(hier)* zu Fall bringen
  concidere stürzen
17 **genus**, *-eris n (hier)* Tierart
18 **īnfrā** *(m. Akk.) (hier)* kleiner als
19 **vēlōcitās**, *-ātis f* Schnelligkeit
21 **adsuēscere ad** sich gewöhnen an
  mānsuēfierī zahm werden
21/22 **nē parvulī ... exceptī** nicht einmal, wenn sie ganz jung gefangen werden

→ S. 219 Kursorisch lesen
→ S. 237 Wörterbuchgebrauch

ΕΛΕΦΑΣ

ΕΛΑΦΟΣ

1 Gruppenarbeit (A/B/C) – Teil II:
  c Beurteilt den Wahrheitsgehalt der Beschrei-
    bung. Recherchiert dazu auch, ob solche oder
    so ähnliche Tiere damals wirklich in den
    Wäldern Germaniens lebten.
  d Präsentiert eure Ergebnisse in der Lerngruppe
    (ggf. anhand einer Abbildung, die ihr mit
    lateinischen Ausdrücken beschriftet).
2 Hat Caesar die Tiere selbst gesehen, hat er
  Germanen danach gefragt oder hatte er andere
  Quellen? Entwickle am Beispiel des Elchs
  Vermutungen, wie Caesar zu seinen Informa-
  tionen kam. → Zwei Tiere zum Verwechseln
3 Erschließe anhand der Abbildung auf S. 105,
  wozu die Germanen die Hörner der *uri* verwen-
  den. Recherchiere, ob sich das auch archäolo-
  gisch belegen lässt.
4 Erschließe anhand der fett gedruckten Wörter
  auch folgende Informationen, die Caesar zur
  Jagd der *uri* gibt:

  Die *uri*-Jagd bei den Germanen BG 6.28.3
  Hoc **se** labore **durant adulescentes** atque
  hoc genere venationis **exercent**, et **qui**
  3 **plurimos** ex his **interfecerunt, magnam**
  ferunt **laudem**.

→ MEHR ERFAHREN
Zwei Tiere zum Verwechseln?

In einem griechischen Buch über
Naturkunde fand sich folgende
Information über die Elefantenjagd:
„Dieses Tier hat einen Rüssel, aber
keine Gelenke und kann sich deshalb
nicht bücken und nicht schlafen legen.
Wenn der Elefant schlafen will, dann
lehnt er sich an schrägstehende
Bäume. Der Jäger merkt sich die Bäume
und hackt sie mit einem Beil an.
Nun lehnt sich der Elefant daran, der
Baum bricht ab, und jetzt kommt
der Jäger ...“ Eigentlich kann man einen
Elefanten kaum mit einem Elch ver-
wechseln – außer, wenn man aus
einem griechischen Buch abschreibt.
Auf Griechisch sieht nämlich das Wort
für „Elefant" dem für „Hirsch" oder
„Elch" zum Verwechseln ähnlich.

5 a Stellt in der Lerngruppe Vermutungen an,
  welchen Zweck die Beschreibung dieser Tiere
  in Caesars Werk erfüllte. Zieht dazu auch die
  Informationen aus Aufgabe 4 heran.
  b Erörtert, wie dies zur Leserlenkung beiträgt.
6 Caesar erzielte weder in Britannien noch in
  Germanien dauerhafte Erfolge. Untersuche die
  Texte S. 102–106 daraufhin, welchen Eindruck
  er von Land und Leuten vermitteln will und
  welches Ziel er damit verfolgt.
  ·→ Inhaltsübersicht, S. 83
  → Caesar in Britannien und Germanien, S. 103

Der Aufstand der Gallier unter Vercingetorix

Vercingetorix BG 7.4

Zu Beginn des 7. Buches berichtet Caesar von der Entstehung einer gesamtgallischen Widerstandsbewegung. Nach Einzelaktionen an verschiedenen Orten beginnt der Fürstensohn Vercingetorix in der Arvernerstadt Gergovia, den Widerstand systematisch zu organisieren – mit allen Mitteln.

1 Z.1–7: Stelle aus dem Hauptsatz Informationen über Vercingetorix, aus den Nebensätzen Informationen über dessen Vater zusammen.

2 Z.8–17: Erschließe, was mit Vercingetorix geschieht bzw. was er tut, indem du die Prädikate der Hauptsätze übersetzt.

3 Z.18–24: Entwickle Vermutungen, wie Vercingetorix mit seinen eigenen Leuten umgeht. Erschließe dazu den Inhalt der hervorgehobenen Ausdrücke im Ablativ.

Simili ratione ibi Vercingetorix, Celtilli filius, Arvernus,
summae potentiae adulescens,
3   cuius pater principatum Galliae totius obtinuerat
          et ob eam causam,
                    quod regnum appetebat,
6   ab civitate erat interfectus,
convocatis suis clientibus facile incendit.

Cognito eius consilio ad arma concurritur. Prohibetur ab
9 Gobannitione, patruo suo, reliquisque principibus, qui hanc
temptandam fortunam non existimabant; expellitur ex oppido
Gergovia. Non desistit tamen atque in agris habet dilectum
12 egentium ac perditorum. Hac coacta manu, quoscumque adit ex
civitate, ad suam sententiam perducit; hortatur, ut communis
libertatis causa arma capiant, magnisque coactis copiis
15 adversarios suos, a quibus paulo ante erat eiectus, expellit
ex civitate.
Rex ab suis appellatur.
(...)
18 Summae diligentiae summam imperii severitatem addit;
magnitudine supplicii dubitantes cogit. Nam maiore commisso
delicto igni atque omnibus tormentis necat, leviore de causa
21 auribus desectis aut singulis effossis oculis domum remittit,
ut sint reliquis documento et magnitudine poenae
perterreant alios.

7 **cliēns**, *-entis m* Klient
incendit *ergänze* animōs clientium
9 **patruus** Onkel (väterlicherseits)
11 **dīlēctum habēre** eine Rekrutierung durchführen
12 **egēns**, *-entis* bedürftig *(hier Subst.)*
perditus verkommen, verworfen *(hier Subst.)*
quōscumque ~ omnēs, quōs
19 **dubitantēs** *(gemeint: die, die zögern, ihn als Führer anzuerkennen)*
20 **tormentum** Marter
21 **dēsecāre** *(PPP dēsectum)* abschneiden
effodere *(PPP effossum)* ausstechen
22 **documentō esse** ein warnendes Beispiel sein

→ **BD** lateinlex.de/d1fa

→ AH S.42 Funktionen des Genitivs
→ AH S.47 Funktionen des Dativs
→ AH S.54 Partizipien und Partizipialkonstruktionen

Zwei Münzen mit dem Porträt des Vercingetorix.
Die linke Münze ließ ein Anhänger Caesars prägen (48 v. Chr.),
die rechte die aufständischen Gallier (52 v. Chr.).

4 a Stelle die Informationen zusammen, die im Text über Vercingetorix gegeben werden. Beziehe dabei seine Herkunft und seine Handlungen ein.

b Diskutiert in der Lerngruppe, warum Caesar seinen Gegner hier auf diese Weise charakterisiert.

5 Vergleiche die Darstellung des Vercingetorix mit der des Helvetiers Orgetorix (S. 86 und 88):

a Erläutere, inwiefern beide als Freiheitskämpfer, aber auch Machtmenschen charakterisiert werden.

b Stelle weitere Gemeinsamkeiten und Unterschiede zusammen.

6 Münzen als Propagandamittel:

a Beschreibe die Münzen und erläutere, inwiefern sie zu Propagandazwecken dienen können.

b Entwickle eine Vermutung, warum Caesar zu diesem Zeitpunkt diese Münze prägen ließ.
→ Caesars Leben, S. 74

c Heutzutage könnten beide für ihre Propaganda auch Twitter verwenden: Verfasst in Gruppen lateinische oder deutsche Tweets für Vercingetorix und Caesar.

7 Vercingetorix wurde in Frankreich (vor allem im 19. Jh.) als Nationalheld verehrt. Erläutere, wie sich diese Auffassung in dem Denkmal widerspiegelt.

8 Die Inschrift auf dem Denkmal ist ein übersetztes Zitat aus dem *Bellum Gallicum* (**7,2,6**).

a Recherchiere danach und erschließe, warum man sich gerade für dieses Zitat entschieden hat.

b Diskutiert, wie sinnvoll eine solche Bestimmung nationaler Einheit heute noch sein kann.

Vercingetorix-Denkmal bei Alesia
von Aimé Millet (1865)

→ S. 86 Der Plan
→ S. 88 Die Vorbereitungen

Die Belagerung von Alesia BG 7.72–73

Es gelingt Vercingetorix, die Gallier für einen großen Befreiungskampf zu begeistern und ihre Kräfte zu bündeln, sodass die Römer ernsthaft in Bedrängnis geraten. Schließlich aber müssen sich die Aufständischen in die Stadt Alesia zurückziehen. Caesar umgibt die Stadt mit einem Belagerungsring, der die Römer nicht nur gegen die Eingeschlossenen sichern soll, sondern auch gegen weitere gallische Truppen, die Alesia von außen zu Hilfe kommen wollen. Ausführlich beschreibt Caesar die Befestigungen.

1 Vergleiche zuerst die beiden Abbildungen miteinander und beschreibe sie.

2 Beschreibe dann die Funktion der einzelnen Teile der Anlage mithilfe des Textes.

Er ließ einen Graben von 20 Fuß mit senkrechten Seiten ziehen, dessen Boden unten die gleiche Abmessung hatte wie der Abstand zwischen den oberen
3 Rändern. Alle übrigen Belagerungswerke ließ er 400 Schritt von diesem Graben entfernt anlegen. (...).
Nachdem er diesen 400 Schritt breiten Streifen dazwischengelegt hatte, ließ er
6 zwei 15 Fuß breite Gräben von gleicher Tiefe ziehen. Den inneren füllte er an den ebenen und niedrigen Stellen mit Wasser, das er aus dem Fluss ableitete.
Hinter den Gräben ließ er einen Erddamm mit einer Mauer von zwölf Fuß errich-
9 ten. Diese Belagerungsmauer wurde zusätzlich mit Brustwehr und Zinnen versehen, wobei große, sich gabelnde Baumstämme an der Verbindung zwischen Brustwehr und Mauer herausragten, die den Feinden das Hinaufklettern erschwe-
12 ren sollten. Auf dem ganzen Bauwerk ließ er rings Türme errichten, die 80 Fuß voneinander entfernt waren. (...)
Nach ersten Angriffen seitens der Gallier lässt Caesar die Anlage weiter ausbauen:
15 Er ließ daher Baumstämme und ziemlich starke Äste schneiden, ihre Spitzen abschälen und zuspitzen; dann fünf Fuß tiefe, durchlaufende Gräben ziehen.
Die spitzen Pfähle wurden in den Boden eingelassen und festgemacht, damit man
18 sie nicht herausreißen konnte; mit ihren Zweigen ragten sie oben heraus.
Jeweils fünf Reihen wurden miteinander verbunden und verflochten. Wenn jemand in diese Gräben geriet, blieb er in diesen äußerst spitzen Hindernissen
21 stecken. Die Soldaten nannten sie „Leichensteine".
Vor diesen wurden drei Fuß tiefe Gruben gegraben, die in schräger Reihe kreuz-
förmig angeordnet waren und nach unten zu allmählich schmäler wurden.
24 Hier wurden glatte, länglich runde Pfähle von Schenkeldicke eingesetzt, die oben spitz und durch Feuer gehärtet waren. Sie ragten nicht weiter als vier Fingerbreit aus der Erde hervor.
27 Um sie zu befestigen und ihnen Halt zu geben, wurde jeder einzelne Pfahl am Grabenboden in ein Fuß hoher Erde festgestampft, den restlichen Teil der Gruben deckte man mit Weidenruten und Strauchwerk zu, um die Falle zu verbergen.
30 Von dieser Art wurden mit einem Zwischenraum von drei Fuß acht Reihen gegraben. Die Soldaten nannten sie „Lilien", da sie Ähnlichkeit mit dieser Blume besaßen.
33 Vor ihnen wurden fußlange Pflöcke mit eisernen Widerhaken ganz in die Erde eingegraben und überall mit nur kleinen Zwischenräumen verteilt. Die Soldaten nannten sie „Ochsenstacheln".

Belagerung von Alesia.
Oben: Rekonstruktion der
Befestigungen Caesars,
wie sie heute auf
der Ausgrabungsstätte
zu sehen sind.
Links: Querschnitt.

3 a Caesar stellt sich hier nicht als „abgeho-
    benen" Oberbefehlshaber dar, sondern als
    einen, der seinen Soldaten ganz nah ist.
    Belege dies am Text.
   b Erläutere, inwiefern ihm diese Selbstdarstel-
    lung auch als Druckmittel gegenüber Rom
    nützlich sein kann.

4 Die Abbildungen zeigen nur einen Teil der im
   Text geschilderten Befestigungen. Fertige
   anhand des Textes eine Skizze der vollständigen
   Anlage an, ggf. auch mithilfe von Recherche.
5 Caesar schildert diese und auch andere Befesti-
   gungsanlagen, die er im Gallischen Krieg
   errichten lässt, sehr eingehend. Erläutere, was
   er damit beabsichtigte.
6 Informiere dich über das Angebot der Ausgra-
   bungsstätte Alesia.

MACHT UND POLITIK

Hungersnot in Alesia BG 7.77

Hunger herrscht in Alesia. Die Gallier warten auf Verbündete, die Caesars Belagerungsring von außen durchbrechen sollen, haben aber kaum noch Hoffnung, dass die Hilfe rechtzeitig kommt. Im gallischen Kriegsrat neigen schon manche zur Kapitulation. Da macht ein gewisser Critognatus einen schockierenden Vorschlag.

1 Z.1–16: In den beiden Textabschnitten werden zwei Zeitebenen und zwei Personengruppen einander gegenübergestellt: Weise dies nach, indem du (außer in Z. 6–7) die Tempora der Prädikate analysierst und die Subjekte herausarbeitest.

2 Z.16–19: Analysiere den Satz nach der Einrückmethode.

Quid ergo mei consilii est? Facere, quod nostri maiores nequaquam pari bello Cimbrorum Teutonumque fecerunt:

3 Qui in oppida compulsi ac simili inopia subacti eorum corporibus, qui aetate ad bellum inutiles videbantur, vitam toleraverunt neque se hostibus tradiderunt.

6 Cuius rei si exemplum non haberemus, tamen libertatis causa institui et posteris prodi pulcherrimum iudicarem. Nam quid illi simile bello fuit? Depopulata Gallia Cimbri

9 magnaque illata calamitate finibus quidem nostris aliquando excesserunt atque alias terras petierunt. Iura, leges, agros, libertatem nobis reliquerunt.

12 Romani vero quid petunt aliud aut quid volunt nisi invidia adducti, quos famā nobiles potentesque bello cognoverunt, horum in agris civitatibusque considere atque his aeternam

15 iniungere servitutem? Neque enim ulla alia condicione bella gesserunt. Quodsi ea, quae in longinquis nationibus geruntur, ignoratis, respicite finitimam Galliam, quae in

18 provinciam redacta – iure et legibus commutatis – securibus subiecta perpetua premitur servitute!

1 **meī cōnsiliī** (übersetze wie Nominativ)
2 **nēquāquam** keineswegs
3 **compellere** (PPP -pulsum) zusammentreiben
4/5 **vītam tolerāre** (m. Abl.) nur mühsam das Überleben sichern durch …
7 **īnstituī … prōdī** ergänze exemplum
8 **dēpopulāre** völlig verwüsten

13 **quōs** (Bezugswort ist hōrum)
15 **iniungere** aufbürden
16 **longinquus** weit entfernt
18 **redigere** (PPP redactum) **in** (m. Akk.) machen zu etw.
   commūtāre verändern
19 **secūris**, -is f Beil (Anspielung auf die fascēs als Zeichen der röm. Hoheitsgewalt)

→ BD lateinlex.de/d1fc

→ AH S.22 Konjunktiv in Hauptsätzen
→ AH S.42 Funktionen des Genitivs
→ AH S.54 Partizipien und Partizipialkonstruktionen

→ **GUT ZU WISSEN**

Direkte Reden bei Caesar

Auch wenn Caesar die indirekte Rede bevorzugt, kommen vereinzelt auch direkte Reden vor. Diese sind jedoch keine originalgetreuen Wiedergaben tatsächlich gehaltener Reden, sondern **erfunden** oder **frei gestaltet**, wie dies auch bei den römischen Historikern üblich war. Caesar setzt in den *Commentarii* direkte Reden gezielt für seine **Manipulationsstrategie** ein. Sie dienen z. B. dazu, das Geschilderte **anschaulicher** zu machen, eine **Dramatisierung** zu erreichen, **Anteilnahme** zu wecken, die **Entschlossenheit der Gegner** zu betonen (um so die Leistung der Römer noch mehr hervorzuheben), oder Gegner durch das, was sie sagen, sich selbst **entlarven** zu lassen.

3 a Weise nach, dass die Rede des Critognatus stilistisch ausgefeilt ist.

   b Z. 8–19: Critognatus argumentiert, die Römer seien schlimmer als Kimbern und Teutonen. Weise das am Text nach.

   → Gallier und Germanen, S. 85

   c Stelle die Gründe zusammen, weshalb – laut Critognatus – die Römer Krieg führen, und vergleiche dies mit der Definition des → *Bellum iustum*, S. 82.

4 Fast könnte es scheinen, als hätte Critognatus zum Teil durchaus Recht.

   a Zeige, wie Caesar einen solchen Eindruck von vornherein ausschließt.

   b Erläutere, wie die Critognatus-Rede in die manipulative Strategie Caesars passt.

   → Direkte Reden bei Caesar

5 Recherchiert in Gruppen im § 11 des Deutschen Völkerstrafgesetzbuches, ob bzw. inwiefern sich Caesar nach heutigen Maßstäben bei der Belagerung Alesias strafbar gemacht hätte, sowie das sich ggf. daraus ergebende Strafmaß.

6 a Vergleiche die tatsächliche Entwicklung Galliens mit der Einschätzung des Critognatus (Z. 12–19); beziehe dabei das Bild mit ein.

   b Diskutiert und bewertet das Ergebnis.

Das römische Amphitheater in Nîmes (Frankreich)

→ S. 225 Stilmittel
→ GK 2.3 Provinzen: Gallia

Die Kapitulation des Vercingetorix BG 7.88–89

Caesar beschreibt die Entscheidungsschlacht bei Alesia als „gewaltiges Blutbad" (*magna caedes*). Als es vor der Stadt zum Nahkampf kommt, gelingt es den römischen Reitern, die Gallier von hinten anzugreifen. Darauf geraten diese in Panik und wenden sich zur Flucht, werden aber niedergemacht. Damit ist die Schlacht zugunsten der Römer entschieden.

1 Z.1–8: Stelle aus dem Text Ausdrücke zum Sachfeld „Niederlage, Flucht" zusammen.

2 Z.9–13: Untersuche das Satzgefüge nach der Einrückmethode und unterstreiche die beiden Infinitive, die von *demonstrat* in einer AcI-Konstruktion abhängen.

3 Z.14–19: Erschließe, was im Rahmen der Kapitulation geschieht, indem du alle Verben im Passiv (einschließlich der Infinitive) übersetzt.

Conspicati ex oppido caedem et fugam suorum desperata salute copias a munitionibus reducunt. Fit protinus hac re
3 audita ex castris Gallorum fuga. Quod nisi crebris subsidiis ac totius diei labore milites essent defessi, omnes hostium copiae deleri potuissent.
6 De media nocte missus equitatus novissimum agmen consequitur: Magnus numerus capitur atque interficitur; reliqui ex fuga in civitates discedunt.
9 Postero die Vercingetorix concilio convocato id bellum suscepisse se non suarum necessitatum, sed communis libertatis causa demonstrat, et, quoniam sit fortunae cedendum,
12 ad utramque rem se illis offerre, seu morte sua Romanis satisfacere, seu vivum tradere velint.
Mittuntur de his rebus ad Caesarem legati. Iubet arma tradi,
15 principes produci. Ipse in munitione pro castris consedit; eo duces producuntur. Vercingetorix deditur, arma proiciuntur. Reservatis Haeduis atque Arvernis, si per eos civitates
18 reciperare posset, ex reliquis captivis toti exercitui capita singula praedae nomine distribuit.

1 **cōnspicārī** erblicken
redūcunt (Subjekt sind die Gallier)
3 **quod** (bleibt unübersetzt)
subsidium Unterstützungsangriff
4 **mīlitēs** (gemeint sind die römischen Soldaten)
dēfessus erschöpft
6 **agmen novissimum** die Nachhut
8 **ex** (hier) unmittelbar nach
10 **necessitātum** ergänze causā
13 **satisfacere** Genugtuung leisten
17 **reservāre** (als Geiseln) zurückbehalten
sī (hier) damit
18 **reciperāre** zurückgewinnen
18/19 **tōtī exercituī ... capita singula** jedem Soldaten ... einen Gefangenen
19 **praedae nōmine** als Beute

→ BD lateinlex.de/d1fd

→ AH S.6 Verbformen
→ AH S.32 Substantive und Adjektive

Vercingetorix wirft Caesar seine Waffen zu Füßen.
Gemälde von L. N. Royer (1899)

4 Zwischen den vier Abschnitten (Z. 1–5, 6–8, 9–13, 14–19) lassen sich deutliche Unterschiede im Satzbau feststellen. Zeigt in Gruppen diese Unterschiede auf und begründet sie.
→ Caesars Stil, S. 83

5 a Untersuche, inwieweit Vercingetorix auf dem Gemälde des Franzosen Royer als National-held dargestellt ist.
  b Zeige, dass die Zeichnung aus „Asterix, der Gallier" eine Parodie auf Royer ist.
  c Vergleiche die Darstellungen der Kapitulation bei Caesar und bei Plutarch miteinander und mit dem Gemälde. → Plutarch über Vercingetorix

6 Stelle zusammen, welchen Büchern des *Bellum Gallicum* die bisher gelesenen Texte entnommen sind, und ordne sie auf einem Zeitstrahl an. • → Inhaltsübersicht, S. 83

7 Recherchiere das weitere Schicksal des Vercingetorix, ggf. anhand der Stichworte „Triumph-zug" und *carcer Mamertinus*.

→ **MEHR ERFAHREN**
Plutarch über Vercingetorix

Der griechische Autor Plutarch (um 100 n. Chr.) beschreibt die Szene in seiner Caesar-Biographie (Caes. 27.5) anders als Caesar:
„Vercingetorix, der Oberbefehlshaber in diesem Krieg, legte seine schönsten Waffen an, ließ sein Pferd prächtig aufzäumen und ritt zum Tor hinaus. Caesar saß auf einem Tribunal, und Vercingetorix umkreiste ihn einmal zu Pferde, sprang dann ab, warf die Rüstung vor sich und ließ sich zu Caesars Füßen nieder, wo er ruhig sitzen blieb, bis man ihn abführte, um ihn bis zum Triumph gefangenzuhalten."

GRUNDWISSEN Macht und Politik

Cornelius Nepos

Leben:
- geboren ca. **100 v. Chr.** in Ticinum (heute Pavia)
- gleichaltrig mit **Caesar** (geb. 100 v. Chr.) und **Cicero** (geb. 106 v. Chr.)
- spärliche Informationen über Nepos' Biographie, nur durch Erwähnung befreundeter Schriftsteller bekannt (z. B. Cicero)
- **zeithistorischer** Hintergrund: ausgehende Republik (Zeit der **Bürgerkriege**)
- gestorben **25 v. Chr.** unter **Augustus**

Werk:
- Hauptwerk: **Biographiensammlung** *De viris illustribus:*
  - ursprünglich: geschätzt **400** Biographien in 16 Büchern
  - überliefert: knapp **25**
  - davon nur **zwei** über **Römer**, sonst vor allem Griechen
  - nach „Berufsgruppen" geordnet:
    - · Könige
    - · Dichter
    - · Redner
    - · Heerführer
- *Exempla* (fragmentarisch erhaltene Sammlung von Anekdoten) in fünf Büchern
- *Chronica:* Weltchronik in drei Büchern, die Zeitgeschichte behandeln – auch die Geschichte außerhalb Roms

Wichtige Inhalte:
- Vita des **Karthagerführers Hannibal** (243–183 v. Chr.)
  - **ungewöhnliche** Themenwahl, da nur Römer und Griechen als biographiewürdig galten
  - ungewöhnlich vorurteilsfreie, ja **positive** Darstellung des **Erzfeindes** Roms

Weitere literarische Quellen über Hannibal:
- **Titus Livius** (59 v. Chr.–17 n. Chr.), *Ab urbe condita*, Buch 21–30: ausführliche Darstellung des **Zweiten Punischen Krieges**
- **Polybios** (ca. 200–120 v. Chr.), Universalgeschichte in griechischer Sprache

Die Gattung Biographie:
- chronologische Darstellung einer bedeutenden Persönlichkeit und ihrer Leistungen von der Geburt bis zum Tod
- oft als **Sammelbiographien**
- Weitere wichtige Vertreter:
  - **Plutarch** (45–125 n. Chr.), *Vitae parallelae* („Parallelbiographien" in griechischer Sprache): schildert immer je einen Griechen und einen Römer von ähnlichem Charakter und vergleicht sie anschließend
  - **Sueton** (70–122 n. Chr.), *Vita Caesarum:* Leben der römischen Caesaren von Caesar bis Domitian

→ S. 270 Übersicht zur römischen Republik

Gaius Iulius Caesar

Leben:

- geboren **100 v. Chr.**
- überragende Bedeutung als Politiker, Feldherr und Schriftsteller
- Bildet mit **Pompeius**, dem erfolgreichsten Feldherrn seiner Zeit, und **Crassus**, einem der reichsten Männer Roms, das **1. Triumvirat** (**60 v. Chr.**)
- Konsulat 59 v. Chr.
- **Prokonsul** in der Provinz Gallia; Eroberung „ganz **Galliens**" (58–51 v. Chr.)
- Überschreitung des **Rubikon** (**49 v. Chr.**), Zug mit seinem Heer gegen Rom und damit Beginn des **Bürgerkrieges** (49–45 v. Chr.)
- Sieg über **Republikaner** unter **Pompeius** und Cato d. J.
- **Diktator** auf Lebenszeit, unumschränkter Herrscher in Rom
- Ermordung an den **Iden des März 44 v. Chr.** (15. März)

Werk:

- *Commentarii de bello Gallico*
  - *Bücher 1–7* über die **Eroberung Galliens**
  - aufgebaut nach dem annalistischen Prinzip (je ein Jahr pro Buch)
  - Buch 8 stammt von Hirtius, einem Offizier Caesars
- *Commentarii de bello civili*
  - Beschreibung des **Bürgerkriegs** in drei Büchern

Wichtige Inhalte in *De bello Gallico*:

- Auswanderungsversuch der **Helvetier** (Buch 1)
- **Britannien**-Expedition (Buch 4).
- **Exkurse** über **Gallier** und **Germanen** mit einer ausführlichen Darstellung von Land und Leuten (Buch 6)
- **Aufstand** der Gallier unter **Vercingetorix** (Buch 7)
- Entscheidungsschlacht bei **Alesia** (Buch 7)

Die Gattung *commentarius*:

- eigentlich „Gedächtnisstütze": **nüchterne**, protokollartige Notizen über historische Ereignisse
- von Caesar zur literarischen Gattung ausgebaut
- **scheinbar objektive** Darstellung der Kriege mit geschickter Rechtfertigung und Leserlenkung

Rezeption:

- *Caesar* wurde Bestandteil des Namens aller späteren römischen Kaiser und so allmählich zum Titel, auch über die Antike hinaus („**Kaiser**" und „**Zar**")
- Sprichwörtlich gewordene Aussprüche:
  - *Veni, vidi, vici.*
  - *Alea iacta est!*
- **Leben und Wirken Caesars** in literarischer Bearbeitung:
  - Biographie bei **Plutarch**
  - Biographie bei **Sueton**
  - Drama William **Shakespeares**: „Julius Caesar"
- *De bello Gallico:*
  - Exkurse als Informationsquelle über Gallier und Germanen

→ S. 270 Übersicht zur römischen Republik

SPOTT MIT SPITZER FEDER

Schon in der Antike gab es literarische Werke, in denen Menschen, ihre Einstellungen und ihre Verhaltensweisen mit bissigem Humor verspottet wurden. Dabei ist antiker Spott oft sehr aggressiv. Berüchtigt sind etwa die Verse des griechischen Dichters **Archilochos** (7. Jh. v. Chr.), die sogar Menschen in den Selbstmord getrieben haben sollen.

Spott in Rom – auch eine Frage der Staatsform

Wer auf welche Weise verspottet werden darf, hängt immer auch von den politischen Umständen ab. Zur Zeit der **Republik** wurde in Rom hemmungslos über Politiker gespottet. Das zeigen z.B. die Spottverse über Caesar und Nikomedes sowie über Bibulus (→ S. 75, 76).

In der **Kaiserzeit** war Spott gegen die Mächtigen oder gar den Kaiser nicht mehr möglich, es sei denn anonym. Das zeigte sich bereits bei **Phaedrus**: Sofern sich dessen Kritik gegen reale Personen richtet, sind diese unter Tiermasken versteckt. Ein Beispiel anderer Art bietet der Dichter **Martial** (1. Jh. n. Chr.), dessen Gedichte dir auf den folgenden Seiten begegnen: Martial ist als Meister der **Spottdichtung** in die Literaturgeschichte eingegangen; doch den Kaisern, unter denen er wirkte, widmete er nur schmeichlerische Gedichte: vor allem **Domitian**, unter dem er fünfzehn Jahre lebte (81–96 n. Chr.), danach, als Domitian ermordet worden war, auch dessen Nachfolgern **Nerva** (96–98 n. Chr.) und **Trajan** (98–117 n. Chr.).

Was ist lustig?

Auch die Maßstäbe und Werte einer Kultur bestimmen, was als witzig empfunden wird. Gerade der römische Humor wirkt auf uns oft bösartig, und so auch manches Gedicht Martials, z.B. das folgende:

Der bemitleidenswerte Sklave wird durch das

Martial: Sinnlose Strafe 2.82

Abscisa servum quid figis, Pontice, lingua?
   Nescis tu populum, quod tacet ille, loqui?
3 *Warum schneidest du dem Sklaven die Zunge ab*
   und kreuzigst ihn dann, Ponticus?
   Weißt du nicht, dass das Volk schon über das,
6 *was jener nicht sagt, spricht?*

Abschneiden der Zunge und die anschließende Hinrichtung daran gehindert zu erzählen, was Ponticus geheim halten will. Martial äußert jedoch nicht etwa Mitgefühl mit dem Sklaven und kritisiert auch nicht die Brutalität des Herrn, sondern er spottet über die Vergeblichkeit von Ponticus' Vorgehen: Dessen Geheimnisse sind beim Volk längst bekannt. Nicht jeder wird über diese Art von Humor lachen.

Wie weit darf Spott gehen?

Auch wenn viele von den in Martials Epigrammen genannten Personen fiktive Namen tragen, basiert Martials Humor doch oft auf der **Bloßstellung** von Verhaltensweisen oder Eigenschaften anderer Menschen. Dieses Phänomen ist natürlich auch heute bekannt: Gerade das **Internet** und die **sozialen Medien** bieten vielfältige Möglichkeiten, andere Menschen in der Öffentlichkeit zu demütigen. So ist das sogenannte

→ S. 75 Aufgabe 2
→ S. 76 Caesars Weg an die Macht
→ S. 120 Der Begriff Epigramm

→ S. 8 Phaedrus

Cybermobbing ein großes Problem unserer Zeit. Es gibt jedoch einen großen Unterschied zwischen antiker Spottdichtung und modernem Cybermobbing: Ein Autor wie Martial postet nicht einfach aggressive Nachrichten über andere Menschen, sondern sein Spott ist Teil eines literarischen Werks von hoher Qualität.

1 Entwickle ausgehend vom letzten Absatz (S. 118 f.) und der beiden Zitate über Satire, inwieweit Spott über andere Menschen ein geeignetes Thema der Literatur ist.

2 Erörtert in der Lerngruppe, wie weit öffentlicher Spott gehen darf. Bezieht auch die Abbildungen in eure Diskussion ein.

3 Stellt durch Recherche im Internet unter „Was darf Humor" aktuelle Beispiele zusammen und präsentiert sie in der Lerngruppe.

Kurt Tucholsky (1919): Was darf die Satire?

Wir sollten nicht so kleinlich sein.
Wir alle – Volksschullehrer und
3 Kaufleute und Professoren und
Redakteure und Musiker und Ärzte
und Beamte und Frauen und Volks-
6 beauftragte – wir alle haben Fehler
und komische Seiten und kleine und
große Schwächen. Und wir müssen
9 nun nicht immer gleich aufbegeh-
ren (...), wenn einer wirklich einmal
einen guten Witz über uns reißt.
12 Boshaft kann er sein, aber ehrlich
soll er sein. (...)
Was darf die Satire?
15 Alles.

Was ein Rechtsanwalt sagt: Mittel der Satire

Auf der Webseite einer Anwaltskanzlei ist zu lesen:
3 Satire darf fast alles bekämpfen.
Hierzu zählt auch die geschmacklose
und schonungslose Offenlegung des
6 Schrecklichen im Kontext. Die Grenze
ist die Menschenwürde der angegrif-
fenen Person. Diese muss gewahrt
9 bleiben.

Die Folgen von Cybermobbing

MARTIAL: EPIGRAMME

Leben und Werk

Der Dichter **Marcus Valerius Martialis** wurde um das Jahr 40 n.Chr. in dem spanischen Ort Bilbilis geboren. Bereits in jungen Jahren kam er nach Rom. Er verfasste kurze und oft humorvolle Gedichte, sogenannte **Epigramme**, die er in Büchern sammelte und veröffentlichte. Sein erstes Buch entstand vermutlich anlässlich der Einweihung des **Kolosseums** durch Kaiser **Titus** im Jahr 80 n.Chr.: der sogenannte *Liber spectaculorum*, der **Epigramme** über Veranstaltungen im Kolosseum enthält. Ab dem Jahr 86 n.Chr. veröffentlichte Martial ungefähr jährlich ein Buch mit Epigrammen. So entstand sein Hauptwerk: die zwölf Epigrammbücher (*Epigrammaton libri duodecim*). Daneben sind zwei Bücher mit Zweizeilern über Gastgeschenke (*Xenia*, heute als Buch 13 gezählt) und Geschenken für die Gäste (*Apophoreta*, Buch 14) überliefert.

Schließlich kehrte Martial in seine Heimat **Spanien** zurück, um – wie er selbst schreibt – den Anstrengungen der Stadt Rom zu entfliehen. Das **zwölfte und letzte Epigrammbuch** entstand in Spanien, wo Martial um das Jahr 102 n.Chr. auch starb. Insgesamt sind von ihm ca. 1800 Epigramme überliefert.

→ MEHR ERFAHREN
Der Begriff Epigramm

Das griechische Wort *epigramma* bedeutet ursprünglich „Inschrift" oder „Aufschrift". Und tatsächlich dürfte die **Gattung Epigramm** ursprünglich aus **Inschriften** in Versen – insbesondere **Grabinschriften** – entstanden sein, die im Laufe der Zeit zu immer anspruchsvolleren, zumeist kurzen Gedichten weiterentwickelt wurden. Das häufigste – aber keineswegs das einzige – Versmaß des Epigramms ist das sogenannten **Elegische Distichon** (→ S. 228), also die regelmäßige Abfolge eines **Hexameters** (Vers, der aus sechs Versfüßen besteht) und eines **Pentameters** (Vers aus fünf Versfüßen).

Eine erfundene, aber nicht ohne Grund erfundene Szene: Martial überreicht dem Kaiser ein Exemplar seiner Epigramme (Kupferstich, Italien 1514).

→ S. 228 Versanalyse
→ S. 271 Geschichtlicher Überblick

Themen der *Epigrammaton libri*

Es war offenbar Martials Ziel, verschiedene Aspekte des **römischen Alltags** zu beschreiben und so ein Bild vom Leben im Rom seiner Zeit zu zeichnen. Daher sind die *Epigrammaton libri* thematisch sehr vielfältig. Neben zahlreichen **Spottgedichten** (→ S.118 f.) verfasste Martial auch Epigramme über **Liebesbeziehungen**, in denen teilweise recht unverblümt über **Sexualität** gesprochen wird. Bisweilen schlägt Martial aber auch ernstere Töne an. Einige seiner Epigramme befassen sich mit der **Frage nach dem richtigen und glücklichen Leben** und klingen geradezu **philosophisch**.

Weiterhin enthält die Sammlung etliche **Lobgedichte** auf mächtige Zeitgenossen wie **Kaiser Domitian** (81–96 n.Chr.).

Immer wieder spricht Martial auch über das Verhältnis wohlhabender **Patrone** zu ihren ärmeren **Klienten**. Auch Martial selbst scheint Teil des **Patronats** gewesen zu sein, denn er erwähnt seine Patrone sehr häufig (→ S.143).

→ GUT ZU WISSEN
Spott in Epigrammform

Dass es in der Gattung Epigramm viele Spottgedichte gibt, liegt daran, dass die **kurze Form** besonders gut zu **humorvollen Inhalten** passt. Der typische **Aufbau** dieser kurzen Gedichte eignet sich sehr gut, um auf komische Weise Menschen zu verspotten. Epigramme sind häufig **zweigeteilt**: Zunächst wird eine „Erwartung" aufgebaut, das heißt: die Leser oder Zuhörer sind gespannt, worauf die dargestellte Szenerie wohl hinauslaufen wird. Aufgelöst wird diese Spannung dann in dem sogenannten „Aufschluss". Vor allem bei Spottgedichten wird der Aufschluss häufig in einer **Schlusspointe** geliefert, wie wir sie aus **Witzen** kennen.

Martial: Der Kritiker Velox 1.101

Scribere me quereris, Velox, epigrammata longa.
  Ipse nihil scribis: tu breviora facis.
Du beklagst dich, Velox, dass ich lange Epigramme schreibe.
Selbst schreibst du nichts: Du produzierst kürzere.

Beispiel: Der Kritiker Velox (1.101)

Das Gedicht 1.101 ist ein typisches Beispiel für ein Spott-Epigramm. Im ersten Vers, dem Hexameter, wird ein Mann namens Velox angesprochen, der sich offenbar darüber beschwert, dass Martial nicht nur kurze, sondern auch lange Epigramme schreibt, was für die Gattung eher untypisch ist. Man kann sich nun fragen, wie Martial auf diesen Vorwurf reagieren wird, und so wird hier eine **Erwartung** aufgebaut. Die Antwort auf diese Frage bietet der Pentameter, der somit für den **Aufschluss** sorgt: In der für ihn typischen Frechheit rechtfertigt sich Martial nicht etwa gegenüber der Kritik, sondern er greift seinerseits den Kritiker Velox an: Dieser – so erfahren wir nun – schreibt nämlich gar nichts, also sollte er den Dichter Martial auch nicht kritisieren. Martial betont dies noch durch die **Schlusspointe** mit der ironischen Bemerkung, dass die Epigramme des Velox „kürzer" seien als seine eigenen – und das stimmt natürlich, weil Velox ja *nichts* verfasst.

Eugen Roth: Wahrheitsliebe

Wer Wahrheit liebt, der urteilt scharf,
vorausgesetzt, daß er das darf.

1 Auch das Gedicht von Eugen Roth gleicht einem Spott-Epigramm. Weise dies nach.
2 Beschreibe die Abbildung und arbeite heraus, welcher Aspekt von Martials Dichtung hier im Mittelpunkt steht.

→ S.223 Übersetzungsvergleich
→ Elegisches Distichon: S.228 Versanalyse

Martial als Epigrammdichter

📖 Der Dichter stellt sich vor 1.1

Hic est, quem legis, ille, quem requiris,
toto notus in orbe Martialis
3 argutis epigrammaton libellis.
Cui, lector studiose, quod dedisti
viventi decus atque sentienti,
6 rari post cineres habent poetae.

Übersetzung:
Der Dichter stellt sich vor 1.1
Hier ist er, den du liest und nach dem du fragst: Martial, der auf der ganzen Welt berühmt ist wegen seiner scharfzüngigen Epigramm-Büchlein. Den Ruhm, den du, interessierter Leser, ihm schon **zu Lebzeiten** gegeben hast, haben nur wenige Dichter **nach ihrem Tode** erlangt.

Der ideale Leser 6.60

5 In Vers 1 und 3 werden zwei Reaktionen auf Martials Gedichte beschrieben. Erschließe sie mithilfe der Prädikate.

Laudat, amat, cantat nostros mea Roma libellos,
meque sinus omnes, me manus omnis habet.
3 Ecce: rubet quidam, pallet, stupet, oscitat, odit.
Hoc volo: Nunc nobis carmina nostra placent.

3 **rubēre** rot werden
pallēre blass werden
ōscitāre den Mund aufsperren

Spott ohne Grenzen? 10.33.9–10

(...)
9 Hunc servare modum nostri novere libelli:
parcere personis, dicere de vitiis.

9 **modus** *(hier)*: Regel
nōvēre ~ nōvērunt *(Subjekt:* **libellī**)

→ **BD** lateinlex.de/d1fe
→ S. 219 Kursorisch lesen
→ S. 237 Wörterbuchgebrauch
→ AH S. 38 Pronomina (zu **1.1**)
→ AH S. 32 Substantive und Adjektive (zu **6.60**)

Der Dichter stellt sich vor 1.1

1 Vergleiche den lateinischen Text des Eröffnungsgedichts mit der Übersetzung; achte besonders auf die darin hervorgehobenen Stellen.
2 Stelle aus dem lateinischen Text Elemente zusammen, die zu einem Eröffnungsgedicht passen.

3 Gib die Aussage des Schlussverses mit eigenen Worten wieder.
4 Man hat Martials Auftreten in seinem ersten Gedicht als großspurig kritisiert. Erkläre, wie man zu dieser Meinung gelangen kann, und nimm dazu Stellung.

Der ideale Leser 6.60

6 Anapher, Asyndeton, Hyperbaton, Parallelismus, Trikolon, Klimax: Untersuche 6.60 daraufhin, wo diese Stilmittel vorkommen und wie sie die Aussage des Gedichts abbilden.
7 Erörtert in der Lerngruppe, ob ihr Martials Freude über seine Dichtung nachvollziehen könnt. Sammelt weitere mögliche Ziele, die ein Dichter mit seinem Werk verfolgen kann.

8 Übersetzt in Gruppen das Epigramm und nehmt zu den verschiedenen Übersetzungen kritisch Stellung.

Spott ohne Grenzen? 10.33

9 Beschreibe, auf welche Weise Martial in seinen Gedichten Spott üben möchte.
10 a Überprüfe, ob das Gedicht von Eugen Roth Martials Regeln aus 10.33 entspricht.
   b Untersuche, inwiefern es der typischen Epigrammform entspricht.
   → Spott in Epigrammform, S. 121

Eugen Roth: Ausgleich
So mancher hat sich wohl die Welt
Bedeutend besser vorgestellt –
Getrost! Gewiß hat sich auch oft
Die Welt viel mehr von ihm erhofft!

₃

11 Betrachte den Cartoon und beobachte dabei dich selbst: Was nimmst du zuerst wahr, was zum Schluss? Zeige dann, wie auch der Cartoon mit den Mitteln des Epigramms (Erwartung – Aufschluss) arbeitet.
   → Spott in Epigrammform, S. 121

Erwärmung der Ozeane. Cartoon von Paolo Calleri

→ S. 225 Stilmittel

Der Dichter und die anderen

Er platzt vor Neid 9.97

Martial zählt seinem Freund Iulius auf, woran sich sein Erfolg in Rom erkennen lässt – und all diese Punkte ärgern einen nicht namentlich genannten Mitbürger.

1 Stelle aus dem Text Begriffe und Ausdrücke zusammen, die die Gründe für den Neid des Mitbürgers zum Ausdruck bringen.

Rumpitur invidia quidam, carissime Iuli,
　　quod me Roma legit, rumpitur invidia.
3 Rumpitur invidia, quod turba semper in omni
　　monstramur digito, rumpitur invidia.
Rumpitur invidia, tribuit quod Caesar uterque
6 　　ius mihi natorum, rumpitur invidia.
Rumpitur invidia, quod rus mihi dulce sub urbe est
　　parvaque in urbe domus, rumpitur invidia.
9 Rumpitur invidia, quod sum iucundus amicis,
　　quod conviva frequens, rumpitur invidia.
Rumpitur invidia, quod amamur quodque probamur:
12 　　Rumpatur, quisquis rumpitur invidia!

1 **Iūlius** (*Freund Martials mit Namen* Iūlius Martiālis)
5 *Ordne:* quod tribuit **Caesar uterque**: beide Kaiser (*gemeint sind wahrscheinlich Titus und sein Nachfolger Domitian*)
6 **iūs ‹trium› nātōrum** „Dreikinderrecht" (*ein Recht, das kinderreichen oder verdienten Bürgern Privilegien einbrachte*)

Ein Plagiator 1.29

In mehreren Gedichten berichtet Martial, wie andere Leute seine Werke als ihre eigenen Schöpfungen ausgeben.

7 Stelle aus dem Text alle Begriffe zum Sachfeld „Literatur" zusammen.

Fama refert nostros te, Fidentine, libellos
　　non aliter populo quam recitare tuos.
3 Si mea vis dici, gratis tibi carmina mittam.
　　Si dici tua vis, hoc eme, ne mea sint.

1 **Fīdentīnus** (*sonst unbekannt*)
3 *Ordne:* Sī vīs (carmina) dīcī mea **grātīs** kostenlos
4 **hōc, nē** (*hier*): damit nicht (*als Akk.obj. zu* eme *ergänze* carmina mea)

→ **BD** lateinlex.de/d1ff

→ AH S. 32 Substantive und Adjektive (zu **9.97**)
→ AH S. 6 Verbformen (zu **1.29**)

Er platzt vor Neid 9.97

2 a Beschreibe, wodurch das Gedicht besonders
wirkungsvoll gestaltet ist, und arbeite die
Schlusspointe heraus.
  b Erschließe die Wirkungsabsicht der sprachlichen Gestaltung.
3 Stelle aus dem Text zusammen, worauf Martial
offenbar stolz ist. Nimm Stellung zu der Frage,
ob er deshalb wirklich beneidenswert ist.
4 Wer ist sympathischer, der Dichter oder der
quidam? Stimmt in der Lerngruppe ab und
begründet eure Meinung.
5 Erschließe einen möglichen Grund dafür, dass
gerade in diesem Gedicht eine reale Person
angesprochen wird; beziehe dabei **10.33** mit ein.
  → Namen bei Martial
6 Arbeite die Gemeinsamkeiten des Epigramms
9.97 mit **6.60** (S. 122) heraus.

→ **MEHR ERFAHREN**
Namen bei Martial

In vielen Gedichten spricht Martial
einen Adressaten direkt mit Namen an.
Bisweilen handelt es sich um reale,
meist aber um sonst unbekannte und
wohl fiktive Personen. Manche sind
„sprechende Namen", also Namen, die
zu der Rolle passen, die die Personen
in dem Text einnehmen.

→ **GUT ZU WISSEN**
Plagiat in der Antike

Der römische Philosoph Seneca
(1. Jh. n. Chr.) äußert zum Thema Plagiat:
„Wir sagen, ‚das sind Ciceros Bücher';
dieselben Bücher nennt der Buch-
händler Dorus sein Eigentum – und
beides trifft zu. Beiden gehören die
Bücher, aber nicht auf dieselbe Weise."
Dies bedeutet, wie die Philologin
Margot Neger erklärt, dass nach
römischem Recht „der Besitz geistigen
Eigentums durch Kauf übertragbar ist"
(Martials Dichtergedichte, S. 110).
Wer also eine Buchrolle kauft, erwirbt
damit – anders als heute – auch Rechte
am geistigen Eigentum des Autors.

Ein Plagiator 1.29

8 Gib mit eigenen Worten wieder, warum Martial
sich in 1.29 über Fidentinus ärgert.
9 Das Thema „Plagiat" spielt auch heute eine
große Rolle.
  a Erkläre die Bedeutung der Abbildung.
  b Stellt in der Lerngruppe Beispiele für aktuelle
Möglichkeiten von Plagiat zusammen.
  c Vergleiche die heutige mit Martials Auffassung von Plagiat. → Plagiat in der Antike
  d Stelle dir vor, du verwendest einen fremden
Text, z. B. in einer Präsentation. Erläutere,
was du heute tun musst, damit das nicht als
Plagiat gilt.
10 Diskutiert, ob im Namen *Fidentinus* bewusst
auf *fides* angespielt wird. → Namen bei Martial

→ S. 122 Epigramm **10.33**
→ S. 122 Epigramm **6.60**

→ S. 231 Recherche im Internet

Falsche Schönheit und echter Schmutz

Zahnersatz 5.43

1 Suche alle lateinischen Begriffe heraus, die zu der Abbildung auf der rechten Seite passen.

Thais habet nigros, niveos Laecania dentes.

    Quae ratio est? Emptos haec habet, illa suos.

1 **Thāis; Laecānia** *(sonst unbekannt)*

📖 Viel Gebell um Sabellus 12.39

4 Lies das Epigramm laut vor, dann die Übersetzung; beschreibe die klanglichen Unterschiede.

Odi te, quia bellus es, Sabelle.

Res est putida bellus; et Sabellus.

₃ Bellum denique malo quam Sabellum.

Tabescas utinam, Sabelle belle!

Übersetzung:
Viel Gebell um Sabellus 12.39
Ich mag dich nicht, Sabellus, weil du hübsch bist. So ein Hübscher ist eine
₃ ekelhafte Sache – so auch Sabellus. Überhaupt: Krieg ist mir lieber als Sabellus. Verfaule doch endlich,
₆ hübscher Sabellus!

Maronillas Reize 1.10

Petit Gemellus nuptias Maronillae

et cupit et instat et precatur et donat.

₃ Adeone pulchra est? Immo foedius nil est.

Quid ergo in illa petitur et placet? Tussit.

1 **Gemellus; Marōnīlla**
(sonst unbekannt)
4 **tussīre** husten;
den Husten haben

Ein Bussi für die besten Freunde 2.21

Basia das aliis, aliis das, Postume, dextram.

    Dicis: „Utrum mavis? Elige!" Malo ◡—.

→ **BD** lateinlex.de/d1fg
→ S. 219 Kursorisch lesen
→ S. 237 Wörterbuchgebrauch
→ AH S. 38 Pronomina (zu **5.43**)
→ AH S. 35 Steigerung von Adjektiven … (zu **1.10**)
→ AH S. 13 *velle, nolle, malle* (zu **2.21**)

Zahnersatz 5.43

2 Weise typische Elemente eines Epigramms nach. → Spott in Epigrammform, S. 121
3 V. 1 enthält eine Antithese, die durch die Wortstellung hervorgehoben wird. Weise dies nach.

Etruskischer Zahnersatz, wie er auch in Rom verwendet wurde

Viel Gebell um Sabellus 12.39

5 Arbeite heraus, wie Martial die Wörter *bellus*, *bellum* und den Namen Sabellus verwendet, um einen komischen Effekt zu erzielen.
6 Vergleiche das Epigramm mit der Übersetzung und erkläre, warum es letztlich nicht übersetzbar ist.
7 Recherchiere nach „Eve" von A. Louisan. Vergleiche dies nach Form und Inhalt mit 12.39; achte auch auf die musikalische Gestaltung.

Songtext (Auszug):
Annett Louisan: „Eve"
Meine Freundin Eve ist aktiv (…)
Sie ist kreativ, dekorativ
3 Sensitiv, sie lebt intensiv
Für die Art, wie mich das ankotzt
Gibt's kein Adjektiv
6 Seh' ich Eve, sag ich: „Na, Eve …"

Maronillas Reize 1.10

8 Untersuche, wo Spannung aufgebaut und aufgelöst wird; verwende dabei die Begriffe „Erwartung" und „Aufschluss".
→ Spott in Epigrammform, S. 121
9 Lies das Gedicht laut vor. Erkläre, wie die Pointe klanglich betont wird.
10 Erschließt gemeinsam in der Lerngruppe, warum gerade Maronillas Husten für Gemellus attraktiv ist.

Ein Bussi für die besten Freunde 2.21

11 Wähle eine inhaltlich und metrisch passende Ergänzung: *basium – manum – mortem – dextram*.
12 Gib das Stilmittel in V. 1 an und erkläre, wie es durch den Wortklang den Inhalt hervorhebt.

→ S. 225 Stilmittel
→ S. 221 Textinterpretation (zu **5.43**)

Vorsicht, ,Profis'!

In zahlreichen Spottepigrammen Martials stehen
Berufe und ihre Vertreter im Mittelpunkt,
besonders Ärzte.

Berufswechsel 1.47

1 Die Temporaladverbien *nuper* und *nunc* (V. 1)
sind in V. 2 gedanklich zu ergänzen. Weise sie
dem Prädikat mit dem passenden Tempus zu.

Nuper erat medicus, nunc est vispillo Diaulus:
    Quod vispillo facit, fecerat et medicus.

1 **vispillō**, *-ōnis m* Totengräber
Diaulus *(sonst unbekannt)*

Noch ein Berufswechsel 8.74

Oplomachus nunc es, fueras opthalmicus ante.
Fecisti medicus, quod facis ▬▬▬ .

(h)oplomachus Gladiator
opthalmicus Augenarzt

Ein verhängnisvoller Krankenbesuch 5.9

Languebam. Sed tu comitatus protinus ad me
    venisti centum, Symmache, discipulis.
3 Centum me tetigere manus aquilone gelatae:
    Non habui febrem, Symmache, nunc habeo.

1 **languēre** krank sein
2 **Symmachus** *(ein sonst unbekann-
ter Arzt)*
3 **tetigēre** ~ tetigērunt
aquilōne gelātus eiskalt vom
Nordwind

→ **BD** lateinlex.de/d1fh   → AH S. 54 Partizipien und Partizipialkonstruktionen (zu **5.9**)

Gladiatoren bei der Arbeit. Mosaik (4. Jh. n. Chr.)

Berufswechsel 1.47

2 Weise einen Parallelismus und einen Chiasmus nach und beschreibe deren Wirkung. Beziehe dabei die typische Form des Epigramms mit ein (Erwartung – Aufschluss).
→ Spott in Epigrammform, S. 121

3 Analysiere die Verse metrisch. Zeige dann, dass der Aufbau des Pentameters den Chiasmus unterstreicht.

4 Übersetzt in Gruppen das Epigramm und nehmt zu den verschiedenen Übersetzungen kritisch Stellung.

Noch ein Berufswechsel 8.74

5 Dieses Epigramm „funktioniert" ähnlich wie das vorige **(1.47)**. Ergänze das fehlende Wort entsprechend.

6 a Vergleiche die chirurgischen Instrumente mit dem Gladiatorenmosaik: Zeige, wie der Dichter auf die Idee kommt, beide Berufe zu vergleichen.

b EXTRA: Beziehe dabei ein, was antike Chirurgen über die Ursachen von Infektionen wussten; recherchiere dazu ggf. nach Ignaz Semmelweis.

Chirurgische Instrumente aus Pompeji (1. Jh. n. Chr.)

Ein verhängnisvoller Krankenbesuch 5.9

7 Der griechische Name Symmachus bedeutet „Mitkämpfer" oder „Verbündeter". Stelle Vermutungen an, warum Martial gerade diesen Namen gewählt hat. → Namen bei Martial, S. 125

8 Untersuche, wie die Wiederholung von Begriffen in **5.9** die Aussagen des Epigramms besonders betont.

→ S. 225 Stilmittel   → S. 228 Versanalyse

Gedanken vor Gräbern

Das Grab des Pantomimen Paris 11.13

Der aus Ägypten stammende Freigelassene Paris hatte als Pantomime (Schauspieler) in Rom großen Erfolg gehabt. Möglicherweise stand dieses Epigramm Martials auf seinem Grabmal.

1 V. 3–7: Der Schauspieler Paris wird mit vielen lobenden „Titeln" bezeichnet, z. B. *deliciae urbis*. Stelle weitere ähnliche Begriffe aus dem Text zusammen.

Quisquis Flaminiam teris, viator,
noli nobile praeterire marmor!
3 Urbis deliciae salesque Nili,
 ars et gratia, lusus et voluptas,
 Romani decus et dolor theatri
6 atque omnes Veneres Cupidinesque
 hoc sunt condita, quo Paris, sepulcro.

1 **Quisquis ... viātor**: Wer auch immer du sein magst, Wanderer, der du auf der Via Flaminia daherkommst, ...
3 **salēs** *(poetischer Plural)*
6 **Venerēs Cupīdinēsque** *(hier)* Liebesgöttinnen und Liebesgötter
7 *Ordne:* condita sunt hōc sepulcrō, quō (conditus est) Paris

Spott über den kleinen Bauern 11.14

5 Gib die Stelle an, an der Martial mit der Formel *sit tibi terra levis* spielt.
→ Das Epigramm als Grabinschrift

Heredes, nolite brevem sepelire colonum:
 Nam terra est illi quantulacumque gravis.

2 **quantulacumque** mag es auch noch so wenig (Erde) sein

Zwei Übersetzungen: Spott über den kleinen Bauern:

Rudolf Helm (1957): Scherzhafte Grabschrift
Erben, versenkt nur nicht ins Grab den winzigen Bauer!
Ihm ist die Erde ja doch, sei's auch nur wenig, zu schwer.

Walter Hofmann (1976): Armer Colonus
Begrabt, ihr Erben, jenen kleinen Bauern nimmermehr:
Ihm ist die Erde, sei's auch wenig, immer schwer.

→ BD lateinlex.de/d1fk
→ S. 219 Kursorisch lesen
→ S. 237 Wörterbuchgebrauch
→ AH S. 22 Konjunktiv in Hauptsätzen (zu 11.14)

Das Grab des Pantomimen ... 11.13

2 Erkläre, wie das Hyperbaton *hoc ... sepulcro* (V.7) die Aussage unterstreicht. Arbeite weitere Stilmittel heraus und erkläre ihre Funktion.

3 Erläutere, inwiefern es sich hier um ein Grabepigramm handelt.
→ Das Epigramm als Grabinschrift

4 Für Schauspieler galten andere Werte, nicht die traditionell römischen. Weise dies nach.

Die Via Appia antica, gesäumt von Gräbern. Heutiger Zustand

→ GUT ZU WISSEN
Das Epigramm als Grabinschrift

Da die Gattung Epigramm aus der Grabinschrift entstand (→ S.120), überrascht es nicht, dass mehrere Epigramme Martials sich als Grabinschriften geben. Grabmäler säumten die römischen Fernstraßen; oft sprechen ihre Inschriften den Reisenden an, der zufällig vorbeikommt. Typisch ist etwa die Aufforderung, innezuhalten und an den Toten zu denken. Ebenfalls typisch sind gute Wünsche für den Toten, etwa dass „ihm die Erde leicht sei" (*Sit tibi terra levis!*). Auch christliche Grabinschriften, wie man sie in Kirchen findet, greifen oft Merkmale der römischen auf, z.B.: *Sta, viator! Lege et luge!* (Bleib stehen, Wanderer! Lies und trauere!)

Spott über den kleinen Bauern 11.14

6 Eine Häufung langer Silben im Vers kann eine traurige oder erhabene Stimmung vermitteln. Eine Häufung kurzer Silben hingegen kann beschwingt und heiter wirken. Analysiere 11.14 metrisch und erkläre, wie der Versbau die Aussage unterstützt.

7 Vergleiche die beiden Übersetzungen. Erkläre, welchen Ansatz die Übersetzer jeweils verfolgen. Diskutiert in der Lerngruppe, ob sie dem Original gerecht werden.

8 Erstellt in Gruppen selbst deutsche Nachdichtungen zu 11.14.
Beachtet folgende Regeln:
- Euer Gedicht soll gereimt sein.
- Versmaß und Anzahl der Verse sind freigestellt.
- Der Humor des Epigramms sollte erhalten bleiben.

Wem das Nachdichten schwerfällt, dem seien folgende Gedichtanfänge als Inspiration und Einstieg empfohlen:
- *Der tote Bauer ist so klein. / Darum, ihr Erben, ...*
- *Der Bauer ist tot. / Groß war er nicht ...*
- *Im Leben war er klein und schwach. / Und auch im Grab droht Ungemach ...*

→ S.223 Übersetzungsvergleich
→ S.120 Der Begriff Epigramm

→ S.225 Stilmittel
→ S.228 Versanalyse

Vergiftete Gaben

Böswillige Geschenke 8.27

Erbschleicherei ist ein häufiges Thema der
Epigramme.

1 Gib den Relativsatz an.

Munera qui tibi dat locupleti, Gaure, senique,
si sapis et sentis, hoc tibi ait: „Morere!"

1 **locuplēs**, *-ētis* reich
Gaurus *(sonst unbekannt)*

Lycoris – eine gefährliche Freundin 4.24

4 Gib das Bezugswort von *omnes* an.

Omnes, quas habuit, Fabiane, Lycoris amicas
extulit: Uxori fiat amica ▬▬ !

1 **Fabiānus; Lycōris** *(sonst unbe-
kannt)*

Die unfreiwillige Offenheit der Chloe 9.15

6 Gib das Bezugswort von *scelerata* an.

7 Gib die Verbform an, von der ein AcI abhängt.

Inscripsit tumulis septem scelerata virorum
se fecisse Chloe. Quid pote simplicius?

1 **tumulus** Grab
2 **Chloë** *(sonst unbekannt)*
pote ~ potest esse

→ **BD** lateinlex.de/d1fm

→ AH S. 22 Konjunktiv in Hauptsätzen (zu **4.24**)
→ AH S. 35 Steigerung von Adjektiven und
Adverbien (zu **9.15**)

Böswillige Geschenke 8.27

2 Erläutere – wenn nötig, mithilfe einer Internet-recherche – den Begriff „Erbschleicherei". Beziehe den Inhalt von **8.27** in deine Erläuterung ein.

3 Gib die Alliteration an. Diskutiert in der Lerngruppe, ob Martial damit eine Wirkung erzielen will.

Lycoris – eine gefährliche ... 4.24

5 Der Dichter nimmt hier die Rolle eines geplagten Ehemannes ein.

   a Ergänze den Text auf Deutsch oder, wenn du es dir zutraust, auf Latein.

   b Nimm Stellung zu der Frage, ob Martial nur eine Rolle einnimmt oder tatsächlich für sich selbst spricht.

Die unfreiwillige Offenheit ... 9.15

8 Die Pointe hier beruht auf einem typischen Element der römischen Grabinschrift. Erkläre die Pointe. → Römische Grabinschriften

9 Gib das Enjambement an und erkläre, wie dies die typische Epigrammform unterstützt.
   → Spott in Epigrammform, S. 121

10 Arbeite aus der abgebildeten Inschrift heraus, wie lange Constantius gelebt hat.
   → Römische Grabinschriften

11 Stelle mithilfe deines Wissens aus früheren Jahren weitere Orte zusammen, an denen römische Inschriften zu finden sind.

→ S. 225 Stilmittel

→ MEHR ERFAHREN
Römische Grabinschriften

Die erhaltenen römischen Grabinschriften unterscheiden sich stark in Umfang und Stil. Typisch aber sind folgende Elemente:

- keine Abstände zwischen den Wörtern der Inschrift,
- abgekürzte Wendungen; vor allem wird das Grab oft den Totengeistern (Manen) geweiht mit der Formel DIS MANIBVS (abgekürzt: DM oder DDMM) oder DIS MANIBUS SACRUM (abgekürzt: DMS),
- Informationen über den Verstorbenen: Name, Alter, manchmal auch die gesellschaftliche und berufliche Position,
- Angabe mit der Formel FECIT, wer die Finanzierung des Grabs übernommen hat; so steht auf dem hier abgebildeten Grabstein, dass die Schwester des Toten, Cornelia Assuria, ihn errichten ließ: CORNELIA ASSURIA SOROR CARISSIMO FRATRI FEC<IT>.

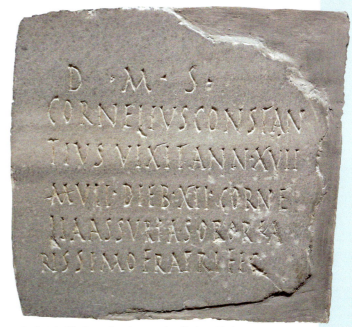

Grabstein für Cornelius Constantius (2. Jh. n. Chr.)

Lebensweisheit I

Das Leben lässt sich nicht verschieben 5.58

Der folgende Aufruf an Postumus gehört zu den bekanntesten Gedichten Martials.

1 Stelle sämtliche Temporaladverbien aus dem Text zusammen.

Cras te victurum, cras dicis, Postume, semper.
    Dic mihi: Cras istud, Postume, quando venit?
₃ Quam longe cras istud? Ubi est? Aut unde petendum?
    Numquid apud Parthos Armeniosque latet?
Iam cras istud habet Priami vel Nestoris annos.
₆   Cras istud quanti, dic mihi, possit emi?
Cras vives? Hodie iam vivere, Postume, serum est:
    Ille sapit, quisquis, Postume, vixit heri.

1 **victūrum** ergänze dīcis
Postumus (sonst unbekannt)
2 **istud** Bezugswort ist crās
4 **numquid** etwa
6 **quanti** zu welchem Preis
8 **quisquis** ~ quī

Großzügigkeit gegenüber Freunden 5.42

Es ist nicht einfach zu entscheiden, ob es sich bei diesem Epigramm um Anweisungen zum richtigen Leben oder um eine nett verpackte Bettelei handelt.

5 V.1–6: Hier werden Unglücksfälle beschrieben, die einen Menschen unerwartet treffen können. Erschließe einige davon, indem du die Bezugswörter zu den hervorgehobenen Attributen angibst und die Ausdrücke übersetzt.

Callidus effracta nummos fur auferet arca.
    Prosternet patrios impia flamma lares.
₃ Debitor usuram pariter sortemque negabit.
    Non reddet sterilis semina iacta seges.
Dispensatorem fallax spoliabit amica.
₆   Mercibus exstructas obruet unda rates.
Extra fortunam est, quidquid donatur amicis:
    Quas dederis, solas semper habebis opes.

1 **effrāctus** aufgebrochen
arca Geldkiste
2 **prōsternere** vernichten
lār, laris m Haus(gott)
3 **ūsūra** Zinsen
sors, sortis f (hier) geliehenes Kapital
4 **reddere** (hier) keimen lassen
sterilis, -e unfruchtbar
seges, -etis f Feld
5 **dispēnsātor**, -ōris m Geldverwalter
fallāx, -ācis listig
6 **merx**, mercis f Ware
obruere versenken
8 Ordne: Opēs, quās dederis, …

→ BD lateinlex.de/d1fn

→ S. 226 Hyperbaton (zu **5.42**)
→ AH S. 6 Verbformen (zu **5.42**)

Das Leben lässt sich nicht verschieben 5.58

2 Stelle die verschiedenen Formen von *vivere* zusammen und bestimme sie. Erkläre, wie die verwendeten Tempora für die Aussage des Epigramms von Bedeutung sind.

3 Erschließe, was genau Martial mit dem Verb *vivere* meint, und erkläre so, was er unter einem richtigen Leben versteht.

4 a Weise nach, ggf. mithilfe eines Wörterbuchs, dass es sich bei *Postumus* um einen sprechenden Namen handelt. → Namen bei Martial

b EXTRA: Verwende auch in deiner Übersetzung einen sprechenden Namen. Finde auch für die anderen Eigennamen Übersetzungen, die für heutige Leser verständlich wären.

Zwei Arten von Freundschaft

Großzügigkeit gegenüber Freunden 5.42

6 a Das Gedicht lässt sich in zwei Teile gliedern, V. 1–6 und V. 7–8. Verfasse Überschriften für die beide Teile.

b Erläutere die Wirkung, die im letzten Vers durch die Gegenüberstellung von *dederis* und *habebis* erzielt wird, und den Zusammenhang mit *fortuna*.
→ Epikureer und Stoiker, S. 45

7 Epigramm **5.42** wurde als Auseinandersetzung mit dem Thema „Freundschaft" oder auch als Bettelgedicht gelesen. Untersuche, wie man zu diesen Auffassungen gelangen kann, und erörtere, welche Sichtweise dich mehr überzeugt.

8 Diskutiert,
a welche der beiden Abbildungen eurer Vorstellung von Freundschaft eher entspricht und
b welche in dem Gedicht zum Ausdruck kommt.

Robert Gernhardt: Vom Leben (1994)

Dein Leben ist dir nur geliehn –
du sollst nicht daraus Vorteil ziehn.

3 Du sollst es ganz dem andern weihn –
und der kannst nicht du selber sein.

Der Andre, das bin ich, mein Lieber –
6 nu komm schon mit den Kohlen rüber!

9 Weise u. a. mithilfe deines Wissens aus Jgst. 8 in beiden Gedichten Martials epikureisches Gedankengut nach.
→ Epikureische Lebenskunst, S. 137

10 Gib an, zu welchem der beiden Gedichte Martials das Gedicht Gernhardts thematisch passt. Begründe dein Ergebnis, indem du die Ähnlichkeiten herausarbeitest.

→ S. 45 Epikureer und Stoiker   → GK 7.4 Philosophie: Epikureer, Stoiker

Lebensweisheit II

Ein glücklicheres Leben 10.47

In einem Gedicht, das er seinem gleichnamigen Freund widmet, äußert Martial sich zu der Frage, was ein glückliches Leben ausmacht.

1 V. 3–11: Gruppenarbeit (eine Gruppe für jeden Vers): Gebt die „Zutaten" eines glücklichen Lebens an, die Martial hier aufzählt. Benutzt dafür ein Wörterbuch und achtet besonders auf die Auswahl treffender Wortbedeutungen.

Vitam quae faciant beatiorem,
iucundissime Martialis, haec sunt:
3 Res non parta labore, sed relicta;
non ingratus ager, focus perennis;
lis numquam, toga rara, mens quieta;
6 vires ingenuae, salubre corpus;
prudens simplicitas, pares amici;
convictus facilis, sine arte mensa;
9 nox non ebria, sed soluta curis;
non tristis torus, et tamen pudicus;
somnus, qui faciat breves tenebras:
12 Quod sis, esse velis nihilque malis;
summum nec metuas diem nec optes.

2 **Mārtiālis** (*Martials Freund* Iūlius Martiālis, *vgl. 9.97*)
3 **rēs** *(hier)* Vermögen
4 **perennis**, -e beständig
6 **ingenuus** zu einem Freigeborenen passend
8 **convīctus**, -ūs m Tischgesellschaft
9 **ēbrius** betrunken
10 **torus** Bett

📖 **Martin Luther:**
   Carmen antimartiale
Der Kirchenreformator Martin Luther (1483–1546) schrieb ein am Inhalt des Psalms 128 orientiertes Gedicht mit dem Titel Carmen antimartiale. *Die ersten zwölf Verse lauten:*
Vitam quae faciunt beatiorem,
O charissime christiane, sunt haec:
3 Aeternum Dominum Deum timere
Mandatique sui vias amare.
Sit victus manuum labore partus.
6 Sic vivis bene, sic agis beatus.
Uxor prole tuam domum beabit
Laetis ut generosa vitis uvis.
9 Ad mensam tibi filii sedebunt
Ut pinguis tenerae novellae olivae.
Sic fidus benedicitur maritus
12 In casto Domini timore vivens.

→ **BD** lateinlex.de/d1fp

→ S. 237 Wörterbuchgebrauch
→ AH S. 16 Indikativ und Konjunktiv in Nebensätzen
→ AH S. 22 Konjunktiv in Hauptsätzen

Martin Luther. Gemälde aus der Werkstatt von
Lucas Cranach d. Ä. (1532)

Übersetzung:
Martin Luther: *Carmen antimartiale*
Was das Leben glücklicher macht,
o liebster Christ, ist Folgendes:
3 den ewigen Herrn und Gott zu
fürchten und die Wege seines
Auftrags zu lieben. Deine Nahrung
6 sei durch deiner Hände Arbeit
erworben. So lebst du gut, so handelst
du glücklich. Deine Frau wird dein
9 Haus mit euren Kindern reich
machen wie eine an fruchtbaren
Trauben reiche Weinrebe. Bei Tisch
12 werden deine Söhne sitzen wie
die zarten Triebe der fetten Olive.
So gesegnet ist der treue Ehemann,
15 der in der schamhaften Furcht vor
dem Herrn lebt.

2 Untersuche den Satzbau der Verse 3–11 und
stelle einen Zusammenhang zwischen Satzbau
und Inhalt her.
3 Entwickle eine Vermutung, warum Martial
gerade dieses Gedicht an jemanden adressiert,
der den gleichen Namen trägt wie er selber.
4 Sammelt in der Lerngruppe eure eigenen
Vorstellungen von Elementen eines glücklichen
Lebens und vergleicht sie mit Martials
Epigramm **10.47**.
5 Untersucht,
  a inwiefern in **10.47** epikureisches Gedankengut
    enthalten ist.
  b inwiefern die empfohlene Lebensweise letzt-
    lich typisch römischen Werten entspricht.
    → Epikureische Lebenskunst

→ MEHR ERFAHREN
Epikureische Lebenskunst

Die Epikureer, also Anhänger des grie-
chischen Philosophen Epikur, streben
nach dem Glück im Privaten. Sie
pflegen die Freundschaft und halten
sich von Politik und Karriere fern. Da sie
nicht an ein Leben nach dem Tod
glauben, ist Lebensgenuss im Hier und
Jetzt für sie umso wichtiger. Dieser
besteht allerdings nicht in hemmungs-
loser Vergnügungssucht, sondern im
maßvollen Genuss, den man auch am
nächsten Tag nicht bereuen muss.
Ihr Ideal ist „Meeresstille", ein Zustand
wunschloser Zufriedenheit.

6 a Recherchiere Informationen zu Martin Luther
    und präsentiere sie.
  b Vergleiche Luthers Gedicht in Aufbau und
    Form mit **10.47** und weise nach, dass es sich
    an Martial anlehnt.
  c Luthers Gedicht ist auch von **Psalm 128**
    inspiriert. Recherchiere **Psalm 128** und
    erörtere, was Luther mit der Verbindung
    beider Texte aussagen möchte. Beziehe dabei
    auch den Titel *„Carmen antimartiale"* mit ein.

→ S. 237 Wörterbuchgebrauch

→ GK 4 Römische Werte: *Mos maiorum*
→ GK 7.4 Philosophie: Epikureer, Stoiker

Leben unter Domitian

Kaiser Domitians Wohltaten 6.4

In diesem an den Kaiser adressierten Gedicht preist der Dichter all das, was der Kaiser Rom geschenkt hat.

1 Erschließe, welche Leistungen des Kaisers hier gerühmt werden.

Censor maxime principumque princeps,
cum tot iam tibi debeat triumphos,
3 tot nascentia templa, tot renata,
tot spectacula, tot deos, tot urbes,
plus debet tibi Roma, quod pudica est.

1 **cēnsor**, *-ōris m* Zensor *(Kaiser Domitian hatte auch das Amt des Zensors inne.)*
3 **dēbeat** *(Subjekt ist* Rōma.*)*

Scheinheiliger Sittenwächter 9.70

Um zu betonen, wie verkommen die allgemeinen Sitten seien, bedient sich der hier angesprochene Caecilianus eines berühmten Zitats von M. Tullius Cicero.

5 Stelle alle Wörter und Ausdrücke aus dem Text zusammen, die zum Sachfeld „Krieg und Gewalt" gehören.
6 Gib die beiden Temporaladverbien an, anhand derer man die inhaltliche Zweiteilung des Textes erkennen kann. Belege die Zweiteilung auch am Tempusgebrauch.

Dixerat „O mores! O tempora!" Tullius olim,
sacrilegum strueret cum Catilina nefas,
3 cum gener atque socer diris concurreret armis
maestaque civili caede maderet humus.
Cur nunc „O mores!", cur nunc „O tempora!" dicis?
6 Quod tibi non placeat, Caeciliane, quid est?
Nulla ducum feritas, nulla est insania ferri;
pace frui certa laetitiaque licet.
9 Non nostri faciunt, tibi quod tua tempora sordent,
sed faciunt mores, Caeciliane, tui.

2 **sacrilegus** verbrecherisch
Ordne: cum sacrilegum nefās ...
3 **gener**, *-erī m* Schwiegersohn
socer, *-erī m* Schwiegervater
dīrus schrecklich
4 **madēre** nass sein
6 **Caeciliānus** *(sonst unbekannt)*
Ordne: Quid est, quod tibi nōn placeat?
7 **nūlla** *ergänze* est
feritās, *-ātis f* Wildheit
īnsānia Raserei
9 **nostrī** *ergänze* mōrēs
facere, quod ~ efficere, ut
sordēre widerlich sein

→ **BD** lateinlex.de/d1fr

→ AH S. 16 Indikativ und Konjunktiv in Nebensätzen
→ AH S. 32 Substantive und Adjektive (zu **9.70**)

Kaiser Domitians Wohltaten 6.4

2 Domitian hatte viele Ämter. Erläutere, warum Martial hier das Amt des Zensors hervorhebt.
→ Martial und Domitian, S. 141

3 a Untersuche, wie Martial das Lob des Kaisers durch den Aufbau und durch Stilmittel unterstreicht.

b Arbeite heraus, welche Rolle römische Werte in diesem Gedicht spielen.

4 Recherchiert zu allen im Gedicht genannten Leistungen Beispiele und präsentiert sie in der Lerngruppe.

Kaiser Domitian.
Links: Domitian als Feldherr.
Marmorstatue (1. Jh. n. Chr.)
Rechts: Neuzeitliche
Darstellung (17. Jh.)

Scheinheiliger Sittenwächter 9.70

7 a Gib mit eigenen Worten wieder, wie Martial die Zustände zur Zeit der späten Republik darstellt.

b Beschreibe, welche Wirkung Martial durch das Spiel mit Ciceros Ausspruch *O tempora, o mores* erzielt. → Cicero und Catilina

c Erkläre, was Martial mit dieser Darstellung zum Ausdruck bringt.

d Erörtere, ob es sich bei **9.70** in erster Linie um ein Spottepigramm gegen Caecilianus handelt oder ob man das Gedicht auch als Lob des Kaisers Domitian verstehen kann.

8 a Vergleiche die Abbildungen: Untersuche, wie Domitian und sein Charakter dargestellt sind.

b Erschließe, auf welchen Informationen die Darstellung aus dem 17. Jh. beruht.
→ Martial und Domitian, S. 141

9 Diskutiert, ob die Verherrlichung eines Herrschers ein Thema der Dichtung sein sollte.

→ MEHR ERFAHREN
Cicero und Catilina

Im Jahr 63 v. Chr. erlebte der Konsul M. Tullius Cicero einen der größten Erfolge seiner Karriere: Er deckte die Verschwörung des Senators L. Sergius Catilina auf, der die Macht in Rom mit Waffengewalt an sich reißen wollte. Als der bereits entlarvte Catilina dreist in den Senat kam, als wäre nichts geschehen, griff Cicero ihn in einer Rede an. Ciceros empörter Ausruf „O tempora, o mores!" („Was für Zeiten, was für Sitten!") wurde später zum geflügelten Wort.
So stolz Cicero auch darauf war, den Umsturz verhindert zu haben, es brachte ihm auf lange Sicht keinen Erfolg: Da er veranlasst hatte, dass Catilinas Anhänger ohne Prozess hingerichtet wurden, musste Cicero in die Verbannung gehen.

→ S. 50 f. Die späte Republik
→ S. 225 Stilmittel

→ GK 3.1/3.2 frühe Kaiserzeit: Domitian
→ GK 4 Römische Werte: *Mos maiorum*
→ GK 2.1 *Roma, caput mundi*: Palatin

Domitians neuer Palast

Domitian hat auf dem Palatin einen neuen Palast gebaut. Martial schreibt mehrere Gedichte darüber.

📖 Speisen wie auf dem Olymp 8.39

Martial spricht den Kaiser direkt an, der nach einem Sieg über die Germanen den Namen Germanicus angenommen hat.

1 a Gib die lateinischen Entsprechungen der grün gedruckten Begriffe an.
b Beschreibe, inwiefern die Übersetzung an diesen Stellen vom lateinischen Wortlaut abweicht, und zeige, inwiefern die Abweichungen den Text verständlicher machen.

Qui **Palatinae** caperet convivia **mensae**
  ambrosiasque **dapes**, non erat ante locus:
3 Hic haurire decet **sacrum**, Germanice, **nectar**
  et **Ganymedea** pocula mixta **manu**.
Esse velis, oro, serus conviva Tonantis:
6   At tu si properas, Iuppiter, ipse veni!

Übersetzung

Früher gab es keinen Ort, der die Bankette der kaiserlichen Gastlichkeit und die ambrosischen Mähler hätte fassen können. Hier nun ist ein würdiger Ort, Germanicus, den heiligen Nektar zu schlürfen und die Tränke, die dir Ganymed mischt. Ich bitte dich, du mögest erst spät Gast des Donnerers sein. Aber du, Juppiter, wenn du es eilig hast, so komm doch selbst!

Einladung beim Kaiser und bei Jupiter 9.91

5 Gib die Verben im Konjunktiv Imperfekt an und übersetze sie als Irrealis.

Ad cenam si me diversa vocaret in astra
  hinc invitator Caesaris, inde Iovis,
3 astra licet propius, Palatia longius essent,
  responsa ad superos haec referenda darem:
„Quaerite, qui malit fieri conviva Tonantis:
6   Me meus in terris Iuppiter, ecce, tenet.“

2 **invītātor**, -ōris m Einladungsbote
Caesar *(seit Augustus fester Bestandteil des Kaisernamens, gemeint ist Domitian)*
5 **Tonāns**, -antis m „der Donnerer“ *(Beiname Jupiters)*

→ **BD** lateinlex.de/d1fs
→ S. 219 Kursorisch lesen
→ S. 237 Wörterbuchgebrauch
→ AH S. 22 Konjunktiv in Hauptsätzen (zu **9.91**)
→ AH S. 62 Gerund und Gerundiv (zu **9.91**)

Speisen wie auf dem Olymp 8.39

2 Weise nach, dass Martial den Kaiserpalast mit dem Götterhimmel gleichsetzt. Recherchiere dazu pro Vers die mythologischen bzw. kulturellen Hintergründe zu den hervorgehobenen Begriffen.

3 Erkläre den Wunsch, den Martial in V. 5 äußert.

4 Erkläre, worin die Pointe in V. 6 besteht.
→ Martial und Domitian

Ruinen von Domitians Palast, wie man sie heute auf dem Palatin in Rom besichtigen kann.

Einladung beim Kaiser … 9.91

6 Vergleiche das Gedicht mit dem vorigen **(8.39)** und erläutere, worin die Huldigung an den Kaiser besteht.

→ MEHR ERFAHREN
Martial und Domitian

Domitian machte sich unter anderem als strenger Herrscher, der Wert auf die Bewahrung der guten Sitten legte, einen Namen. Aber er galt auch als grausam und verfolgte Oppositionelle unnachsichtig. Schließlich wurde er von Verschwörern ermordet. Und damit nicht genug: Es war üblich, Kaiser nach ihrem Tod zu Göttern zu erklären; z. B. wurde Augustus zu *„Divus Augustus"*. Über Domitian hingegen verhängte der Senat die sogenannte *damnatio memoriae*, wodurch die Erinnerung an den toten Herrscher vollständig ausgelöscht werden sollte: Domitians Name wurde aus allen Inschriften im Reich entfernt, seine Standbilder niedergerissen (bzw. ihre Köpfe durch Porträts seiner Nachfolger ersetzt). Auch Martial, der Domitian in zahlreichen Gedichten gelobt hatte, äußerte sich nun sehr negativ über ihn.

Rekonstruktion der Anlage
(am linken Rand: Circus Maximus).

7 Untersuche die Domitian-Gedichte (ab S. 138) daraufhin, inwiefern Martial sein Verhältnis zu Domitian als Klientelverhältnis beschreibt.
→ Das Patronat in Rom, S. 143

8 Oben siehst du den Domitianspalast. Verschaffe dir anhand einer Recherche einen Eindruck von der Größe der Anlage, ggf. auch einen Überblick über die einzelnen Räumlichkeiten.

→ GK 3.1/3.2 frühe Kaiserzeit: Domitian

Literaturbetrieb

Was soll der Schal? 4.41

Ein Dichter, der seine Gedichte öffentlich vortragen möchte, wird von Martial verspottet.

Quid recitaturus circumdas vellera collo?
  Conveniunt nostris auribus ista magis.

1 **vellera,** *-um n Pl.* Wollschal

Die Wahrheit 8.76

Zwischen Patron und Klient dürfte es öfter zu solchen Gesprächen gekommen sein.

3 V. 3–5: Analysiere mithilfe der hervorgehobenen Wörter die Satzstruktur von V. 3–5.

„Dic verum mihi, Marce, dic amabo!
Nil est, quod magis audiam libenter."
3 Sic **et cum** recitas tuos libellos,
et causam **quotiens** agis clientis,
oras, Gallice, me rogasque semper.
6 Durum est me tibi, quod petis, negare.
Vero verius ergo quid sit, audi:
Verum, Gallice, non libenter audis.

1 **Mārcus** *(Vorname Martials)*
  amābō *(hier)* bitteschön
4 **cliēns**, *-entis m* Klient
5 **Gallicus** *(sonst unbekannt)*
7 *Ordne:* Quid ... vērō vērius sit, audī!

Zum Schluss 1.118

Zum Abschluss seines ersten Epigrammbuchs spricht Martial noch einmal einen Leser gesondert an.

Cui legisse satis non est epigrammata centum,
  nil illi satis est, Caediciane, mali.

2 **Caediciānus** *(sonst unbekannt)*

→ **BD** lateinlex.de/d1ft
→ AH S. 54 Partizipien ... (zu **4.41**)
→ AH S. 22 Indikativ und Konjunktiv ... (zu **8.76**)
→ AH S. 35 Steigerung von Adjektiven ... (zu **8.76**)
→ AH S. 50 Funktionen des Ablativs (zu **8.76**)
→ AH S. 42 Funktionen des Genitivs (zu **1.118**)

Was soll der Schal? 4.41

1 Erschließe, was der angesprochene Dichter durch das Anlegen des Wollschals ausdrücken möchte.

2 Erschließe, was Martial mit seiner Pointe ausdrücken möchte. → Dichtervorträge in Rom

Die Wahrheit 8.76

4 Arbeite heraus, welche Pflichten des Patrons hier erwähnt werden. → Das Patronat in Rom

5 Das Gedicht lässt sich in drei Teile gliedern. Zeige, dass der erste und der dritte klar aufeinander bezogen sind.

Juvenal, Satiren 1.1–6:
Ab heute wird zurückgedichtet!
Der Satiriker Juvenal begründet folgendermaßen, warum er Dichter geworden ist:

3 „Immer soll ich nur Zuhörer sein? Niemals soll ich dafür Vergeltung üben, dass ich so oft mit dem Theseus-Epos des schon heiseren Cordus gequält

6 wurde? Ungestraft also soll jener mir Togaten [Komödien] vortragen und dieser Elegien? Ungestraft soll ein riesiger *Telephus* mir einen ganzen Tag rauben

9 oder ein *Orest* [Titel von Tragödien], der – obwohl schon der Rand des Buchs oben voll und auch die Rückseite beschrieben ist – noch nicht zum Ende

12 kommt?" *Übersetzung: Sven Lorenz*

Zum Schluss 1.118

8 In der Forschung ist umstritten, was *malum* hier bedeutet:
  a Bosheit,
  b schlechte Qualität der Gedichte,
  c beides? Diskutiert diese Frage anhand der bisher gelesenen Gedichte.

→ **MEHR ERFAHREN**
Dichtervorträge in Rom

Dichtervorträge gehörten (ebenso wie Reden) zur Unterhaltung in Rom – z. B. als Einlage beim Gastmahl. Dabei kam es nicht nur auf die Qualität des Textes, sondern auch auf Vortrag und Stimmtechnik an: Das Publikum erwartete eine perfekte Show – ähnlich wie beim heutigen Poetry Slam, nur ohne Mikrofon. Doch das gelang nicht immer, und schlechte oder langweilige Rezitationen wurden gnadenlos verspottet.

6 Weise ein Polyptoton nach und beschreibe dessen Wirkung.

7 Vergleiche **4.41**, **8.76** und Juvenal **1.1-6** miteinander und arbeite heraus, auf welche Weise jeweils der Literaturbetrieb Roms verspottet wird.

→ **GUT ZU WISSEN**
Das Patronat in Rom

Das Patronat bot ärmeren Menschen soziale Absicherung: Ein Patron unterstützte seine Klienten materiell, aber auch z. B. als Verteidiger vor Gericht. Im Gegenzug erfüllten die Klienten für ihre Patrone verschiedene Aufgaben, z. B. stimmten sie bei Wahlen für ihn. Auch Martial war Teil des Patronatswesens. Immer wieder erwähnt er Zuwendungen, die er von seinen Gönnern erhalten hat oder die er sich wünscht. Als Dichter kann er eine besondere Gegenleistung bieten: Er nennt ihre Namen in den Epigrammen und macht sie somit bekannt.

→ S.225 Stilmittel

→ GK 4 Gesellschaft: Klientel-/Patronatswesen

GRUNDWISSEN Spott mit spitzer Feder

Martial: Epigramme

Leben:

- Marcus Valerius Martialis ca. **40 n. Chr.** in Bilbilis (**Spanien**) geboren
- lebte seit ca. 64 n. Chr. in **Rom**
- **Kaiser**, unter denen Martial lebte und dichtete:
  - Flavische Dynastie
    - Titus
    - **Domitian** (Epigrammbücher 1–9)
  - Epoche der Adoptivkaiser
    - Nerva
    - Trajan
- Befreundet u. a. mit
  - Juvenal (Satiriker)
  - **Plinius d. J.** (bekannt u. a. durch seinen Brief über den Vesuvausbruch 79 n. Chr.)
  - **Seneca** (Philosoph und Erzieher des Kaisers Nero)
- ca. 100 n. Chr. Rückkehr nach **Spanien**, wo sein letztes Epigrammbuch entstand
- gestorben ca. **112 n. Chr.** in Spanien

Werk:

- *Liber spectaculorum* (80 n. Chr.) anlässlich der Eröffnung des Amphitheatrum Flavium (**Kolosseum**) in Rom
- Hauptwerk: **Epigramme** in zwölf Büchern (*Epigrammaton libri duodecim*) ab 81 n. Chr.; das 12. Buch entstand in Spanien
- *Xenia* und *Apophoreta* (oft ebenfalls als Epigrammbücher gezählt): Begleitgedichte zu Geschenken (oft kulinarischer Art)

Wichtige Inhalte:

- Der Dichter und seine Leser/Hörer (dadurch auch Einblicke in damaligen **Literaturbetrieb**), z. B.:
  - untalentierte Dichter
  - Probleme beim Vortrag
  - Geldverdienen als Dichter
  - Plagiatoren
  - Gönner/Patrone und ihre Rolle im Literaturbetrieb
- **Spott** über **Personen(gruppen)**, Aufspießen von **Fehlverhalten** (dadurch auch Einblicke in damaliges **Alltagsleben**), z. B.:
  - übertriebene oder fehlende **Körperpflege**
  - Verhalten in den **Thermen**
  - Berufsgruppen, vor allem **Ärzte**
  - **Erbschleicher(innen)**
  - Liebe und Erotik
- **Philosophische** Gedichte, die sich mit der Frage nach dem richtigen Leben befassen, oft mit Bezügen zum **Epikureismus**, insbesondere:
  - Umgang mit **Lebenszeit** („Das Leben lässt sich nicht verschieben", 5.38)
  - Umgang mit **Freunden** (5.42)
  - Was ein **glückliches Leben** ausmacht (10.47)
- **Grabepigramme**, teils parodistisch, teils durchaus ernst
- **Lobgedichte** auf den **Kaiser**

→ S. 271 Geschichtlicher Überblick

Die Gattung Epigramm:

- griech. *epigramma*: „Inschrift", „Aufschrift"
- entstanden aus der **Grabinschrift** (Grabepigramm)
- Versmaß: oft – nicht immer! – elegisches **Distichon**, bestehend aus
  - Hexameter
  - Pentameter
- **Stilelemente:**
  - äußerste **Kürze** (oft nur ein einziges Distichon)
  - **Witz**
  - **kunstvolle** Gestaltung auf engstem Raum
  - Verwendung rhetorischer **Stilmittel**, oft miteinander **kombiniert**
- typische **Struktur**:
  - **Erwartung** (Aufbau von Spannung)
  - **Aufschluss** mit **Pointe** (oft erst im letzten Wort)

Vorbilder/weitere Vertreter:

- Verschiedene **griechische** Epigrammatiker, z. B. Archilochos
- Spott-Epigramme in **Rom** auch außerhalb der hohen Literatur häufig, z. B.:
  - **mündlich** kursierender **Spott über Politiker** wie Caesar, festgehalten bei **Biographen** wie Sueton oder Plutarch
  - Graffiti (z. B. in Pompeji) über Politiker, Gladiatoren u. a.

Rezeption:

- Johann Wolfgang **Goethe** und Friedrich **Schiller**: Xenien (1797) (Spott-Epigramme in Distichen über verschiedene menschliche Schwächen)
- Gotthold Ephraim **Lessing**:
  - Epigramme (1771) (kurze, gereimte Spottgedichte)
  - Epigrammtheorie: Lessing prägte die Begriffe **Erwartung** und **Aufschluss** als wesentliche Elemente der Gattung
- Spottgedichte, häufig in gereimter Form, bei zahlreichen modernen Dichtern, **Satirikern** und **Kabarettisten**, z. B.:
  - Erich Kästner (20. Jh.)
  - Eugen Roth (20. Jh.)

→ S. 225 Stilmittel
→ S. 228 Versanalyse

WERKSTATT Lernwortschatz und Übungen

Phaedrus

Prolog prol. 1

Lernwortschatz

2	**versus**, -ūs *m*	Gedichtzeile, Vers
3	**dōs**, dōtis *f*	Mitgift; Gabe, Talent, Nutzen
4	**prūdēns**, -entis	klug, verständig
6	**tantum** *Adv.*	so viel, so sehr; nur

Der Wolf und das Lamm fab. 1.1

Lernwortschatz

1	**lupus**, -ī *m*	Wolf
	āgnus, -ī *m*	Lamm
2	**sitis**, -is *f* (*Abl.* sitī)	Durst
3	**longus**, -a, -um	lang; weit
	īnferior, -ius	der untere, der niedriger gelegene
	faux, faucis *f*	Rachen, Schlund
4	**incitāre**	antreiben
	→excitāre	aufregen, hervorrufen
6	**contrā** *Adv.*	dagegen
7	**quī?** *Adv.*	wie?
	quaesō	(ich) bitte dich; bitte
	→quaerere	suchen, fragen
10	**mēnsis**, -is *m*	Monat
13	**corripere**, corripiō, corripuī, correptum	ergreifen, an sich reißen
	→rapere	rauben
	nex, necis *f*	Mord
	→necāre	→töten
14	**propter** *m. Akk.*	wegen
15	**innocēns**, -entis	unschuldig, rechtschaffen

Aufgaben: Wortschatz

1 Wiederhole folgende Wörter:

> superior | improbus | bibere | queri | repellere | vis | equidem | nasci | iustus | fingere | opprimere

2 Erschließe die Bedeutung:

a **compellere**, compello, compuli, compulsum:
Siti compulsus aquam bibo. (v. 2)

b **decurrere**, decurro, decurri:
Aqua decurrit e montibus in mare. (v. 8)

c **veritas**, -atis:
Homo improbus veritatem non amat. (v. 9)

d **iniustus**, -a, -um:
Nex res iniusta est. (v. 13)

3 Erschließe eine treffende Wiedergabe:

a Vir iustus hominem iniustum non armis, sed **viribus veritatis repellit**. (v. 9)

b Mihi verba mala fecisti: Mihi **male dixisti**. (v. 10; 12)

c Me **fictis causis** opprimis. Nam veras causas non habes. (v. 15)

→ S. 234 Die WERKSTATT und andere Hilfsmittel

Aufgaben: Grammatik

4 PPP und PPA. Wähle die passende Form aus. Achte dabei auf KNG und auf den Sinn! Übersetze dann:

    a Vidi amicum aquam
        bibenti | bibentem | bibentium . (v. 6)
    b Agnus lupum fugit
        timens | timentem | timentium . (v. 6)
    c Lupus necat agnum
        corripientem | correptum | correptorum .
       (v. 13)

Aufgaben: Das Latein des Phaedrus verstehen

5 Stilmittel Metonymie (→ S. 227). In folgendem Satz hat das Wort *faux* eine übertragene Bedeutung. Wähle den Begriff aus, für den es steht, und begründe deine Wahl:

    (lupus) **fauce** improba incitatus (v. 3 f.)
    Wut | Gier | Angst | Sorge

Der Wolf und der Kranich   fab. 1.8

Lernwortschatz

1	**pretium**, -ī *n*	Lohn; Preis
2	**bis** *Adv.*	zweimal
	peccāre	einen Fehler machen, sich irren; sündigen
	quoniam	weil ja, da ja, wo doch
	adiuvāre, adiuvō, adiūvī, adiūtum *m. Akk.*	helfen, unterstützen
4	**os**, ossis *n*	Knochen, Gebein
	faux, faucis *f*	Rachen, Schlund
	haerēre, haereō, haesī, haesūrus	haften an, hängen bleiben, stecken bleiben
	lupus, -ī *m*	Wolf
5	**singulus**, -a, -um	je ein, jeder einzelne
7	**iūs** iūrandum, iūris iūrandī *n*	Eid, Schwur
	gruis, -is *f*	Kranich
8	**collum**, -ī *n*	Hals, Nacken
10	**praemium**, -ī *n*	Belohnung, Lohn; Preis
11	**grātus**, -a, -um	dankbar; angenehm
	ōs, ōris *n*	Mund; Gesicht
12	**mercēs**, -ēdis *f*	Lohn, Gehalt

Aufgaben: Wortschatz

1 Wiederhole folgende Wörter:

    desiderare | indignus | vincere | incipere | persuadere | incolumis | auferre

2 Erschließe die Bedeutung:

    a extrahere, extraho, extraxi, extractum (v. 6)
    b longitudo, -inis *f* (v. 8)
    c periculosus, -a, -um (v. 9)
    d medicina, -ae *f* (v. 9)
    e in-gratus, -a, -um (v. 11)

→ Fortsetzung s. nächste Seite

→ S. 234 Die WERKSTATT und andere Hilfsmittel

Aufgaben: Grammatik

3 **Funktionen des Ablativs.** Ordne die passende Funktion des Ablativs zu und übersetze.

Ablativ des Ortes | Ablativ der Trennung | Ablativ des Mittels | Ablativ des Grundes

a Os devoratum (*devorare: verschlingen*) haeret **fauce** lupi. (v. 4)

b Lupus **magno dolore** victus auxilium quaerit. (v. 5)

c Lupus grui **iure iurando** persuadet, ut adiuvet. (v. 7)

d Gruis caput in os lupi immittit (*immittere: hineinstecken*). Deinde caput **ore** lupi aufert. (v. 11)

4 **Konjunktivischer Relativsatz.** Übersetze und gib die Sinnrichtung des Relativsatzes an.

Lupus ad gruem: „Ingrata es, **quae mercedem postules**." (v. 11 f.)

Aufgaben: Das Latein des Phaedrus verstehen

5 **Poetische Umschreibung.** Vergleiche den Phaedrus-Vers mit der vereinfachten Formulierung: Beschreibe den Unterschied und erschließe eine treffende Übersetzung:

Phaedrus:
Gruis **gulae** (*gula: Schlund*) lupi **longitudinem colli credit**. (v. 8)

Andere Formulierung:
Gruis **collum longum in gulam lupi immittit** (*immittere: hineinstecken*).

6 **Poetischer Plural.** In der poetischen Sprache (und nicht nur dort) wird manchmal die 1. Person Plural statt der 1. Person Singular verwendet. Der Wolf spricht in v. 11 von *os nostrum*. Übersetze treffend.

Der zerplatzte Frosch fab. 1.24

Lernwortschatz

1	**perīre**, pereō, periī, –	zugrunde gehen, sterben
	→ īre	→ gehen
2	**rāna**, -ae *f*	Frosch
	bōs, bovis *m/f*	Rind
4	**nātus**, -ī *m*	Kind, Sohn
5	**an**	ob; oder
	lātus, -a, -um	weit, breit, ausgedehnt
6	**rūrsus**	wieder; zurück
7	**similis**, -e	ähnlich
9	**indīgnārī**, indīgnor, indīgnātus sum	empört sein, sich ärgern
	→ indīgnus, -a, -um	unwürdig
10	**rumpere**, rumpō, rūpī, ruptum	brechen, zerbrechen; zerreißen; *Pass.* platzen

Aufgaben: Wortschatz

1 Wiederhole folgende Wörter:

quondam | tangere | invidia | negare | quaerere | modus | iacere, iaceo

2 Erschließe die Bedeutung:

a potens, -entis: Is, qui potentiam habet, potens est. (v. 1) |

b imitari, -or: Is, qui idem facit ac alius, eum imitatur. (v. 1)

3 Erschließe eine passende Wiedergabe:

a **invidia magnitudinis** (v. 3)

b **Invidia tactus** alios imitor. (v. 3)

→ S. 234 Die WERKSTATT und andere Hilfsmittel

Aufgaben: Grammatik

4 Komparativ der Adjektive und Adverbien. Ordne folgenden Positiven den jeweils passenden Komparativ zu:

potentem | lata | magno | parvi | celeriter | magnus | late | bonum

meliore | melius | potentiorem | potentiori | maiore | maiores | maior | latior | latius | minori | minores | celerior | celerius

5 Ablativ des Vergleichs. Übersetze:

a Rana **bove** maior non est.
b Bos **rana** celerius currit. (v. 5)

6 Wortstellung. Manchmal stehen Subjunktionen nicht zu Beginn eines Nebensatzes. Bei der Übersetzung ins Deutsche ist es nötig, die Subjunktion vorzuziehen. Übersetze:

Rana, bovem magnum dum vult imitari, perit. (v. 1)

Der Fuchs und der Rabe fab. 1.13

Lernwortschatz

2	**poenās dare**	bestraft werden
3	**corvus**, -ī *m*	Rabe
5	**vulpēs**, -is *f*	Fuchs
10	**ōs**, ōris *n*	Mund; Gesicht
11	**dēns**, dentis *m*	Zahn
12	**dēmum**	endlich, erst
	dēcipere, dēcipiō, dēcēpī, dēceptum	täuschen; entgehen, unbemerkt bleiben
	→ capere	fassen, fangen

Aufgaben: Wortschatz

1 Wiederhole folgende Wörter:

turpis | rapere | velle | arbor | incipere | quantus | vultus | gerere | vox | stultus | ostendere

2 Erschließe die Bedeutung:

a emittere, emitto, emisi, emissum (v. 10)
b dolosus, -a, -um: Qui multis dolis utitur, dolosus est. (v. 11)

3 Ordne folgenden deutschen Wörtern das entsprechende lateinische Wort zu:

fenestra, -ae *f* (v. 3) | caseus, -i *m* (v. 3) | residere, -o (v. 4) | decor, -oris *m* (v. 7)

Schmuck, Zierde | sitzen | Fenster | Käse

4 Erschließe eine passende Wiedergabe:

Vulpes corvum laudat: „**Magnum decorem geris corpore et vultu!**" (v. 7)

→ Fortsetzung s. nächste Seite

→ S. 234 Die WERKSTATT und andere Hilfsmittel

Aufgaben: Grammatik

5 Ausrufe. „Welch eine Freude! Was für eine Freude!" – Wie im Deutschen werden im Lateinischen manche Ausrufe durch ein Fragewort (meist Fragepronomen) eingeleitet. Übersetze entsprechend:

Vulpes ad corvum: „**Qui nitor** (*nitor, -oris m: Glanz*) est pinnarum (*pinna: Feder*) tuarum! **Quantum decoris** habet corpus tuum!" (v. 6 f.)

Aufgaben: Das Latein des Phaedrus verstehen

6 Stilmittel Personifikation (→ S. 227). Vergleiche den Phaedrus-Vers mit der vereinfachten Formulierung: Beschreibe den Unterschied und erschließe eine treffende Übersetzung:

Phaedrus:
„**Stupor** (*die Begriffsstutzigkeit*) **deceptus corvi ingemuit** (*ingemiscere, ingemui: seufzen*)." (v. 12).

Andere Formulierung:
Corvus stupore suo deceptus ingemuit.

Vulgata

Die Erschaffung der Welt Gen 1.1–3

Lernwortschatz

2	**inānis**, -e	leer; eitel, unnütz
	tenebrae, -ārum *f Pl.*	Finsternis, Dunkelheit
3	**super** *m. Akk.*	über, oberhalb
	faciēs, -ēī *f*	Gesicht; Aussehen
	spīritus, -ūs *m*	Atem, Seele, Geist

Die Erschaffung des Menschen Gen 2.7–25

Lernwortschatz

2	**faciēs**, -ēī *f*	Gesicht; Aussehen
3	**anima**, -ae *f*	Leben, Seele, Atem
5	**custōdīre**, custōdiō, custōdīvī, custōdītum	bewachen, behüten
	→ custōs, -ōdis *m*	Wächter
7	**similis**, -e	ähnlich
8	**humus**, -ī *f*	Erde, Erdboden
9	**ūniversus**, -a, -um	all, ganz, sämtlich
13	**carō**, carnis *f*	Fleisch
16	**os**, ossis *n*	Knochen, Gebein

Aufgaben: Wortschatz

1 Wiederhole folgende Wörter:

cuncti | ferre | vocare (*m. dopp. Akk.*) | sumere | relinquere | uterque

→ S. 234 Die WERKSTATT und andere Hilfsmittel

17	**quoniam**	weil ja, da ja, wo doch
18	**quamobrem**	deswegen (*rel. Satz-*
	(*auch* quam	*anschluss*)
	ob rem)	
20	**nūdus**, -a, -um	nackt, unverhüllt
	scīlicet *Adv.*	selbstverständlich,
		offenbar; nämlich

2 Ordne folgenden Wörtern die passende Bedeutung zu und begründe deine Zuordnung:

a formare (Z.1)
b inspirare (Z.2)
c spiraculum vitae (Z.2)
d paradisus, -i *m* (Z.5)
e operari (Z.5)
f adiutorium, -i *n* (Z.7)
g animans, -antis *n* (Z.9)
h volatile, -is *n* (Z.9)
i adiutor, -oris *m* (Z.10)
j immittere, -mitto, -misi, -missum (Z.11)

der Lebensatem | die Hilfe | das Tier | der Vogel | bebauen, bearbeiten | das Paradies | der Helfer | einhauchen | formen, gestalten | hineinschicken, hineingehen lassen

Aufgaben: Grammatik

3 **Ablativus absolutus.**
a Im Text kommt ein Abl. abs. vor, dessen Bestandteile voneinander getrennt sind. Gib die Bestandteile des Abl. abs. an und übersetze: (Z. 8 ff.)

Formatis Deus cunctis animantibus adduxit ea ad Adam.

b Im klassischen Latein wird das Substantiv bzw. Subjekt des Abl. abs. im Rest des Satzes gewöhnlich nicht mehr aufgegriffen. Im Unterschied zu hier. Erkläre, inwiefern.

Josef und seine Brüder Gen 37.3–28

Lernwortschatz

3	**ōdisse**, ōdī, ōsūrus	hassen
	→ odium, -ī *n*	Hass
4	**somnium**, -ī *n*	Traum
11	**invidia**, -ae *f*	Neid, Anfeindung
13	**grex**, gregis *m*	Herde; Schar, Trupp
14	**ovis**, -is *f*	Schaf
15	**vallis**, -is *f*	Tal
17	**nūdus**, -a, -um	nackt, unverhüllt
19	**comedere**, comedō, comēdī, comēs(s)um	(auf)essen, verzehren
	pānis, -is *m*	Brot

→ S.234 Die WERKSTATT und andere Hilfsmittel

21	**prōdesse**, prōsum, prōfuī, prōfutūrus	nützen, nützlich sein
	→ prō; esse	
23	**carō**, carnis *f*	Fleisch

Aufgaben: Wortschatz

1 Wiederhole folgende Wörter:

diligere | quoque | referre | subicere | sermo | odium | crescere | mittere | melior, melius | vendere | manus

2 Erschließe die Bedeutung:

a circumstare, -sto, -steti (Z.8)
b adorare: Homines Deum adorant. (Z.8)
c nudare: Vestes mihi raptae sunt: Nudatus sum. (Z.17)
d viator, -oris *m*: Qui iter facit, viator est. (Z.19)

3 *Seminarium* ist wörtlich der Ort, an dem aus Samen Pflanzen großgezogen werden, also ein Pflanzort. Erschließe eine treffende Wiedergabe für folgenden Ausdruck: (Z.5)

Das Verhalten des Josef war **seminarium** *maioris odii unter seinen Brüdern.*

Aufgaben: Grammatik

4 Partizip Präsens Aktiv.
   a Gib das PPA an, von dem ein Nebensatz abhängt.
   b Übersetze alle PPA beiordnend:

   Hoc videntes fratres eius oderant eum. (Z.2f.) | Servi regem circumstantes adorabant. (Z.8) | Fratres sedentes, ut panem comederent, viatores viderunt. (Z.18f.)

5 Attributives Gerundiv mit Präposition.
Übersetze: (Z.13)

   Fratres in pane comedendo viatores viderunt.

Aufgaben: Sachwissen

6 Erkläre, worum es sich bei einer „Garbe" handelt, indem du eine passende Abbildung recherchierst.

Die Träume des Pharao   Gen 41.17–31

Lernwortschatz

12	**bōs**, bovis *m/f*	Rind, Stier, Ochse
13	**plēnus**, -a, -um *m. Gen. u. Abl.*	voll (von etw.)
15	**ascendere**, ascendō, ascendī, ascēnsum	besteigen, hinaufsteigen
	→ dēscendere	herabsteigen
	post *m. Akk.*	nach; hinter; *Adv.* später, danach
16	**famēs**, -is *f*	Hunger, Hungersnot

→ S.234 Die WERKSTATT und andere Hilfsmittel

17	**ūniversus**, -a, -um	all, ganz, sämtlich
21	**inopia**, -ae *f*	Armut, Not

Aufgaben: Wortschatz

1 Wiederhole folgende Wörter:

> septem | annus | quoque | venire | sequi (*m. Akk.*) | tradere | consumere | perdere

2 Im Text wird Überfluss dem Mangel gegenübergestellt. Zwei der folgenden Substantive stehen für den Überfluss, eines für den Mangel. Ordne anhand der Merkhilfe in Klammern die exakten Bedeutungen zu.

> **a fertilitas**, -atis *f* (ferre; *engl.: fertility*) (Z. 17)
> **b sterilitas**, -atis *f* (*Sterilität; sterilisieren*) (Z. 18)
> **c abundantia**, -ae *f* (unda; *die Abundanz; engl.: abundance*) (Z. 19)

> Unfruchtbarkeit – Überfließen; Überfluss – Ertrag; Fruchtbarkeit

3 Erschließe eine passende Wiedergabe:

> Facinora regis oblivioni (*oblivio, -onis f: das Vergessen*) **traduntur**. (Z. 19)

Aufgaben: Grammatik

4 Partizip Futur.
a Erschließe eine passende Wiedergabe: (Z. 16)

> Ioseph ad regem: „Magna fames veniet."
> Ioseph famem **venturam** providit.

b Übersetze: (Z. 19 ff.)

> Ioseph providet: „Inopia omnem terram **perditura est**. Fames omnem terram **consumptura est**."

Ende gut, alles gut? Gen 41.37–45

Lernwortschatz

4	**similis**, -e	ähnlich
5	**super** *m. Akk.*	über, oberhalb
6	**ōs**, ōris *n*	Mund; Gesicht
10	**collum**, -ī *n*	Hals, Nacken
13	**quisquam**, quidquam (quicquam)	irgendjemand
16	**mundus**, -ī *m*	Welt, Weltall

Aufgaben: Wortschatz

1 Wiederhole folgende Wörter:

> ostendere | loqui | sapiens | domus | ferre | manus | vertere

→ Fortsetzung s. nächste Seite

→ S. 234 Die WERKSTATT und andere Hilfsmittel

2 Erschließe die Bedeutung:

a **vestire**, vestio, vestivi, vestitum: Tibi vestem do: Te vestio. (Z. 9)
b **circumponere**, -pono, -posui, -positum: Collo torquem (*torques, -is f: Kette*) auream circumpono. (Z. 10)

3 Erschließe eine passende Wiedergabe:

a Rex ad Ioseph: „Tu eris dominus domus meae: **Eris super domum meam.**" (Z. 5 f.)
b Rex: „Omnes id, quod dicam, facere debent: Omnes **imperio oris mei** parere debent." (Z. 6)
c Ioseph a rege dominus Aegyptiorum factus est: Itaque rex nomen eius in linguam Aegyptiacam **vertit**. (Z. 15)

Das Gleichnis vom Nadelöhr Lk 18.22–27

Lernwortschatz

6 **valdē** *Adv.*   sehr
13 **salvus**, -a, -um   heil, unversehrt

Aufgaben: Wortschatz

1 Wiederhole folgende Wörter:

ait (aio) | adhuc | deesse | quicumque | vendere | pauper | caelum | sequi | dives | tristis | regnum | apud

2 Erschließe die Bedeutung:

a **camelus**, -i *m* (Z. 10)
b **possibilis**, -e / **impossibilis**, -e: Estne possibile in regnum Dei intrare? (Z. 14)

3 Erschließe eine passende Wiedergabe:

a Verbis tuis **tristis factus sum**. (Z. 7)
b **Quam difficile est** in regnum Dei intrare! **Quam difficile** in regnum Dei intrabo! (Z. 8)
c Deus nos a periculo mortis servare potest. Auxilio Dei **salvi fieri** possumus. (Z. 13)

Aufgaben: Grammatik

4 Imperativ. Wähle alle Formen aus, die Imperativ sein können. Achte besonders auf die Bildung des Imperativs bei Deponentien:

audi | auditis | audite | intra | intrare | intrate | dicere | loquere | loquimini | es | este | da

→ S. 234 Die WERKSTATT und andere Hilfsmittel

Gesta Romanorum

Die prophetische Säule Gesta 42

Lernwortschatz

	gesta, -ōrum *n* Pl.	Taten
	→ gerere, gerō, gessī, gestum	tragen; führen, ausführen
1	**columna**, -ae *f*	Säule
2	**ter** *Adv.*	dreimal
7	**expōnere**, expōnō, expōsuī, expositum	vor Augen stellen, darlegen, erläutern; aussetzen
	→ pōnere	setzen, stellen, legen
8	**sapientia**, -ae *f*	die Weisheit
	→ sapiēns, -entis	weise
9	**flamma**, -ae *f*	Feuer, Flamme
	famēs, -is *f*	Hunger, Hungersnot

Aufgaben: Wortschatz

1 Wiederhole folgende Wörter:

> referre | videre, video, visi, visum | unus, duo, tres, quattuor | talis | perdere | tollere | ruere | ferrum

2 Erschließe die Bedeutung: (Z.7)

> Magister litteras in columna scriptas exponit: Magister **expositionem** litterarum dat.

Aufgaben: Das Latein der *Gesta* verstehen

3 *quod*-**Sätze.** Im mittelalterlichen Latein stehen häufig durch *quod* eingeleitete Nebensätze anstelle von Konstruktionen, die im klassischen Latein üblich sind.
Erschließe die Übersetzung von *quod* und gib an, welche Konstruktion im klassischen Latein stehen würde:

> Valerius dicit, quod in urbe Roma vidit columnam.

Der unterirdische Palast Gesta 107
Teil 1: Ein geheimnisvoller Fingerzeig

Lernwortschatz

1	**rēctus**, -a, -um	richtig; gerade
	→ regere, regō, rēxī, rēctum	lenken, leiten
2	**dexter**, dext(e)ra, dext(e)rum	rechts
3	**super** *m. Akk.*	über, oberhalb
	digitus, -ī *m*	Finger
4	**longus**, -a, -um	lang; weit
5	**sīgnificāre**	anzeigen; bedeuten
	→ sīgnum; facere	

Aufgaben: Wortschatz

1 Wiederhole folgende Wörter:

> quidam | imago | civitas | pes | manus | sol | umbra | tres | descendere | invenire

→ Fortsetzung s. nächste Seite

→ S. 234 Die WERKSTATT und andere Hilfsmittel

6 **admīrārī,**   sich wundern,
    admīror,   bewundern
    admīrātus
    sum
  → mīrārī   sich wundern,
               bewundern

7 **aspicere,** aspiciō,   hinschauen, (hin)blicken
    aspexī,
    aspectum
  → respicere   zurückschauen;
               berücksichtigen

   recēdere, recēdō,   zurückgehen,
    recessī,   zurückkehren
    recessūrus
  → cēdere   (weg)gehen, weichen
  → accēdere   herantreten, sich nähern

9 **clēricus,** -ī *m*   Geistlicher
   valdē *Adv.*   sehr

16 **gradus,** -ūs *m*   Schritt, Stufe

2 Erschließe die Bedeutung:

  a **medius digitus** (Z. 3)
  b **super-scriptio,** -onis *f*: Omnes superscriptionem, quae est in statua *(statua: Statue),* legunt. (Z. 3)
  c **titulus,** -i *m*: Omnes titulum, qui est in statua, legunt. (Z. 7)
  d **distantia,** -ae *f*: Distantia, quae est inter forum et statuam, magna non est. A foro ad statuam per distantiam haud magnam ire debes. (Z. 15)

3 Erschließe eine passende Wiedergabe:

  a Roma maxima **civitas** est Italiae. **In civitate Romana** multi homines habitant. *(vgl. engl.: city)* (Z. 1)
  b In civitate Romana est magna statua *(statua: Statue)*. Illa statua non sedet, sed **rectis pedibus** stat. (Z. 1 f.)
  c **Multum** sollicitatus sum. *(vgl. ital.: molto)* (Z. 10)
  d Statua magna **umbram magnam in terram facit.** (Z. 13 f.)
  e A Capitolio ad forum **multi gradus descendunt.** (Z. 16)

Aufgaben: Grammatik

4 **Kurzformen.** Beim v-Perfekt treten häufig Kurzformen auf. Beschreibe und bestimme die Formen: (Z. 10)

Der unterirdische Palast   Gesta 107
Teil 2: Der Karfunkelstein

Lernwortschatz

4 **rēgīna,** -ae *f*   Königin
   mēnsa, -ae *f*   Tisch, Mahlzeit
5 **plēnus,** -a, -um   voll (von etw.)
   m. Gen. u. Abl.
8 **lapis,** -idis *m*   Stein

Aufgaben: Wortschatz

1 Wiederhole folgende Wörter:

   gaudere | nobilis | rex | loqui | aspicere | domus | admirari | tangere

→ S. 234 Die WERKSTATT und andere Hilfsmittel

10	**lūmen**, -inis *n*	Licht; Auge
	recipere, recipiō, recēpī, receptum	zurücknehmen, erhalten
	→ capere	fassen, fangen
12	**arcus**, -ūs *m*	Bogen
	parātus, -a, -um	bereit
	sagitta, -ae *f*	Pfeil
14	**frōns**, frontis *f*	Stirn, Gesicht, Vorderseite
15	**vītāre** *m. Akk.*	meiden, vermeiden; entkommen
	praecipuē *Adv.*	hauptsächlich, besonders
16	**splendidus**, -a, -um	glänzend, strahlend
20	**asinus**, -ī *m*	Esel

2 Folgende Wörter bezeichnen Dinge, die zu einem Königshof gehören. Erschließe ihre Bedeutung:

> **a** **palatium**, -i *n*: Rex in palatio habitat. (Z. 2)
> **b** **aula**, -ae *f*: Rex cum viris et feminis nobilibus in aula cenat. (Z. 3)
> **c** **vestimentum**, -i *n*; **pretiosus**, -a, -um: Rex vestimenta pretiosa habet. (Z. 6)
> **d** **camera**, -ae *f*: Servae non sunt in aula: In camera sunt. (Z. 17)
> **e** **stabulum**, -i *n*: Rex multos equos habet. Equi in stabulo sunt. (Z. 19)

Aufgaben: Grammatik

3 **Partizip Präsens Aktiv.** Ordne den Substantiven die passenden PPA-Ausdrücke zu; achte dabei auf KNG und Sinn. Übersetze die so entstandene Verbindung als Hauptsatz (Bsp. *clerici + maxime gaudentis* → *der Geistliche freut sich sehr*): (Z. 1–18)

> **a** virum
> **b** rex et regina
> **c** clericus
> **d** feminas

> in camera operantes *(operari: arbeiten)* |
> lapidem aspiciens |
> in mensa cum amicis sedentes |
> arma in manu sua habentem

4 **Partizip statt AcI.** Manchmal hängt von Verben der Wahrnehmung statt eines AcI ein AcP (*Accusativus cum participio*) ab. Die Übersetzung ist dieselbe wie beim AcI. – Setze nun aus „*Clericus videt …*" und den Partizipialausdrücken, die du bei 3a und 3d erstellt hast, je einen Satz zusammen und übersetze diese Sätze: (Z. 1–18)
(Bsp.: *Clericus videt + regem venientem* → *Der Geistliche sieht, dass der König kommt. / Der Geistliche sieht den König kommen.*)

Der unterirdische Palast Gesta 107

Teil 3: Ein verhängnisvoller Entschluss

Lernwortschatz

1	**vīsitāre**	besuchen
2	**sīcut** *Adv.*	(ebenso) wie
	prius *Adv.*	früher, zuerst
6	**ideō** *Adv.*	deshalb, daher

Aufgaben: Wortschatz

1 Wiederhole folgende Wörter:

> quidquid | cor | desiderare | deinde | cogitare | credere | superior | pars | fieri | exire | mors | mori

→ Fortsetzung s. nächste Seite

→ S. 234 Die WERKSTATT und andere Hilfsmittel

11 **vērō** *Adv.*   wirklich; aber
→ vērus, -a, -um   echt, richtig, wahr
sinus, -ūs *m*   Brust; Tasche,
Gewandbausch;
Bucht; Krümmung
collocāre   aufstellen, platzieren;
ansiedeln
→ locus, -ī *m*   Ort, Platz, Stelle
13 **dīvidere**, dīvidō,   teilen, trennen
dīvīsī,
dīvīsum
16 **propter** *m. Akk.*   wegen
nimius, -a,-um   allzugroß
→ nimis *Adv.*   allzu (sehr)

2 Erschließe die Bedeutung:

a **recessus**, -us *m*: Clericus in domum suam recedere vult. De recessu cogitat. (Z. 3)
b **mirabilis**, -e: Clericus palatium miratur. Palatium mirabile est. In palatio multa mirabilia sunt. (Z. 4)
c **dictum**, -i *n*: Quis verbis clerici credet? Quis dictis clerici credet? (Z. 5)
d **veritas**, -atis *f*: Dicitne clericus res veras? Dicitne clericus veritatem? (Z. 6)
e **contristari**, -or, -atus sum: Clericus tristis factus est. Clericus contristatus est. (Z. 15)
f **totaliter** *Adv.*: Clericus tristissimus factus est. Totaliter contristatus est. (Z. 15)

3 Erschließe eine passende Wiedergabe:

a **Quidquid cor desiderat**, hoc tibi dabo. (Z. 4)
b Clericus **in corde suo** dicebat: „Nemo mihi credet." (Z. 3)
c Clericus: „Aliquid mecum portabo, ut ceteri mihi credant. Aliquid **in signum veritatis** mecum portabo." (Z. 6)
d Statua *(statua: Statue)* cecidit et **in multas partes divisa est**. (Z. 13)
e Clericus in domum suam recedere voluit. Itaque **viam exeundi** quaesivit. (Z. 15 f.)

Das Genie und der Kaiser Gesta 44

Lernwortschatz

1 **rēgnāre**   herrschen, regieren
→ rēx, rēgis *m*   König
→ rēgnum, -ī *n*   Herrschaft
2 **prūdēns**, -entis   klug, verständig
3 **mīlitia**, -ae *f*   Kriegsdienst
→ mīles, -itis *m*   Soldat
4 **proprius**, -a ,-um   eigen
5 **interficere**,   töten
interficiō,
interfēcī,
interfectum
→ facere   machen, tun
7 **iactāre**   werfen, schleudern;
rühmen

Aufgaben: Wortschatz

1 Wiederhole folgende Wörter und Ausdrücke:

priusquam | sumere | ingenium | ars | bellum gerere | gravis | opprimere | frangere | tollere | interrogare | fieri

2 Erschließe die Bedeutung:

a **fortunatus**, -a, -um: Imperatori in bello fortuna semper affuit. Imperator in bello semper fortunatus fuit. (Z. 2)
b **artifex**, -icis *m*: Ille, qui artem facit, artifex est. (Z. 6)
c **fabricare**: Artifex res pulchras fabricat. (Z. 6)

→ S. 234 Die WERKSTATT und andere Hilfsmittel

8 **velut** *Adv.* wie, wie zum Beispiel

9 **corrigere,** verbessern, korrigieren
  corrigō,
  corrēxī,
  corrēctum
  → regere lenken, leiten

10 **quōmodo** *Adv.* auf welche Weise, wie

13 **cōnsuētūdō,** Gewohnheit,
  -inis *f* Lebensweise
  → cōnsuēscere, sich gewöhnen
  cōnsuēscō,
  cōnsuēvī,
  cōnsuētum

  prō nihilō geringschätzen,
  putāre/ sich nichts daraus
  habēre machen
  argentum, -ī *n* Silber

3 Erschließe eine passende Wiedergabe:

  a Tiberius imperator factus est: Tiberius **imperium sumpsit.** (Z.1)
  b Artifex artem novam invenit, quae nunc omnibus nota est: Illa ars **venit in consuetudinem.** (Z.12 f.)

Aufgaben: Das Latein der *Gesta* verstehen

4 Partizip Präsens Aktiv. Das PPA drückt in der Regel aus, dass jemand etwas zeitlich parallel zur Handlung des Prädikats tut (gleichzeitig). Gerade im späteren Latein ist das aber nicht immer so. Zeige dies an folgenden Sätzen und übersetze beiordnend:

  Puer pilam (*pila: Ball*) e porta iactans de via sustulit. | Artifex malleum (*malleus: Hammer*) capiens gladium fabricavit. | Interrogante imperatore ab artifice, quid faceret, ille dixit: „Gladium fabrico.“

Vespucci

Grenzenloser Forscherdrang? mund. nov. 13

Lernwortschatz

5 **audācia,** -ae *f* Wagemut, Kühnheit; Verwegenheit

6 **māiestās,** -ātis *f* Größe, Hoheit

7 **sapere,** sapiō, – Verstand haben; Geschmack haben; schmecken
  → sapiēns, -entis weise; *Subst.* der Weise

11 **mundus,** -ī *m* Welt, Weltall

12 **ignōtus,** -a, -um unbekannt

→ S.234 Die WERKSTATT und andere Hilfsmittel

Die neue Welt mund. nov. 1

Lernwortschatz

5	**serēnus**, -a, -um	heiter, ruhig; *als Herrschertitel:* durchlaucht
7	**mundus**, -ī *m*	Welt, Weltall
13	**tantum** *Adv.*	so viel, so sehr; nur
15	**affirmāre**	bekräftigen, behaupten
	→ cōnfirmāre	bekräftigen; ermutigen
18	**ultimus**, -a, -um	der letzte
	nāvigāre	segeln; (mit dem Schiff) (be)fahren

Aufgaben: Wortschatz

1 Wiederhole folgende Wörter:

salus | superior | redire | regio | classis |
invenire | appellare | maior |
maiores (*Subst. m Pl.*) | pars | continere |
mare | ratio | negare | omnino

2 Gib die im Zusammenhang passende
Bedeutung an:

a Tibi scribo hodie. Tibi scripsi etiam diebus
superioribus. (Z. 3)
b Terram novam Americam **appellamus/
vocamus**. (Z. 7)
c Maiores nostri negaverunt alium orbem
terrarum esse: **Antiqui nostri** nesciebant
alium orbem terrarum esse. (Z. 11)
d Si **quis** terram novam invenerit, homines
gaudebunt. (Z. 15)

3 Erschließe die Bedeutung:

a **reditus**, -us *m*: Vesputius e regionibus
novis tandem rediit. Reditu gaudet. (Z. 3)
b **perquirere**, -quiro, -quisivi, -quisitum
[*Das Präfix per- hat hier verstärkende
Wirkung*]: Vesputius regiones novas
perquisivit et invenit. (Z. 6)
c **cognitio**, -onis *f*: Vesputius regiones novas
cognoverat: Cognitionem de regionibus
novis habuit. (Z. 9)
d **continens**, -entis *f*: Vesputius novam
continentem invenit. (Z. 13)
e **habitabilis**, -e: Terra, in qua homines
habitare possunt, habitabilis est. (Z. 16)
f **veritas**, -atis *f*: Vesputius: „Res veras dico.
Veritatem dico." (Z. 17)
g **navigatio**, -onis *f*: Vesputius de sua in
novam continentem navigatione scripsit.
(Z. 18)

4 Erschließe eine passende Wiedergabe:

a Continens, quam Vesputius invenit,
omnibus est novissima res. (Z. 9 f.)
b **Maior pars hominum** nihil de nova
continenti audiverat. (Z. 12)
c Multi homines **multis rationibus**
negaverunt ultra (*ultra m. Akk.: jenseits*)
mare Atlanticum esse aliam continentem.
(Z. 16)

→ S. 234 Die WERKSTATT und andere Hilfsmittel

Aufgaben: Grammatik

5 Grußformel. Lateinische Briefe beginnen immer mit derselben Formel: „A entbietet dem B einen Gruß." Übersetze entsprechend:

> Vesputius Laurentio salutem (plurimam) dicit. (Z. 1 f.)

Die Überfahrt mund. nov. 2

Lernwortschatz

1	**nāvigāre**	segeln; (mit dem Schiff) (be)fahren
	ōlim *Adv.*	einst, früher; künftig
2	**inde** *Adv.*	von dort; deshalb
	→ deinde *Adv.*	dann, daraufhin
4	**ūsque ad** *m. Akk.*	bis (zu)
6	**vāstus**, -a, -um	leer; unermesslich, weit, riesig
9	**mēnsis**, -is *m*	Monat
	spatium, -ī *n*	Raum; Strecke; Dauer
10	**ūllus**, -a, -um	irgendeiner
	(*Gen. Sg.* ūllīus, *Dat. Sg.* ūllī)	
	appārēre, appāreō, appāruī, –	erscheinen, sich zeigen
13	**obscūrus**, -a, -um	dunkel, unverständlich
14	**serēnus**, -a, -um	heiter, ruhig; *als Herrschertitel:* durchlaucht
18	**mōnstrāre**	zeigen
19	**īgnōtus**, -a, -um	unbekannt

Aufgaben: Wortschatz

1 a Wiederhole folgende Wörter:

> litus, -oris | caput | ventus | sol | umquam | incedere | paene | tot

b Ordne die Zahlen zu (Achtung: zwei bleiben übrig):

> duorum | trium | sexaginta septem | quadraginta quattuor

> 67 | 76 | 2 | 404 | 44 | 3

2 Erschließe die Bedeutung:

> **a navigatio**, -onis *f* (Z. 1)
> **b oceanus**, -i *m* (Z. 3)
> **c** mare navibus **per-currere** (Z. 4)
> **d occidens**, -entis *m* (Z. 7)
> **e abicere**, abicio, abieci (Z. 17)
> **f continens**, -entis *f* (Z. 18)

3 Erschließe eine passende Wiedergabe:

> **a Spatio trium dierum** navigavimus. (Z. 9)
> **b Ex decem diebus** quinque dies cum vento habuimus. (Z. 11)
> **c** Non fuit ventus. **Quo factum est, ut** navigare non possemus. (Z. 15)
> **d** Magnus **timor in nobis incessit.** (Z. 15 f.)
> **e** Omnem **spem** vitae **abiecimus.** (Z. 16 f.)

→ Fortsetzung s. nächste Seite

→ S. 234 Die WERKSTATT und andere Hilfsmittel

Aufgaben: Grammatik

4 Zahlen. Das Suffix *-ginta* ist Kennzeichen der Zehner. Gib die Bedeutung an: (Z. 11)

sexaginta | quadraginta | quinquaginta | triginta

Aufgaben: Renaissance-Latein verstehen

5 *quod*-Sätze. Statt AcI findet sich manchmal ein *quod*-Satz. Übersetze: (Z. 11)

Omnes sciant, **quod** mundum novum inveni!

6 Christliche Autoren. Gib an, wer mit *Altissimus* gemeint ist, und erschließe eine passende Wiedergabe des gesamten Ausdrucks: (Z. 18 f.)

Altissimo placuit nos e periculis servare.

Die Einheimischen mund. nov. 4

Lernwortschatz

1 **sexus**, -ūs *m* — Geschlecht
nūdus, -a, -um — nackt, unverhüllt
2 **prōdīre**, prōdeō, prōdiī, prōditum — hervortreten, auftreten; vorrücken
→ īre — gehen
→ adīre — herangehen; angreifen
→ exīre — herausgehen
ūsque ad *m. Akk.* — bis (zu)
4 **dispōnere**, dispōnō, disposuī, dispositum — verteilen, ordnen
→ pōnere — setzen, stellen, legen
color, -ōris *m* — Farbe
6 **amplus**, -a, -um — weit, geräumig; bedeutend
niger, -gra, -grum — schwarz, dunkel
8 **tantum** *Adv.* — so viel, so sehr; nur
10 **faciēs**, -ēī *f* — Gesicht; Aussehen
11 **bona**, -ōrum *n Pl.* — Güter; Besitz
proprius, -a, -um — eigen
12 **simul** *Adv.* — gleichzeitig, zugleich
13 **secundum** *m. Akk.* — gemäß
potius *Adv.* — eher, lieber

Aufgaben: Wortschatz

1 Wiederhole folgende Wörter:

uterque | incedere | pars | mors | accidere | sol, solis | auris | mos (*Sg. und Pl.*) | solus | communis | bellum gerere | ars

2 Erschließe eine passende Wiedergabe:

a ex ventre (*venter, -tris m: Bauch*) **matris prodire** (Z. 2)
b Milites corpora fortia habent. **Quod eis accidit, quia** saepe pugnant. (Z. 5)

Aufgaben: Grammatik

3 Konjunktiv im Hauptsatz. Erschließe eine passende Wiedergabe und gib die Funktion des Konjunktivs an:

Vesputius mundum novum invenit. **Neque credas** pericula itineris parva fuisse! (Z. 7)

4 Partizip: Formen. Ordne folgende Formen nach PPA und PPP:

operientes (*operire: bedecken*, Z. 2) | disposita (Z. 4) | declinantia (*declinare: sich neigen*, Z. 4) | incedentes (Z. 5)

→ S. 234 Die WERKSTATT und andere Hilfsmittel

14	**commercium**, -ī *n*	Handel, Verkehr, Austausch
15	**ōrdō**, -inis *m*	Ordnung, Reihe, Stand

Aufgaben: Renaissance-Latein verstehen

5 *quod*-Sätze. Statt AcI findet sich manchmal ein *quod*-Satz. Übersetze: (Z. 8)

Vesputius mundum novum invenit. Neque credas, **quod** pericula itineris parva fuerint!

Fremde Lebensgewohnheiten   mund. nov. 4–6

Lernwortschatz

3	**comedere**, comedō, comēdī, comēs(s)um	(auf)essen, verzehren
18	**vērō** *Adv.*	wirklich; aber
	→ vērus, -a, -um	echt, richtig, wahr
	similis, -e	ähnlich
19	**gīgnere**, gīgnō, genuī, genitum	(er)zeugen, gebären, hervorbringen
	numerus, -ī *m*	Zahl, Anzahl
20	**pānis**, -is *m*	Brot
21	**sēmen**, -inis *n*	Samen, Saat

Aufgaben: Wortschatz

1 Wiederhole folgende Wörter:

captivus | servare | vita | causa (*m. Gen.*) | occidere | victor | vincere (Z. 1–3) arbor | fructus | utilis | genus | conficere | omnino (Z. 16–21)

2 Erschließe die Bedeutung:

a cultor, -oris *m*: Cultor agros colit. (Z. 16)
b in-numera-bilis, -e: „Quot animalia in mundo novo sunt?" „Innumerabilia!" (Z. 19)
c dis-similis, -e (Z. 21)

3 Erschließe eine passende Wiedergabe:

a Arbores **fructus** bonos **faciunt**. (Z. 17)
b Non omnes fructus **corporibus humanis utiles** sunt: Nonnulli fructus venenati (*venenatus: giftig*) sunt. (Z. 17)

Aufgaben: Grammatik

4 Unregelmäßige Steigerung der Adjektive. Ordne folgenden Positiven die passenden Komparative und Superlative zu und gib deren Bedeutung an:

bonus | multi | malus | magnus | parvus

minor | optimus | melior | minimus | plures | peior | maximus | plurimi | pessimus | maior

→ S. 234 Die WERKSTATT und andere Hilfsmittel

Cornelius Nepos: Hannibal

Die Gattung Biographie – nichts für ernsthafte Männer? Prol. 1

Lernwortschatz

2	**levis**, -e	leicht; unbedeutend, leichtfertig
6	**rēctus**, -a, -um	richtig; gerade
	→ regere, regō, rēxī, rēctum	lenken, leiten
9	**īnstitūtum**, -ī *n*	Einrichtung; Sitte, Brauch; Anordnung
	→ īnstituere, īnstituō, īnstituī, īnstitūtum	einrichten; unterrichten; beschließen
	→ statuere	aufstellen; festsetzen, beschließen
10	**admīrārī**, admīror, admīrātus sum	sich wundern, bewundern
	→ mīrārī	sich wundern, bewundern
11	**expōnere**, expōnō, expōsuī, expositum	vor Augen stellen, darlegen, erläutern; aussetzen
	→ pōnere	setzen, stellen, legen
14	**humilis**, -e	niedrig, unbedeutend
15	**removēre**, removeō, remōvī, remōtum	entfernen, wegschaffen
	→ movēre	bewegen; erregen

Hannibal Hann. 1.1–2

Lernwortschatz

7	**prūdentia**, -ae *f*	Klugheit
9	**nātiō**, -ōnis *f*	das Volk, der Volksstamm
10	**congredī**, congredior, congressus sum	kämpfen, zusammenstoßen
12	**domī** *Adv.*	zu Hause; in der Heimat
	→ domus, -ūs *f*	Haus
	invidia, -ae *f*	Neid, Anfeindung

→ S. 234 Die WERKSTATT und andere Hilfsmittel

Aufgaben: Wortschatz

1 Wiederhole folgende Wörter:

verus | dubitare | gens | virtus | superare | cedere | cuncti | discedere | superior | unus

2 Gib die im Zusammenhang passende Bedeutung an: (Z. 7)

Hannibal officium **praestat**. | Hannibal multis imperatoribus virtute **praestat**.

3 Erschließe die Bedeutung: (Z. 9)

fortitudo, -inis *f*: Romani fortes sunt. Fortitudo Romanorum magna est.

4 Ordne den Verben die passende Bedeutung zu und begründe deine Zuordnung:

antecedere (Z. 8) | devincere (Z. 14)

zunichte machen | übertreffen

5 Erschließe eine passende Wiedergabe: (Z. 11)

Hannibal victor e proelio discessit: Hannibal **superior discessit**.

Aufgaben: Grammatik

6 **Ablativfunktionen.** Der Ablativ steht in manchen Zusammenhängen auf die Frage „worin?", „in welcher Hinsicht?" (Ablativ der Hinsicht oder *Ablativus respectūs*). Übersetze und gib den Ablativ der Hinsicht an: (Z. 2–9)

Hannibal ...
a ... ceteros imperatores virtute superat.
b ... ceteris imperatoribus virtute praestat.
c ... ceteros imperatores virtute antecedit.

7 **Kurzformen.** Beim v-Perfekt treten häufig Kurzformen auf. Beschreibe und bestimme die Form: (Z. 5)

superarit

Der Schwur des Hannibal Hann. 2.3–6

Lernwortschatz

3	**hostia**, -ae *f*	Opfertier, Schlachtopfer
4	**immolāre**	opfern
13	**simul** *Adv.*	gleichzeitig, zugleich
14	**sacrificāre**	opfern
	→ sacer; facere	
15	**removēre**,	entfernen, wegschaffen
	removeō,	
	remōvī,	
	remōtum	
	→ movēre	bewegen; erregen

Aufgaben: Wortschatz

1 Wiederhole folgende Wörter:

proficisci | conficere | velle | castra | petere | incipere | ducere | fidem dare | postulare | ara | iurare | aetas | (non) debere

2 Erschließe die Bedeutung: (Z. 5)

Deis immolare est **res divina**.

→ Fortsetzung s. nächste Seite

→ S. 234 Die WERKSTATT und andere Hilfsmittel

17 **iūs iūrandum**,   Eid, Schwur
iūris iūrandī *n*
ūsque ad *m. Akk.*   bis (zu)
19 **dubius**, -a, -um   zweifelhaft, ungewiss
→ dubitāre   zweifeln, zögern
20 **quīn** *m. Konj.*   dass nicht;
nach verneinten
Ausdrücken des
Zweifelns dass
dubium nōn est,   es ist gewiss, dass
quīn
reliquus, -a, -um   übrig
→ relinquere,   verlassen, zurücklassen
relinquō,
relīquī,
relictum

3 Gib die im Zusammenhang passende
Bedeutung an:

a Pater aliquid ab Hannibale **quaesivit**. (Z. 6)
b Pater Hannibalis apud aram sacrificare **instituit**. (Z. 14)
c Hannibal ad patrem: „Non **dubito** tibi parere. **Nemini dubium est**, **quin** tu imperator fortis sis." (Z. 19 f.)

4 Erschließe eine passende Wiedergabe:

a Pater Hannibali: „Veni mecum!" Hannibal: „Hoc **libenter accipio**." (Z. 8)
b Hannibal numquam **in amicitia cum Romanis fuit**. (Z. 16)
c Etiam hodie Hannibal omnibus notus (*bekannt*) est: **Usque ad hanc aetatem** Hannibal omnibus notus est. (Z. 17)
d Hannibal ad patrem: „Nunc tibi pareo. Etiam **reliquo tempore** tibi semper parebo." (Z. 20)

Aufgaben: Grammatik

5 **Wortstellung.** Manchmal stehen Subjunktionen nicht zu Beginn eines Nebensatzes. Das kann drei Gründe haben:
I. *Relativer Satzanschluss:* Vor der Subjunktion steht das Relativpronomen.
II. *Das Subjekt von Haupt- und Nebensatz ist dasselbe:* Vor der Subjunktion steht das gemeinsame Subjekt.
III. *Stilistische Gründe:* Vor der Subjunktion stehen Begriffe, die betont werden sollen.
Bei der Übersetzung ins Deutsche ist es nötig, die Subjunktion vorzuziehen. Begründe die Stellung der Subjunktion und übersetze:

a Hannibal cum a patre vocatus esset, statim venit.
b Pater Hannibalis Iovi immolavit. Quae res dum conficiebatur, Hannibal tacebat. (Z. 3 ff.)
c Pater: „Veni mecum!" Id cum Hannibal accepisset, pater gaudebat. (Z. 8)

6 **Partizip Futur von *esse*.** Übersetze und gib die Funktion des Partizips Futur an.

a Hannibal dixit se semper fortem **futurum esse** (= **fore**). (Z. 16).
b Pater Hannibali: „Non dubito, quin semper fortis **futurus sis**." (Z. 20)

→ S. 234 Die WERKSTATT und andere Hilfsmittel

Der Marsch über die Alpen Hann. 3.2–3

Lernwortschatz

2	**proximus**, -a, -um	der nächste
3	**subigere**, subigō, subēgī, subāctum	bezwingen, unterwerfen
	→ agere	tun; handeln
4	**expūgnāre**	erobern
	→ pūgnāre	kämpfen
5	**comparāre**	(vor)bereiten, beschaffen; vergleichen
	→ parāre	(vor)bereiten; erwerben
	alter, altera, alterum, (*Gen.* alterīus, *Dat.* alterī)	der eine (von beiden); der andere
8	**incola**, -ae *m*	Einwohner, Bewohner
	→ colere, colō, coluī, cultum	bebauen; pflegen; verehren
	cōnflīgere, cōnflīgō, cōnflīxī, cōnflīctum	zusammentreffen, zusammenstoßen
12	**praeter** *m. Akk.*	ausgenommen, außer
14	**mūnīre**, mūniō, mūnīvī, mūnītum	befestigen, bauen; schützen
15	**quā**	wie; wo
	eā (viā) ..., quā ...	dort ..., wo ...

Aufgaben: Wortschatz

1 Wiederhole folgende Wörter:

gens | vis | exercitus | relinquere | ducere | transire | iter | dimittere | umquam | appellare | conari | prohibere | efficere | copia (*Sg. und Pl.*)

2 Erschließe die Bedeutung:

a transitus, -us *m* (Z.14)
b elephantus, -i *m* (Z.15)
c traducere, -duco, -duxi, -ductum (Z.17)

3 Gib die im Zusammenhang passende Bedeutung an: (Z.4 f.)

Hannibal tres exercitus **comparavit**.

4 Erschließe eine passende Wiedergabe:

a Hannibal cum exercitu in Italiam **iter fecit**. (Z.8)
b Hannibal omnes vicit: **neminem nisi victum dimisit**. (Z.8 f.)

Aufgaben: Grammatik

5 Wortstellung. Manchmal stehen Subjunktionen nicht zu Beginn eines Nebensatzes. Übersetze folgenden Satz über Hannibal:

Ad Alpes postquam venit, Alpicos (*Alpici, -orum: die Alpenbewohner*) eum transitu prohibere conantes occidit. (Z.10 f.)

6 Kurzformen. Beim v-Perfekt treten häufig Kurzformen auf. Beschreibe und bestimme die Formen: (Z.14)

munieram – muniit

→ S.234 Die WERKSTATT und andere Hilfsmittel

Hannibals größter Sieg Hann. 4.1–4

Lernwortschatz

1	**cōnflīgere**, cōnflīgō, cōnflīxī, cōnflīctum	zusammentreffen, zusammenstoßen
4	**inde** *Adv.*	von dort; deshalb
	→ deinde *Adv.*	dann, daraufhin
	fugāre	vertreiben
	→ fuga, -ae *f*	Flucht
	→ fugere, fugiō, fūgī, –	fliehen
6	**adversus** *m. Akk.*	gegen, gegenüber; *Adv.* entgegen
9	**adeō**	so sehr
	morbus, -ī *m*	Krankheit
10	**dexter**, dext(e)ra, dext(e)rum	rechts
11	**valētūdō**, -inis *f*	das Befinden; die Gesundheit, die Krankheit
	→ valēre	gesund sein
14	**multō**	viel, um vieles
	multō post	viel später
15	**praetor**, -ōris *m*	der Prätor
	dēligere, dēligō, dēlēgī, dēlēctum	wählen, auswählen
	→ legere	lesen; sammeln
16	**occupāre**	besetzen, einnehmen
17	**obviam**	entgegen
	→ via, -ae *f*	Weg, Straße
20	**aliquot**	einige, manche

Aufgaben: Wortschatz

1 Wiederhole folgende Wörter:

> pellere | idem | decernere | dimittere | uterque | transire | petere | iter | aequus | uti | ferre | exercitus | insidiae | occidere | manus | superior

2 Erschließe die Bedeutung:

> **a** **collega**, -ae *m* (Z. 5)
> **b** **circum-venire**: Milites urbem circumventam expugnant. (Z. 14)

3 Gib die im Zusammenhang passende Bedeutung an:

> **a** Hannibal cum exercitu Alpes **petivit**. (Z. 8)
> **b** Imperator cum delecta **manu** militum hostes pepulit. (Z. 15)

4 Erschließe eine passende Wiedergabe:

> **a** **Morbo** gravi **affectus sum**. Qua **valetudine** maxime **premor**. (Z. 9 ff.)
> **b** **Oculo** dextro **aeque bene utor** ac (*wie*) oculo sinistro (*sinister, -tra, -trum: links*). (Z. 10 f.)
> **c** Hannibal hostes **insidiis circumvenit**. (Z. 14)
> **d** Multi occisi sunt, **in his** Cn. Servilius Geminus. (Z. 21)
> **e** Cn. Servilius Geminus **superiore anno** consul fuerat. (Z. 21 f.)

Aufgaben: Grammatik

5 **Orts- und Richtungsangaben: Wo? Wohin? Woher?** Gib an, auf welche Frage die Form des jeweiligen Ortssubstantivs antwortet: (Z. 2 f.)

> **a** **Roma**, -ae / **Corinthus**, -i: Rom**am**/Corinth**um** propero. | Rom**ae**/Corinth**i** sum. | Rom**a**/Corinth**o** abeo.
> **b** **Karthago, -inis**: Karthagin**em** propero. | Karthagin**e** sum. | Karthagin**e** abeo.

6 **Wortstellung.** Im Lateinischen werden Begriffe oft durch eine besondere Stellung im Satz hervorgehoben. Beschreibe die Besonderheit der Wortstellung und deren Wirkung. Übersetze: (Z. 9 f.)

> Gravi morbo affectus sum oculorum.

→ S. 234 Die WERKSTATT und andere Hilfsmittel

Rom in Gefahr! Oder? Hann. 5.1–4

Lernwortschatz

2	**propinquus**, -a, -um *m. Dat.*	benachbart, angrenzend (an)
3	**aliquot**	einige, manche
4	**dictātor**, -ōris *m*	Diktator (*Feldherr mit außerordentlichen Befugnissen*)
5	**iacere**, iaciō, iēcī, iactum	werfen, schleudern
	→ **obicere**, obiciō, obiēcī, obiectum	entgegenstellen, darbieten; vorwerfen
	→ **inicere**, iniciō, iniēcī, iniectum	hineinwerfen; einflößen
6	**angustiae**, -ārum *f Pl.*	Enge; Engstelle
	ūllus, -a, -um (*Gen. Sg.* ūllīus, *Dat. Sg.* ūllī)	irgendeiner
8	**callidus**, -a, -um	klug, listig
9	**namque**	denn, nämlich
	cornu, -ūs *n*	Horn; Heerflügel
13	**ēgredī**, ēgredior, ēgressus sum	herausgehen
14	**extrā** *m. Akk.*	außerhalb
	vallum, -ī *n*	Wall, Verschanzung
18	**aciēs**, aciēī *f*	Schärfe; Scharfsinn; Schlachtreihe
	adversus *m. Akk.*	gegen, gegenüber; *Adv.* entgegen
	post *m. Akk.*	nach; hinter; *Adv.* später, danach

Aufgaben: Wortschatz

1 Wiederhole folgende Wörter:

proficisci | resistere | mons | morari | castra | reverti | locus | noctu | incendere | genus | audere | intellegere | quantus

2 Wähle zu folgenden Wörtern die passende Bedeutung aus und begründe deine Wahl:

a immittere, -mitto, -misi, -missum (Z. 12)
b visus, -us *m* (Z. 12)
c enumerare (Z. 15)

hineinschicken; loslassen | wegschicken | der Überblick | aufzählen | das Sehen; der Anblick

3 Erschließe eine passende Wiedergabe:

a Milites Romani **se** exercitui Hannibalis **obiciunt**. (Z. 5) | Hannibal cum magno exercitu Romanos petit. **Hoc obiecto visu** Romani perterrentur. (Z. 12)
b Hannibal Romanis **terrorem inicit**. (Z. 13)
c Non multum de Hannibale dicam. **Hoc unum satis erit dictum**: Imperator fortissimus fuit. (Z. 15 f.)
d Hannibal omnes vicit. **Ex eo intellegi potest**, quam fortis fuerit. (Z. 16)
e Exercitus in campo (*auf freiem Gelände*) **castra ponit**. (Z. 19)

Aufgaben: Grammatik

4 **Ablativus absolutus.** Übersetze die Ablativi absoluti mit einem Präpositionalausdruck (bei (a) und (c) kann auf eine Wiedergabe des PPP verzichtet werden):

a hac pugna pugnata (Z. 1)
b nullo resistente (Z. 1 f.)
c hoc visu obiecto (Z. 12)

5 **Orts- und Richtungsangaben: Wo? Wohin? Woher?** Gib an, auf welche Frage die Form des jeweiligen Ortssubstantivs antwortet: (Z. 1–5)

a **Roma**, -ae/**Corinthus**, -i: Rom**am**/ Corinth**um** propero. | Rom**ae**/Corinth**i** sum. | Rom**a**/Corinth**o** abeo.
b **Karthago**, -**inis**: Karthagin**em** propero. | Karthagin**e** sum. | Karthagin**e** abeo.

→ S. 234 Die WERKSTATT und andere Hilfsmittel

Die Schlacht von Zama Hann. 6.1–7.1

Lernwortschatz

2	**adversus** *m. Akk.*	gegen, gegenüber;
		Adv. entgegen
4	**fugāre**	vertreiben
	→fuga, -ae *f*	Flucht
	→fugere, fugiō, fūgī, –	fliehen
5	**facultās**, -ātis *f*	Möglichkeit, Fähigkeit
6	**quō** (= ut eō)	damit umso
	m. Kompara-tiv u. Konj.	
	quō facilius	damit umso leichter
7	**congredī**,	kämpfen,
	congredior,	zusammenstoßen
	congressus	
	sum	
9	**post** *m. Akk.*	nach; hinter;
		Adv. später, danach
	factum, -ī *n*	Tat
	→facere, faciō, fēcī, factum	machen, tun
10	**cōnflīgere**,	zusammentreffen,
	cōnflīgō,	zusammenstoßen
	cōnflīxī,	
	cōnflīctum	
12	**circiter** *Adv.*	ungefähr, um

Aufgaben: Wortschatz

1 Wiederhole folgende Wörter:

hinc | patria | bellum | gerere | componere | loqui | convenire | condicio | pauci | pellere | duo

2 Erschließe die Bedeutung:

a **invictus**, -a, -um (Z.1)
b **revocare** (Z.1)
c **colloquium**, -i *n* (Z.7)

3 Erschließe eine passende Wiedergabe:

a Imperatores in Hispaniam convenerunt, **iterum** in Italiam, **tertio** in Africam. (Z. 3 f.)
b Imperatores **in colloquium** de pace **conveniunt**. | Sed condiciones pacis non **conveniunt**. (Z. 7 f.)

Aufgaben: Grammatik

4 **Kurzformen.** Beim v-Perfekt treten häufig Kurzformen auf. Beschreibe und bestimme die Formen: (Z. 4)

fugarat | fugarunt

5 **Längenangaben.** Übersetze den Satz mithilfe des oberen Kastens: (Z. 12)

pes (Fuß) ≈ 30 cm;
passus (Doppelschritt) (= 5 pedes) ≈ 1,5 m;
mille passus (Meile) (= 5000 pedes) ≈ 1,5 km
(Plural: *milia passuum*)

Hadrumetum **trecenta milia passuum** abest a Zama.

→ S. 234 Die WERKSTATT und andere Hilfsmittel

Das zweite Leben Hannibals Hann. 7.4–7

Lernwortschatz

1	**domum**	heim, nach Hause
4	**magistrātus**, -ūs *m*	Amt, Behörde; Beamter
	dīligentia, -ae *f*	Sorgfalt
	→ **dīligēns**, -entis	sorgfältig
6	**namque**	denn, nämlich
	sōlum	nur
	nōn sōlum ..., sed etiam	nicht nur..., sondern auch
8	**foedus**, -eris *n*	Bund, Verbindung, Vertrag
9	**superesse**, supersum, superfuī	übrig sein; überleben
10	**post** *m. Akk.*	nach; hinter; *Adv.* später, danach
11	**ratus** *m. AcI*	in der Meinung, dass
	→ **rērī**, reor, ratus sum	glauben, meinen
12	**grātiā** *nach Genitiv*	wegen
13	**ascendere**, ascendō, ascendī, ascēnsum	besteigen, hinaufsteigen
	→ **dēscendere**	herabsteigen
	clam *Adv.*	heimlich
16	**cōnsequī**, cōnsequor, cōnsecūtus sum *m. Akk.*	folgen, erreichen
	→ **sequī**	folgen
17	**bona**, -ōrum *n Pl.*	Güter; Besitz
18	**exul**, -is	verbannt

Aufgaben: Wortschatz

1 Wiederhole folgende Wörter: (Z. 10–18)

> reri | poscere | priusquam | navis | fugere | palam | comprehendere | domus | ipse

2 Erschließe die Bedeutung:

a **revocare** (Z. 2)

b **exposcere**, -posco, -poposci: Romani a Karthaginiensibus Hannibalem ad poenam exposcunt. (Z. 12)

c **profugere**, -fugio, -fugi: Multi viri clari e patria in exilium profugerunt. (Z. 14)

d **fundamentum**, -i *n*: Omne aedificium habet fundamentum. (Z. 17)

3 Erschließe eine passende Wiedergabe:

a Imperator clam navem ascendit. Haec res brevi (*bald*) **palam facta est**. (Z. 15).

b Aedificium **a fundamentis** deletum est. (Z. 17)

c Multi viri clari a civibus **exules iudicati sunt**. (Z. 18)

Aufgaben: Grammatik

4 **Kurzformen.** Beim v-Perfekt treten häufig Kurzformen auf. Beschreibe und bestimme die Formen: (Z. 2; 17 f.)

> iudicassem | iudicarat | iudicarunt

→ Fortsetzung s. nächste Seite

→ S. 234 Die WERKSTATT und andere Hilfsmittel

5 Orts- und Richtungsangaben: Wo? Wohin? Woher? Gib an, auf welche Frage die Form des jeweiligen Ortssubstantivs antwortet: (Z. 10 f.)

a Roma, -ae/**Corinthus**, -i: Rom**am**/Corinth**um** propero. | Rom**ae**/Corinth**i** sum. | Rom**a**/Corinth**o** abeo.

b Karthago, -inis: Karthagin**em** propero. | Karthagin**e** sum. | Karthagin**e** abeo.

6 Attributives Gerundiv. Übersetze: (Z. 12)

a Milites missi sunt ...
... ad hostem comprehendendum /
... hostis comprehendendi gratia.

b Hostis e proelio fugerat ...
... ad se servandum /
... sui servandi gratia.

7 Ellipse. Bei folgenden zusammengesetzten Formen wird *esse* manchmal ausgelassen: *laudatum, -am esse – laudaturum, -am esse – laudandum, -am esse.* Dieses Phänomen heißt „Ellipse". Übersetze: (Z. 12)

Imperator dixit se navem ascensurum. | Imperator sibi navem ascendendam ratus est. | Navem ab imperatore ascensam audivimus.

8 Konjunktivischer Relativsatz (finaler Sinn). Übersetze: (Z. 15 f.)

Milites missi sunt, qui hostem comprehenderent.

Hannibals letzte Kriegslist Hann. 10.4–11.7

Lernwortschatz

1	**quam** *vor Superl.*	möglichst
	quam plūrimī, -ae, -a	möglichst viele
	vās, vāsis *n; Pl.* vāsa, vāsōrum	Gefäß
2	**conicere**, coniciō, coniēcī, coniectum	(zusammen)werfen, schleudern; vermuten
3	**praecipere**, praecipiō, praecēpī, praeceptum	vorschreiben, lehren
	→ **praeceptum**, -ī *n*	Vorschrift, Lehre
4	**concurrere**, concurrō, concurrī, concursum	zusammenlaufen (*bei Schiffen*) gemeinsam (wohin) fahren
	→ currere	laufen, rennen

→ S. 234 Die WERKSTATT und andere Hilfsmittel

5	**cōnsequī,** cōnsequor, cōnsecūtus sum *m. Akk.*	folgen, erreichen
	→ sequī	folgen
6	**ūniversus, -a, -um**	all, ganz, sämtlich
7	**fugā salūtem petere**	sein Heil in der Flucht suchen
8	**reliquus, -a, -um**	übrig
	→ relinquere, relinquō, relīquī, relictum	verlassen, zurücklassen
	adversārius, -ī *m*	Gegner
9	**suprā** *Adv.*	oben
	mentiōnem facere dē *m. Abl.*	erwähnen
	iacere, iaciō, iēcī, iactum	werfen, schleudern
12	**vītāre** *m. Akk.*	meiden, vermeiden; entkommen
14	**sōlum**	nur
15	**prūdentia, -ae** *f*	Klugheit

Hannibals Tod Hann. 12.1–13.1

Lernwortschatz

3	**mentiōnem facere dē** *m. Abl.*	erwähnen
4	**dēferre,** dēferō, dētulī, dēlātum	hinbringen, melden, übertragen
	→ ferre	tragen, bringen
6	**inimīcus, -a, -um**	feindlich; *Subst.* der (persönliche) Feind
7	**dēdere,** dēdō, dēdidī, dēditum	ausliefern, übergeben
	→ dare, dō, dedī, datum	geben
8	**recūsāre**	sich weigern
9	**adversus** *m. Akk.*	gegen, gegenüber; *Adv.* entgegen
12	**mūnus, -eris** *n*	Amt, Aufgabe; Geschenk

Aufgaben: Wortschatz

1 Wiederhole folgende Wörter:

gerere | legatus | cenare | vivus | insidiae | existimare | petere | audere | fieri | postulare | ius | vereri (Z. 1–13)
domus | circumdare | num | ostendere | sentire | petere | retinere | dimittere | pristinus | virtus | consuescere | sumere | varius | quiescere (Z. 14–26)

→ S. 234 Die WERKSTATT und andere Hilfsmittel

13 **scīlicet** *Adv.*   selbstverständlich, offenbar; nämlich

15 **iānua**, -ae *f*   die Tür
    prōspicere,   Ausschau halten,
      prōspiciō,   in die Ferne schauen
      prōspexī,
      prōspectum
    → cōnspicere   sehen, erblicken

16 **appārēre**,   erscheinen, sich zeigen
      appāreō,
      appāruī, –

18 **obsidēre**,   besetzen, besetzt halten
      obsideō,
      obsēdī,
      obsessum
    → sedēre   sitzen

19 **occupāre**   besetzen, einnehmen

22 **memor**, -oris   in Erinnerung (an)
      m. Gen.
    → memoria, -ae *f*   Erinnerung, Gedächtnis

23 **venēnum**, -ī *n*   Gift

Aufgaben: Grammatik

4 **Wortstellung.** Manchmal stehen Subjunktionen nicht zu Beginn eines Nebensatzes. Bei der Übersetzung ins Deutsche ist es nötig, die Subjunktion vorzuziehen. Übersetze:

   a Imperator in urbe erat. Huc cum hostes venissent, portas claudi iussit. (Z.14)
   b Imperator in urbe erat. Quam ne hostes intrarent, portas claudi iussit. (Z.22)

5 **Ellipse.** Bei folgenden zusammengesetzten Formen wird *esse* manchmal ausgelassen: *laudatum, -am esse – laudaturum, -am esse – laudandum, -am esse*. Dieses Phänomen heißt „Ellipse". Übersetze: (Z.17–21)

   a Legati urbem ab hostibus occupatam ostenderunt.
   b Hostes urbem sibi occupandam crediderunt.
   c Hostes castra reliquerant. Id non fortuito (*zufällig*) factum imperator sensit.
   d Hostes se urbem occupaturos dixerunt.

2 Erschließe die Bedeutung:

   a **circum-ire**, -eo, -ii, -itum: Milites castra circumeunt: Omnes portas castrorum circumeunt. (Z.17)
   b **propere** *Adv.*: Imperator ad legatos: „Properate! Venite propere!" (Z.17)
   c **renuntiare**: Imperator ad legatos: „Properate et mihi renuntiate, quid videritis!" (Z.19)
   d **exitus**, -us *m*: Ubi est exitus aedificii? (Z.19)

3 Erschließe eine passende Wiedergabe:

   a Imperator ad legatos: „Properate et mihi renuntiate, **quid sit**." (Z.19)
   b Philosophus: „Si servari non possum, **vitam** non **retinebo**, sed **dimittam**." (Z.21)
   c Imperator milites, **quos secum habere consueverat**, dimisit. (Z.23)

6 **Sonderformen.** Manchmal endet der Akkusativ Plural der 3. Deklination statt auf *-es* auf *-is*. Zeige dies an folgendem Satz und übersetze: (Z.19)

   Legati dixerunt omnis exitus urbis ab hostibus occupatos esse.

7 **Kurzformen.** Beim v-Perfekt treten häufig Kurzformen auf. Beschreibe und bestimme die Formen (Z.19; 23):

   renuntiasset | consuerat

→ S. 234 Die WERKSTATT und andere Hilfsmittel

Gaius Iulius Caesar

Caesars skrupelloser Weg an die Macht   Sueton, Div. Iul. 19–20

Lernwortschatz

3	**posterus**, -a, -um	der nachfolgende, der nächste
6	**levis**, -e	leicht; unbedeutend, leichtfertig
7	**abdere**, abdō, abdidī, abditum	verstecken, verbergen
	→ dare, dō, dedī, datum	geben
10	**administrāre**	verwalten, lenken
12	**vulgō** *Adv.*	massenhaft, allgemein
	versus, -ūs *m*	Gedichtzeile, Vers

Iacta alea est!   Sueton, Div. Iul. 31–32

Lernwortschatz

1	**flūmen**, -inis *n*	Fluss
2	**paulum**	ein wenig, ein bisschen
	quantum *Adv.*	wie viel, wie sehr
3	**proximus**, -a, -um	der nächste
5	**cūnctārī**, cūnctor, cūnctātus sum	zögern
7	**appārēre**, appāreō, appāruī, –	erscheinen, sich zeigen
	canere, canō, cecinī, –	singen, besingen; *m. Abl.* (auf einem Instrument) spielen
8	**praeter** *m. Akk.*	ausgenommen, außer
9	**concurrere**, concurrō, concurrī, concursum	zusammenlaufen
	→ currere	laufen
10	**spīritus**, -ūs *m*	Atem; Seele, Geist

11	**alter**, altera, alterum, (*Gen.* alterīus, *Dat.* alterī)	der eine (von beiden); der andere
	rīpa, -ae *f*	Ufer
12	**inimīcus**, -a, -um	feindlich; *Subst.* der (persönliche) Feind
13	**iacere**, iaciō, iēcī, iactum	werfen, schleudern
	ālea, -ae *f*	Würfel

Veni, vidi, vici. Sueton, Div. Iul. 37

Lernwortschatz

4	**proximus**, -a, -um	der nächste
6	**praeferre**, praeferō, praetulī, praelātum	vor sich her tragen; vorziehen; zeigen
	→ ferre	tragen, bringen

Caesars Ermordung Sueton, Div. Iul. 82

Lernwortschatz

3	**quasi** *Adv.*	wie wenn, als ob; gleichwie; gewissermaßen
4	**differre**, differō, distulī, dīlātum	aufschieben; sich unterscheiden
	differre in alium diem	auf einen anderen Tag verschieben
	differre *m. Abl.*	sich (in etw.) unterscheiden
	→ ferre	tragen, bringen
5	**toga**, -ae *f*	Toga, Obergewand
7	**vulnerāre**	verwunden
	→ vulnus, -eris *n*	Wunde
	paulum	ein wenig, ein bisschen
	īnfrā *m. Akk.*	unterhalb
8	**arripere**, arripiō, arripuī, arreptum	an sich reißen, gewaltsam ergreifen
	→ rapere	rauben

11	**simul** *Adv.*	gleichzeitig, zugleich
	sinus, -ūs *m*	Brust; Tasche, Gewandbausch; Bucht; Krümmung
12	**quō** (= ut eō) *m. Kompara- tiv u. Konj.*	damit umso
	quō facilius	damit umso leichter
	īnferior, -ius	der untere, der niedriger gelegene
15	**ictus**, -ūs *m*	Hieb, Stoß
	ēdere, ēdō, ēdidī, ēditum	herausgeben; äußern; gebären
	→ dare, dō, dedī, datum	geben
19	**impōnere**, impōnō, imposuī, impositum	(auf etw.) stellen, legen; auferlegen
	lectō impōnere	auf das Bett legen
	→ pōnere	setzen, stellen, legen
20	**domum**	heim, nach Hause
	→ domus, -ūs *f*	Haus
21	**ūllus**, -a, -um (*Gen. Sg.* ūllīus, *Dat. Sg.* ūllī)	irgendeiner

Caesar – Götterspross und zweiter Alexander Vell. Pat., Hist. 2.41

Lernwortschatz

1	**gīgnere**, gīgnō, genuī, genitum	(er)zeugen, gebären, hervorbringen
3	**vigor**, -ōris *m*	Lebenskraft, Energie
4	**super** *m. Akk.*	über, oberhalb
5	**ēvehī**, ēvehor, ēvectus sum	überschreiten
6	**celeritās**, -ātis *f*	Schnelligkeit
	patientia, -ae *f*	Ertragen; Geduld; Fähigkeit, etwas zu ertragen
8	**similis**, -e	ähnlich

Caesar: De bello Gallico

Das Prooemium BG 1.1

Lernwortschatz

1	**dīvidere**, dīvidō, dīvīsī, dīvīsum	teilen, trennen
	incolere, incolō, incoluī, incultum	wohnen, bewohnen
	→ colere	bebauen; pflegen; verehren
	→ cultus, -ūs *m*	Pflege; Verehrung; Lebensweise
3	**īnstitūtum**, -ī *n*	Einrichtung; Sitte, Brauch; Anordnung
	→ īnstituere, īnstituō, īnstituī, īnstitūtum	einrichten; unterrichten; beschließen
	→ statuere	aufstellen; festsetzen, beschließen
4	**differre**, differō, distulī, dīlātum	aufschieben; sich unterscheiden
	differre in alium diem	auf einen anderen Tag verschieben
	differre *m. Abl.*	sich (in etw.) unterscheiden
	→ ferre	tragen, bringen
	flūmen, -inis *n*	Fluss
7	**proptereā quod**	deswegen weil
	hūmānitās, -ātis *f*	Menschlichkeit; Zivilisation; Bildung
	→ hūmānus, -a, -um	menschlich; gebildet
	→ homō, -inis *m*	der Mensch
8	**longus**, -a, -um	lang; weit

Aufgaben: Wortschatz

1 Wiederhole folgende Wörter:

ipse | lex | hic (*Deklination*) | abesse | (bellum) gerere | fere | proelium | contendere | finis (*Sg. und Pl.*) | prohibere

2 Erschließe die Bedeutung: (Z. 11)

importare: Mercatores multas res ex Italia important.

3 Gib die im Zusammenhang passende Bedeutung an und übersetze:

a Galli se **ipsi** Celtas appellant: Galli **ipsorum** lingua Celtae appellantur. (Z. 2)
b Belgae a provincia Romana longissime **absunt**. (Z. 8)
c Germani Gallos virtute **praecedunt**. (Z. 15)
d Germani cum Gallis saepe **proeliis contendunt**. (Z. 16)
e Galli Germanos (a) suis **finibus** prohibere volunt. Galli in **finibus** Germanorum bellum gerunt. (Z. 17 f.)

Aufgaben: Grammatik

4 Relativpronomen.
a Gib zu den Relativpronomina KNG sowie das Bezugswort an.
b Übersetze: (Z. 1 ff.)

Galli cum Germanis, qui trans Rhenum incolunt, bellum gerunt. (Z. 1; 14)
Germani ea, quae ad augendam virtutem pertinent, laudant. (Z. 10)
Germani, quibuscum Galli bella gerunt, trans Rhenum incolunt. Germani, quorum multi saepe cum Gallis bellum gerunt, trans Rhenum incolunt. (Z. 14)

→ S. 234 Die WERKSTATT und andere Hilfsmittel

10	**pertinēre**, pertineō, pertinuī (ad) *m. Akk.*	betreffen, gehören (zu), sich erstrecken (bis)
	pertinēre ad flūmen	sich bis zum Fluss erstrecken
	pertinēre ad bellum	mit dem Krieg zu tun haben
	pertinēre ad augendam hūmānitātem	zur Vermehrung der Bildung beitragen
12	**proximus**, -a, -um	der nächste
15	**quā dē causā**	aus diesem Grund, deswegen
	reliquus, -a, -um	übrig
	→ relinquere, relinquō, relīquī, relictum	verlassen, zurücklassen
	praecēdere, praecēdō, praecessī, praecessum	vorausgehen, vorangehen; übertreffen
	→ cēdere	(weg)gehen, weichen

Der Plan BG 1.2

Lernwortschatz

1	**longus**, -a, -um	lang; weit
	longē	bei weitem
	beim Superl.	
3	**indūcere**, indūcō,	(hin)einführen, verleiten,
	indūxī,	veranlassen
	inductum	
	amōre inductus	aus Liebe
	coniūrātiō, -ōnis	Verschwörung
	f	
	nōbilitās, -ātis *f*	Adel
	→ nōbilis, -e	
5	**perfacilis**, -e	sehr leicht
	→ facilis, -e	leicht
	→ facere, faciō,	machen, tun
	fēcī, factum	
	→ afficere	(mit etw.) versehen
	→ cōnficere	anfertigen, vollenden;
		vernichten
	→ perficere	vollenden, zustande
		bringen; bewirken
6	**potīrī**, potior,	in seine Gewalt
	potītus sum	bekommen, sich (einer
	m. Abl.	Sache) bemächtigen
9	**flūmen**, -inis *n*	Fluss
	lātus, -a, -um	weit, breit, ausgedehnt
10	**dīvidere**, dīvidō,	teilen, trennen
	dīvīsī,	
	dīvīsum	
11	**alter**, altera,	der eine (von beiden);
	alterum,	der andere
	(*Gen.* alterīus,	
	Dat. alterī)	
	alterī ..., alterī	die einen ..., die anderen
13	**lacus**, -ūs *m*	See
16	**fīnitimus**, -a,	benachbart;
	-um	*Subst.* Nachbar
	→ fīnis, -is *m*	Grenze; *Pl.* Gebiet
17	**quā dē causā**	aus diesem Grund,
		deswegen
19	**angustus**, -a,	eng, schwierig
	-um	

Aufgaben: Wortschatz

1 Wiederhole folgende Wörter und Ausdrücke:

> apud | cupidus regni | cupiditas regni | persuadere | copia (*Sg. und Pl.*) | (se) praestare | pars | ager | continere | minus | bellum inferre | dolore afficere/affici | pro (*m. Abl.*) | arbitrari

2 Erschließe die Bedeutung:

a **bellare**: Helvetii cum hostibus saepe bellant. (Z. 17)

b **fortitudo**, -inis *f*: Helvetii fortes sunt. Fortitudo Helvetiorum magna est. (Z. 19)

3 Gib die im Zusammenhang passende Bedeutung an und übersetze:

a Milites officium **praestant**. | Helvetii se fortes **praestant**. | Helvetii aliis gentibus virtute **praestant**. (Z. 5)

b Helvetii fines angustos habent: Undique Helvetii montibus et fluminibus **continentur**. **Loci naturā** Helvetii continentur. (Z. 7 f.)

c Helvetii una ex **parte** montibus, altera ex **parte** fluminibus continentur. (Z. 9)

d Caesar **pro** castris sedet. | Helvetii **pro** multitudine hominum fines angustos habent. (Z. 18)

→ S. 234 Die WERKSTATT und andere Hilfsmittel

Aufgaben: Grammatik

4 Steigerung der Adjektive und Adverbien.

a Bestimme die Steigerungsformen und übersetze sie entsprechend.

b Gib – wo passend – die Superlative mit „sehr" bzw. „äußerst", die Komparative mit „zu" oder „ziemlich" wieder:

flumen latissimum et altissimum |
Helvetiis oratione facilius persuadere |
vir divitissimus et nobilissimus Helvetiorum |
facile est flumen parvum transire |
minus facile est flumen maius transire |
flumen latius et altius | montes altiores |
late vagari *(vagari: umherziehen)*

5 Oratio obliqua (→ S. 236, A 1–2). Übersetze: (Z. 5 f.)

Caesar de Belgis scripsit. Illos fortissimos omnium Gallorum esse, propterea quod a provincia longissime abessent.

Die Vorbereitungen BG 1.3

Lernwortschatz

1	**permovēre**, permoveō, permōvī, permōtum	veranlassen; rühren; beunruhigen
	→ movēre	bewegen, erregen
2	**pertinēre**, pertineō, pertinuī (ad) *m. Akk.*	betreffen, gehören (zu), sich erstrecken (bis)
	pertinēre ad flūmen	sich bis zum Fluss erstrecken
	pertinēre ad bellum	mit dem Krieg zu tun haben
	pertinēre ad augendam hūmānitātem	zur Vermehrung der Bildung beitragen
3	**comparāre**	(vor)bereiten, beschaffen; vergleichen
	→ parāre	(vor)bereiten; erwerben
	carrus, -ī *m*	Wagen
	quam *vor Superl.*	möglichst
	quam maximus	möglichst groß
4	**numerus**, -ī *m*	Zahl, Anzahl

→ S. 234 Die WERKSTATT und andere Hilfsmittel

5	**frūmentum**, -ī *n*	Getreide
	proximus, -a, -um	der nächste
9	**dēligere**, dēligō, dēlēgī, dēlēctum	wählen, auswählen
	→ legere	lesen; sammeln
	lēgātiō, -ōnis *f*	Gesandtschaft
	→ lēgātus, -ī *m*	Gesandter; Legat
13	**obtinēre**, obtineō, obtinuī, obtentum	innehaben, besetzt halten
	→ tenēre	haben, halten
14	**occupāre**	besetzen, einnehmen
15	**item** *Adv.*	ebenso, in gleicher Weise
16	**prīncipātus**, -ūs *m*	erste Stelle; Herrschaft; Befehlsgewalt
18	**mātrimōnium**, -ī *n*	Ehe
	→ māter, -tris *f*	Mutter
19	**perfacilis**, -e	sehr leicht
	→ facilis, -e	leicht
	proptereā quod	deswegen weil
21	**dubius**, -a, -um	zweifelhaft, ungewiss
	→ dubitāre	zweifeln, zögern
	quīn *m. Konj.*	dass nicht; *nach verneinten Ausdrücken des Zweifelns* dass
	dubium nōn est, quīn	es ist gewiss, dass
22	**conciliāre**	gewinnen; versöhnen
24	**iūs iūrandum**, iūris iūrandī *n*	Eid, Schwur
25	**potēns**, -entis	mächtig, stark
	→ posse, possum, potuī	können
26	**sēsē** (*verstärktes sē*)	sich
	potīrī, potior, potītus sum *m. Abl.*	in seine Gewalt bekommen, sich (einer Sache) bemächtigen

Die Lage BG 1.6

Lernwortschatz

1	**domō**	von zu Hause
	→ domus, -ūs *f*	Haus
	→ domī	zu Hause
2	**angustus**, -a, -um	eng, schwierig
3	**flūmen**, -inis *n*	Fluss
	quā	wie; wo
	eā (viā) …, quā …	dort …, wo …
	singulus, -a, -um	je ein, jeder einzelne
	carrus, -ī *m*	Wagen
5	**alter**, altera, alterum, (*Gen.* alterīus, *Dat.* alterī)	der eine (von beiden); der andere
	alterī …, alterī	die einen …, die anderen
	multō	viel, um vieles
	multō post	viel später
6	**proptereā quod**	deswegen weil
7	**pācāre**	beruhigen; unterwerfen
	→ pāx, pācis *f*	Frieden
	fluere, fluō, flūxī, –	fließen
	→ flūmen, -inis *n*	Fluss
8	**extrēmus**, -a, -um	der äußerste, entfernteste
9	**proximus**, -a, -um	der nächste
10	**pōns**, pontis *m*	Brücke
	pertinēre, pertineō, pertinuī (ad) *m. Akk.*	betreffen, gehören (zu), sich erstrecken (bis)
	pertinēre ad flūmen	sich bis zum Fluss erstrecken
	pertinēre ad bellum	mit dem Krieg zu tun haben
	pertinēre ad augendam hūmānitātem	zur Vermehrung der Bildung beitragen

Aufgaben: Wortschatz

1 Wiederhole folgende Wörter:

> omnino | iter | ire | exire | difficilis | facile | nuper | transire | oppidum

2 Gib eine im Zusammenhang passende Bedeutung an:

a carrum **ducere** (Z. 3)
b pons ad Helvetios **pertinet** (Z. 10)

3 **Treffend übersetzen.** Im Lateinischen wird *posse* viel seltener verwendet als „können" im Deutschen. In einigen Fällen empfiehlt es sich daher, eine Form von „können" zu ergänzen. Zeige dies an folgenden Sätzen:

a Iter tam angustum erat, ut ibi vix singuli carri ducerentur. (Z. 3)
b Flumen eo loco facile transitur. (Z. 8)

Aufgaben: Grammatik

4 **Adjektiv und Substantiv im Neutrum.**
a Wähle alle Formen aus, die Neutrum Nominativ oder Akkusativ sein können.

> difficilem | difficile | difficili | faciliorem | facilius | faciliore | proxima | proximi | proximos | altissimum | altissimo

b Wähle alle Substantive aus, die Neutrum Nominativ oder Akkusativ sind, und kombiniere sie mit mindestens einem inhaltlich passenden Adjektiv von (a). Übersetze die entstandenen Ausdrücke (Bsp.: *templum + magnum → der große Tempel*).

> oppida | fine | flumen | iter | montes | pontem

→ S. 234 Die WERKSTATT und andere Hilfsmittel

Caesar greift ein BG 1.7.3

Lernwortschatz

11	**ubī (prīmum)** *m. Ind.*	sobald
	adventus, -ūs *m*	Ankunft
	→ venīre, veniō, vēnī, ventum	kommen
	certiōrem facere *m. Akk.*	benachrichtigen
	→ certus, -a, -um	sicher, gewiss
12	**lēgātiō**, -ōnis *f*	Gesandtschaft
	→ lēgātus, -ī *m*	Gesandter; Legat
13	**obtinēre**, obtineō, obtinuī, obtentum	innehaben, besetzt halten
	→ tenēre	haben, halten
14	**ūllus**, -a, -um (*Gen. Sg.* ūllīus, *Dat. Sg.* ūllī)	irgendeiner
15	**proptereā quod**	deswegen weil

Aufgaben: Wortschatz

1 Wiederhole folgende Wörter:

legatus | nobilis | civitas | princeps | iter | rogare | voluntas

2 Erschließe die Bedeutung: (Z. 14)

male-ficium, -i *n*

3 Erschließe eine passende Wiedergabe:

a in civitate **principem locum obtinere** (Z. 13)
b Mihi **est in animo aliquid facere.** (Z. 13 f.)
c iter per provinciam **facere** (Z. 14)
d Id **tua voluntate** facio. (Z. 16)

Aufgaben: Grammatik

4 **Konjunktivischer Relativsatz (finaler Sinn).** Übersetze: (Z. 13 f.)

Helvetii legatos miserunt, qui Caesari dicerent se e patria exire velle.

5 **Oratio obliqua (→ S. 236, A 1–2, B).** Übersetze: (Z. 15 f.)

Legati Caesari dicunt: Se eum rogare, ut sibi liceat e patria exire.

Caesars Maßnahmen BG 1.8

Lernwortschatz

3	**lacus**, -ūs *m*	See
4	**flūmen**, -inis *n*	Fluss
	fluere, fluō, flūxī, –	fließen
6	**dīvidere**, dīvidō, dīvīsī, dīvīsum	teilen, trennen

Aufgaben: Wortschatz

1 Wiederhole folgende Wörter:

interea | legio | finis (*Sg. und Pl.*) | mille | opus | perficere | transire | conari | prohibere | ubi | constituere | reverti | negare | mos (*Sg. und Pl.*) | iter | vis | ostendere | iungere

→ S. 234 Die WERKSTATT und andere Hilfsmittel

8	**fossa**, -ae *f*	Graben	
9	**praesidium**, -ī *n*	(Wach-)Posten, Schutz(truppe); Hilfe	
	dispōnere, dispōnō, disposuī, dispositum	verteilen, ordnen	
	→ pōnere	setzen, stellen, legen	
	quō (= ut eō) *m. Kompara- tiv u. Konj.*	damit umso	
	quō facilius	damit umso leichter	
10	**invītus**, -a, -um	unwillig, gegen den Willen	
	sē invītō	gegen seinen Willen	
12	**ūllus**, -a, -um (*Gen. Sg.* ūllīus, *Dat. Sg.* ūllī)	irgendeiner	
17	**ratis**, -is *f*	Floß	
	complūrēs, complūra (*Pl.*); *Gen.* complūrium	mehrere	
19	**quā**	wie; wo	
	eā (viā) ..., quā ...	dort ..., wo ...	
20	**nōnnumquam** *Adv.*	manchmal	
	→ numquam	niemals	
23	**mūnītiō**, -ōnis *f*	Bau, Befestigung, Wall	
25	**tēlum**, -ī *n*	Wurfwaffe (*z. B. Lanzen, Pfeile, Schleudern*), Waffe, Geschoss	
26	**dēsistere**, dēsistō, dēstitī, – *m. Abl.*	aufhören mit, ablassen von	
	proeliō dēsistere	vom Kampf ablassen	
	→ cōnsistere	stehen bleiben; sich aufstellen	

2 Erschließe die Grundbedeutungen:

> **in-fluere** (Z. 4) | **altitudo**, -inis *f* (Z. 7). | **per-ducere** (Z. 8)

3 Erschließe eine passende Wiedergabe:

a Caesar unam legionem **secum habet**. (Z. 1)

b Milites Caesaris **murum** a lacu ad montem **perducunt**. (Z. 7 f.)

c **More et exemplo populi Romani** nemini **iter** per provinciam **datur**. (Z. 12 f.)

d Conanturne Helvetii **vim facere**? (Z. 13)

e Caesar eos prohibere conatur: Caesar conatur, **si** eos ab itinere prohibere possit. (Z. 21 f.)

f Caesar conatur, **si** Helvetios **munitione operis** ab itinere prohibeat. (Z. 21–23)

→ Fortsetzung s. nächste Seite

→ S. 234 Die WERKSTATT und andere Hilfsmittel

Aufgaben: Grammatik

4 Längenangaben. Übersetze die Ausdrücke mithilfe des oberen Kastens: (Z. 7 ff.)

pes (Fuß) ≈ 30 cm;
passus (Doppelschritt) (= 5 pedes) ≈ 1,5 m;
mille passus (Meile) (= 5000 pedes) ≈ 1,5 km
(Plural: *milia passuum*)

murum sedecim milia passuum facere |
murus in altitudinem quindecim pedum |
fossa in altitudinem pedum decem novem

5 Ellipse. Bei folgenden zusammengesetzten Formen wird *esse* manchmal ausgelassen: *laudatum, -am esse – laudaturum, -am esse – laudandum, -am esse.* Dieses Phänomen heißt „Ellipse". Übersetze: (Z. 13)

Caesar murum faciendum constituit. |
Caesar se murum facturum ostendit. |
Caesar murum a se factum scribit.

6 Partizip Perfekt. Das PPP (Partizip Perfekt Passiv) drückt aus, dass etwas *vorzeitig* (vor der Handlung des Prädikats) gemacht worden bzw. geschehen ist *(passiv)*.
Die gleiche Form beim Deponens drückt in der Regel aus, dass jemand etwas *vorzeitig* (vor der Handlung des Prädikats) getan hat *(aktiv)*. Übersetze: (Z. 15 ff.)

Legati ab Helvetiis missi ad Caesarem veniunt. | Legati cum Caesare collocuti revertuntur.

Die Not der Verbündeten BG 1.11

Lernwortschatz

1	**angustiae**, -ārum *f Pl.*	Enge; Engstelle
4	**sua**, -ōrum *n Pl.*	sein/ihr Besitz
	suī, -ōrum *m Pl.*	seine/ihre Angehörigen, Anhänger, Leute
6	**merērī**, mereor, meritus sum	verdienen
	(bene) merērī dē *m. Abl.*	sich (um etw.) verdient machen
7	**vāstāre**	verwüsten
8	**abdūcere**, abdūcō, abdūxī, abductum	wegführen, wegbringen; entführen
	expūgnāre	erobern
	→ pūgnāre	kämpfen
	nōn dēbēre	nicht dürfen
	Hoc fierī nōn dēbuit.	Das hätte nicht geschehen dürfen.

→ S. 234 Die WERKSTATT und andere Hilfsmittel

10	**certiōrem facere** *m. Akk.*	benachrichtigen
	→ certus, -a, -um	sicher, gewiss
	sēsē (*verstärktes* sē)	sich
13	**item** *Adv.*	ebenso, in gleicher Weise
	vīcus, -ī *m*	Dorf; Stadtviertel; Gasse
15	**recipere**, recipiō, recēpī, receptum	zurücknehmen, erhalten
	sē recipere	sich zurückziehen
	→ capere	fassen, fangen
	praeter *m. Akk.*	ausgenommen, außer
16	**reliquus**, -a, -um	übrig
	→ relinquere, relinquō, relīquī, relictum	verlassen, zurücklassen

Aufgaben: Wortschatz

1 Wiederhole folgende Wörter:

defendere | legatus | conspectus | exercitus | possidere | fuga | adducere | statuere | socius | consumere

2 Erschließe die Bedeutung:

a traducere, -duco, -duxi, -ductum: Caesar copias trans flumen traducit. (Z. 2)
b possessio, -onis *f*: Id, quod possidemus, est possessio nostra. (Z. 14)

3 Erschließe eine passende Wiedergabe:

a Helvetii non clam (*heimlich*), sed **in conspectu omnium** e finibus suis exeunt. (Z. 7)
b **Mihi nihil reliqui est** praeter unum agrum. (Z. 15 f.)
c **Quibus rebus adductus** Caesar bellum parat. (Z. 17)

Aufgaben: Grammatik

4 Oratio obliqua (→ S. 236, A 1–2, B). Übersetze:

Socii Caesari dicunt: Se semper ita de populo Romano meritos esse, ut nunc sine cunctatione (*ohne Bedenken*) auxilium rogent. (Z. 5 ff.)

5 Infinitiv Präsens Passiv.
a Wähle alle Formen aus, die nur Inf. Präs. Pass. sein können, und übersetze sie.
b Gib die Form an, die Inf. Präs. Pass. und Perf. Akt. sein kann, und übersetze: (Z. 6 ff.)

abduxi | abduci | expugnati | expugnari | defendendi | defendi | prohiberi | demonstravi

6 Ellipse. Bei folgenden zusammengesetzten Formen wird *esse* manchmal ausgelassen: *laudatum, -am esse – laudaturum, -am esse – laudandum, -am esse*. Dieses Phänomen heißt „Ellipse". Übersetze: (Z. 17 ff.)

Socii agros suos vastatos Caesarem certiorem faciunt. | Caesar se non expectaturum dicit. | Caesar sibi non exspectandum statuit.

→ S. 234 Die WERKSTATT und andere Hilfsmittel

Die Schlacht am Fluss Arar BG 1.12

Lernwortschatz

1	**flūmen**, -inis *n*	Fluss
	fluere, fluō, flūxī, –	fließen
3	**uter**, utra, utrum (*Gen. Sg.* utrīus, *Dat. Sg.* utrī)	welcher (von beiden)
4	**ratis**, -is *f*	Floß
5	**ubī (prīmum)** *m. Ind.*	sobald
	certiōrem facere *m. Akk.*	benachrichtigen
	→ certus, -a, -um	sicher, gewiss
7	**vērō** *Adv.*	wirklich; aber
	→ vērus, -a, -um	echt, richtig, wahr
	reliquus, -a, -um	übrig
	→ relinquere, relinquō, relīquī, relictum	verlassen, zurücklassen
8	**vigilia**, -ae *f*	Nachtwache
10	**aggredī**, aggredior, aggressus sum	angreifen; in Angriff nehmen
11	**sēsē** (*verstärktes* sē)	sich
	mandāre	übergeben, anvertrauen; auftragen
	fugae sē mandāre	fliehen
12	**proximus**, -a, -um	der nächste
	silva, -ae *f*	Wald
	abdere, abdō, abdidī, abditum	verstecken, verbergen
	→ dare, dō, dedī, datum	geben
14	**dīvidere**, dīvidō, dīvīsī, dīvīsum	teilen, trennen
	domō	von zu Hause
	→ domus, -ūs *f*	Haus
	→ domī	zu Hause

16	**seu** (*und* **sive**)	sei es, ... oder dass
	seu ... seu	entweder ... oder
17	**immortālis**, -e	unsterblich
	deī immortālēs	die unsterblichen Götter
	→ mors, mortis *f*	Tod
20	**prīvātus**, -a, -um	persönlich, privat; *Subst.* Privatmann
	ulcīscī, ulcīscor, ultus sum	sich rächen, Rache nehmen
21	**avus**, -ī *m*	Großvater

Caesar im Wortgefecht BG 1.13–14

Lernwortschatz

1	**lēgātiō**, -ōnis *f*	Gesandtschaft
	→ lēgātus, -ī *m*	Gesandter; Legat
5	**sīn**	wenn aber
	persequī, persequor, persecūtus sum	verfolgen
	→ sequī *m. Akk.*	folgen
6	**incommodum**, -ī *n*	Unannehmlichkeit, Schaden, Niederlage
10	**flūmen**, -inis *n*	Fluss
11	**suī**, -ōrum *m Pl.*	seine/ihre Angehörigen, Anhänger, Leute
12	**ob** *m. Akk.*	wegen
	aut ... aut	entweder ... oder
13	**dēspicere**, dēspiciō, dēspexī, dēspectum	herabblicken; verachten
	→ cōnspicere	sehen, erblicken
15	**nītī**, nītor, nīsus/nīxus sum *m. Abl.*	sich stützen (auf); trachten (nach), sich einsetzen (für)
41	**utī**	*Nebenform von* ut
	obses, obsidis *m/f*	Geisel
	obsidēs dare	Geiseln stellen
	obsidēs accipere	Geiseln nehmen
42	**tēstis**, -is *m/f*	Zeuge/Zeugin

Aufgaben: Wortschatz

1 Wiederhole folgende Wörter:

> princeps | pars | ire | constituere | vetus | pristinus | transire | auxilium | maiores | discere | contendere | insidiae | consistere | calamitas | instituere | consuescere

2 Erschließe die Bedeutung: (Z. 42)

> **responsum**, -i *n*: Caesar legato Helvetiorum responsum dedit.

3 Gib die im Zusammenhang passende Bedeutung an:

a Legatus Helvetiorum cum Caesare **agit**. (Z. 2)
b Legatus: Helvetii in eam **partem** ibunt et ibi erunt, ubi Caesar iubebit. (Z. 4)
c Helvetii virtute, non dolo **contendunt**. (Z. 15)

4 Erschließe eine passende Wiedergabe:

a Non bellum gerere, sed **pacem facere** volumus. (Z. 3)
b Helvetii amicis **auxilium ferunt**. (Z. 11)
c Helvetii e finibus suis exeunt. **Ob eam rem** Caesar bellum gerit. (Z. 12)

→ Fortsetzung s. nächste Seite

→ S. 234 Die WERKSTATT und andere Hilfsmittel

Aufgaben: Grammatik

5 Ellipse. Bei folgenden zusammengesetzten
Formen wird *esse* manchmal ausgelassen:
*laudatum, -am esse – laudaturum,
-am esse – laudandum, -am esse.* Dieses
Phänomen heißt „Ellipse". Übersetze: (Z. 3 ff.)

Helvetii dixerunt se in eam partem ituros et
ibi futuros, ubi Caesar iussisset.

6 Oratio obliqua (→ S. 236, A 1–3, B). Übersetze:
(Z. 3 ff.)

Legatus Helvetiorum dixit: Si Caesar bellum
vellet, se magna cum virtute pugnaturos
esse. Caesar reminisceretur (*reminisci m.
Gen.: sich erinnern an*) virtutis Helvetiorum.
Ne crederet Helvetios a Romanis superari
posse.

Das Ende des Helvetierkrieges BG 1.27–28.2

Lernwortschatz

1	**inopia**, -ae *f*	Armut, Not
	dēditiō, -ōnis *f*	Übergabe, Kapitulation
3	**prōicere**, prōiciō, prōiēcī, prōiectum	(vor)werfen, hinwerfen
	→ subicere	unterwerfen
	supplex, -icis	demütig bittend, flehend
4	**adventus**, -ūs *m*	Ankunft
	→ venīre, veniō, vēnī, ventum	kommen
5	**obses**, -idis *m/f*	Geisel
7	**conquīrere**, conquīrō, conquīsīvī, conquīsītum	zusammensuchen
	→ quaerere	suchen, fragen
	circiter *Adv.*	ungefähr, um
8	**seu** (*und* **sive**)	sei es, dass … oder dass
	seu … seu	entweder … oder
10	**indūcere**, indūcō, indūxī, inductum	(hin)einführen, verleiten, veranlassen
	amōre inductus	aus Liebe
	aut … aut	entweder … oder
11	**occultāre**	verbergen
	īgnōrāre	nicht wissen, nicht kennen
12	**ēgredī**, ēgredior, ēgressus sum	herausgehen, hinausgehen
	→ aggredī	angreifen; in Angriff nehmen

→ S. 234 Die WERKSTATT und andere Hilfsmittel

14	**ubī (prīmum)** *m. Ind.*	sobald
	utī	*Nebenform von* ut
16	**numerus**, -ī *m*	Zahl, Anzahl
	reliquus, -a, -um	übrig
	→ relinquere, relinquō, relīquī, relictum	verlassen, zurücklassen

Der Adlerträger der 10. Legion BG 4.25

Lernwortschatz

1	**cūnctārī**, cūnctor, cūnctātus sum	zögern
	propter *m. Akk.*	wegen
2	**aquila**, -ae *f*	Adler, Legionsadler
3	**ēvenīre**, ēveniō, ēvēnī, ēventum	sich ereignen, eintreten, ausgehen
	→ venīre	kommen
4	**prōdere**, prōdō, prōdidī, prōditum	verraten, ausliefern; überliefern
	→ dare, dō, dedī, datum	geben
6	**prōicere**, prōiciō, prōiēcī, prōiectum	(vor)werfen, hinwerfen
	→ subicere	unterwerfen
7	**nostrī**, -ōrum *m Pl.*	unsere Leute; die Unsrigen
	cohortārī, cohortor, cohortātus sum	anfeuern, ermutigen
	→ hortārī	ermuntern, auffordern
8	**admittere**, admittō, admīsī, admissum	zulassen, Zutritt gewähren; hinzuziehen
	→ mittere	schicken
	ūniversus, -a, -um	all, ganz, sämtlich

9	**item** *Adv.*	ebenso, in gleicher Weise
	proximus, -a, -um	der nächste
10	**appropinquāre**	näher kommen, sich nähern

Aufgaben: Wortschatz

1 Wiederhole folgende Wörter:

altus | mare | decimus | ferre | velle | (se) praestare | (officium) praestare | navis | incipere | tantus | conspicere

2 Erschließe die Bedeutung: (Z. 2)

altitudo, -inis *f*

3 Erschließe eine passende Wiedergabe:

a Ea res **mihi feliciter evenit**. (Z. 3)
b Miles **imperatori officium praestare** debet. (Z. 5)
c Miles hoc **magna voce** dicit. (Z. 6)
d Milites **inter se cohortati sunt**, **ne** fugerent. (Z. 7)

Aufgaben: Grammatik

4 **Partizipien der Deponentien.** Das **Partizip Präsens Aktiv** drückt bei allen Verben aus, dass *gleichzeitig* zur Handlung des Prädikats jemand *aktiv* etwas tut/tat. Das **Partizip Perfekt** ist *vorzeitig* zur Handlung des Prädikats; anders als das PPP der übrigen Verben, ist es beim Deponens ebenfalls *aktiv*, drückt also aus, dass jemand etwas getan hat/hatte. Übersetze:

a Ceteris militibus **cunctantibus** unus fortiter pugnavit. (Z. 1)
b Tum ceteri inter se **cohortati**, ut fortiter pugnarent, hostes petiverunt. (Z. 7)
c Ceteri commilitonem (*commilito, -onis m: Kamerad*) **secuti** cum hostibus pugnaverunt. (Z. 9)

5 **Wortstellung.** Manchmal stehen Subjunktionen nicht zu Beginn eines Nebensatzes. Bei der Übersetzung ins Deutsche ist es nötig, die Subjunktion vorzuziehen. Übersetze: (Z. 6/8)

Milites: „Nostros in periculo esse cum conspexissemus, statim adiuvimus."

Aufgaben: Sachwissen

6 Im Text spielt ein Legionsadler eine große Rolle. Erläutere anhand von Recherche, welche Funktion und Bedeutung die Legionsadler für römische Soldaten hatten.

→ S. 234 Die WERKSTATT und andere Hilfsmittel

Ein Germanenangriff BG 6.38

Lernwortschatz

12	**prōdīre**, prōdeō, prōdiī, prōditum	hervortreten, auftreten; vorrücken
	→ īre	gehen
	imminēre, immineō, –, –	drohen; bevorstehen
13	**discrīmen**, -inis *n*	Entscheidung; Gefahr; Unterschied
	proximus, -a, -um	der nächste
14	**cōnsequī**, cōnsequor, cōnsecūtus sum *m. Akk.*	folgen, erreichen
	→ sequī *m. Akk.*	folgen
	→ persequī	verfolgen
	centuriō, -ōnis *m*	Zenturio, Hauptmann
	cohors, -tis *f*	Kohorte (*10. Teil einer Legion, ca. 600 Mann*)
15	**paulīsper** *Adv.*	für kurze Zeit, eine Zeit lang
	ūnā *Adv.*	zugleich, zusammen
17	**reliquus**, -a, -um	übrig
	→ relinquere, relinquō, relīquī, relictum	verlassen, zurücklassen
	sēsē (*verstärktes sē*)	sich
18	**tantum** *Adv.*	so viel, so sehr; nur
	mūnītiō, -ōnis *f*	Bau, Befestigung, Wall

Aufgaben: Wortschatz

1 Wiederhole folgende Wörter:

> salus | consistere | sustinere | relinquere | gravis | vulnus | confirmare | audere

2 Gib die im Zusammenhang passende Bedeutung an und übersetze:

a Hostes **imminent**. (Z. 12)
b Res **in summo discrimine** est. (Z. 12 f.)
c **Vulnera** gravia **accepit**. (Z. 16)
d Milites timentes **se tantum confirmant**, ut hostes petere audeant. (Z. 17 f.)

→ S. 234 Die WERKSTATT und andere Hilfsmittel

Religion und Lebensweise der Germanen BG 6.21–22.1

Lernwortschatz

1	**multum** *Adv.*	sehr, viel
	cōnsuētūdō, -inis *f*	Gewohnheit, Lebensweise
	→ cōnsuēscere, cōnsuēscō, cōnsuēvī, cōnsuētum	sich gewöhnen
	differre, differō, distulī, dīlātum	aufschieben; sich unterscheiden
	differre in alium diem	auf einen anderen Tag verschieben
	differre *m. Abl.*	sich (in etw.) unterscheiden
	→ ferre	tragen, bringen
2	**druidēs,** -um *m Pl.*	Druiden (*keltische Priester*)
3	**sacrificium,** -ī *n*	Opferhandlung, Opfer
	→ sacer; facere	
4	**apertus,** -a, -um	offen, offenkundig
5	**lūna,** -ae *f*	Mond
	reliquus, -a, -um	übrig
	→ relinquere, relinquō, relīquī, relictum	verlassen, zurücklassen
9	**permanēre,** permaneō, permānsī, –	verbleiben, fortdauern
	→ manēre	bleiben, warten (auf)
10	**suī,** -ōrum *m Pl.*	seine/ihre Angehörigen, Anhänger, Leute
	statūra, -ae *f*	Gestalt, Wuchs
	→ stāre, stō, stetī, (statūrus)	stehen
11	**intrā** *m. Akk.*	innerhalb
	vērō *Adv.*	wirklich; aber
	→ vērus, -a, -um	echt, richtig, wahr
14	**flūmen,** -inis *n*	Fluss
	pellis, -is *f*	Fell
15	**nūdus,** -a, -um	nackt, unverhüllt
16	**vīctus,** -ūs *m*	Lebensunterhalt, Nahrung; Lebensweise
17	**lāc,** lactis *n*	Milch
	carō, carnis *f*	Fleisch

Aufgaben: Wortschatz

1 Wiederhole folgende Wörter:

divinus | praeesse | cernere | ops (*Sg. und Pl.*) | iuvare | accipere | studium | studere | diu | alere | vis | confirmare | tegere | uti | pars | consistere

2 Erschließe die Bedeutung:

a **res divinae** *f Pl.*: Res divinae sunt eae res, quae ad cultum deorum pertinent. (Z. 2)

b **res militaris** *f*: Res militaris est ea res, quae ad bellum pertinet. (Z. 7)

c **tegimentum,** -i *n*: Tegimentum est, quo res teguntur. (Z. 15)

d **agricultura,** -ae *f*: Agricultura est agros colere. (Z. 16)

3 Erschließe eine passende Wiedergabe:

a Germani **multum** a Gallis **differunt**. (Z. 1)

b Druides Gallorum **rebus divinis praesunt** et **sacrificiis student**. (Z. 2 f.)

c Consuetudines Germanorum e libris Caesaris **accepimus**. (Z. 6)

d **studia** rei militaris (Z. 7)

e Fortissimi maxime laudantur: **Maximam laudem ferunt**. (Z. 9 f.)

→ S. 234 Die WERKSTATT und andere Hilfsmittel

Aufgaben: Grammatik

4 Formen. Wähle die Formen aus, die Infinitiv Passiv sind, und übersetze sie (Z. 10 f.):

alui | ali | alii |
confirmavi | confirmari | confirmare

5 Relativsatz. Manchmal fehlt zu einem Relativpronomen das Bezugswort. Dann ist entweder ein Demonstrativpronomen zu ergänzen (z. B. *der/die/das* [*jenige*]) oder mit verallgemeinerndem „wer/was" zu übersetzen. Übersetze treffend: (Z. 8 f.)

Qui fortissimi sunt, maxime laudantur.

6 Ablativfunktionen. Manchmal gibt der Ablativ die Begleitumstände einer Handlung an. Übersetze: (Z. 15)

Germani saepe **magna parte** corporis **nuda** pugnant.

Aufgaben: Sachwissen

7 Stelle durch Recherche die wichtigsten Aufgabenbereiche der Druiden in Gallien zusammen.

Die Story vom Elch BG 6.26–28

Lernwortschatz

1	**bōs**, bovis *m/f*	Rind, Stier, Ochse
	frōns, frontis *f*	Stirn, Gesicht, Vorderseite
2	**cornu**, -ūs *n*	Horn; Heerflügel
	excelsus, -a, -um	hoch; herausragend
3	**nōtus**, -a, -um	bekannt, berühmt
	sīcut	(ebenso) wie
4	**lātus**, -a, -um	weit, breit, ausgedehnt
7	**pellis**, -is *f*	Fell
15	**cōnsuētūdō**, -inis *f*	Gewohnheit, Lebensweise
	→ cōnsuēscere, cōnsuēscō, cōnsuēvī, cōnsuētum	sich gewöhnen
	īnfirmus, -a, -um	schwach
	→ cōnfirmāre	bekräftigen
16	**ūnā** *Adv.*	zugleich, zusammen
18	**color**, -ōris *m*	Farbe
19	**taurus**, -ī *m*	Stier
23	**differre**, differō, distulī, dīlātum	aufschieben; sich unterscheiden
	differre in alium diem	auf einen anderen Tag verschieben
	differre *m. Abl.*	sich (in etw.) unterscheiden
	→ ferre	tragen, bringen

→ S. 234 Die WERKSTATT und andere Hilfsmittel

Vercingetorix BG 7.4

Lernwortschatz

1	**similis**, -e	ähnlich
3	**prīncipātus**, -ūs *m*	erste Stelle; Herrschaft; Befehlsgewalt
	obtinēre, obtineō, obtinuī, obtentum	innehaben, besetzt halten
	→ tenēre	haben, halten
4	**ob** *m. Akk.*	wegen
	ob eam causam, quod	deshalb, weil
5	**appetere**, appetō, appetīvī, appetītum	erstreben
	→ petere	erstreben; aufsuchen; angreifen
6	**interficere**, interficiō, interfēcī, interfectum	töten
	→ facere	machen, tun
8	**concurrere**, concurrō, concurrī, concursum	zusammenlaufen
	→ currere	laufen
9	**reliquus**, -a, -um	übrig
	→ relinquere, relinquō, relīquī, relictum	verlassen, zurücklassen
11	**dēsistere**, dēsistō, dēstitī, – *m. Abl.*	aufhören (mit), ablassen (von)
	proeliō dēsistere	vom Kampf ablassen
	→ cōnsistere	stehen bleiben; sich aufstellen

Aufgaben: Wortschatz

1 Wiederhole folgende Wörter:

ratio | potentia | regnum | civitas | incendere (Z.1–7)
cognoscere | consilium | prohibere | temptare | existimare | oppidum | ager | cogere | manus | adire | sententia | communis | causa (*nach Gen.*) | copia (*Sg. und Pl.*) | expellere | rex (Z.8–17) | supplicium | committere | auris | mittere | poena (Z.18–23)

2 Erschließe die Grundbedeutung:

perducere (Z.13) | remittere (Z.21)

3 Gib die im Zusammenhang passende Bedeutung an und übersetze:

a simili **ratione** agere (Z.1)
b animos Gallorum **incendere** (Z.7)
c **manus** militum (Z.12)
d Princeps copias unum in locum **cogit**. (Z.14)
e Princeps milites dubitantes suppliciis **cogit**. (Z.19)

4 Erschließe eine passende Wiedergabe:

a adulescens **summae potentiae** (Z.2)
b **principatum Galliae obtinere** (Z.3)
c Galli **arma capiunt**: ad arma concurrunt. (Z.8; 14)
d **fortunam temptare** (Z.10)
e Princeps milites oratione **ad suam sententiam perducit**. (Z.13)
f Milites, qui magnum scelus commiserunt, necantur; **leviore de causa** poena leviore afficiuntur. (Z.20)

→ S.234 Die WERKSTATT und andere Hilfsmittel

15	**adversārius**, -ī *m*	Gegner
	paulō *Adv.*	(um) ein wenig
	paulō ante	kurz davor
	ēicere, ēiciō,	hinauswerfen, vertreiben
	ēiēcī, ēiectum	
17	**suī**, -ōrum *m Pl.*	seine/ihre Angehörigen,
		Anhänger, Leute
18	**dīligentia**, -ae *f*	Sorgfalt
	→ dīligēns, -entis	sorgfältig
	sevēritās, -ātis *f*	Strenge
	addere, addō,	hinzufügen
	addidī,	
	additum	
	→ dare, dō, dedī,	geben
	datum	
20	**dēlictum**, -ī *n*	Vergehen
	levis, -e	leicht, unbedeutend,
		leichtfertig
21	**singulus**, -a, -um	je ein, jeder einzelne
	domum	heim, nach Hause
	→ domus, -ūs *f*	Haus

Aufgaben: Grammatik

5 **Ellipse.** Bei folgenden zusammengesetzten Formen wird *esse* manchmal ausgelassen: *laudatum, -am esse – laudaturum, -am esse – laudandum, -am esse.* Dieses Phänomen heißt „Ellipse". Übersetze: (Z. 9 f.)

> Principes temptandam fortunam non existimabant. | Principes se fortunam non temptaturos dixerunt. | Principes fortunam numquam a se temptatam dixerunt.

6 **Ablativus absolutus.** Übersetze die Ablativi absoluti mit einem Nebensatz:

a convocatis militibus (Z. 7)
b cognito consilio (Z. 8)
c magnis copiis coactis (Z. 14)
d scelere commisso (Z. 19 f.)

→ S. 234 Die WERKSTATT und andere Hilfsmittel

Hungersnot in Alesia BG 7.77

Lernwortschatz

3 **similis**, -e — ähnlich
   inopia, -ae *f* — Armut, Not
   subigere, subigō, subēgī, subāctum — bezwingen, unterwerfen

5 **tolerāre** — ertragen, aushalten, erdulden

7 **posterī**, -ōrum *m Pl.* — die Nachfahren, die Nachkommen
   prōdere, prōdō, prōdidī, prōditum — verraten, ausliefern; überliefern

10 **aliquandō** *Adv.* — einst, (irgendwann) einmal
   excēdere, excēdō, excessī, excessum — herausgehen, hinausgehen über

12 **vērō** — wirklich; aber
13 **potēns**, -entis — mächtig, stark
14 **cōnsīdere**, cōnsīdō, cōnsēdī, cōnsessum — sich setzen, sich niederlassen
15 **ūllus**, -a, -um (*Gen. Sg.* ūllīus, *Dat. Sg.* ūllī) — irgendeiner
16 **quodsī** (*und* **quod sī**) — wenn aber
   nātiō, -ōnis *f* — Volk, Volksstamm
17 **ignōrāre** — nicht wissen, nicht kennen
   fīnitimus, -a, -um — benachbart; *Subst.* Nachbar
19 **perpetuus**, -a, -um — ununterbrochen, dauerhaft, ewig

Aufgaben: Wortschatz

1 Wiederhole folgende Wörter:

consilium | maiores | par | aetas | hostis | libertas | causa *(nach Gen.)* | iudicare | calamitas | ius | lex | relinquere | invidia | fama | aeternus | servitus | condicio | respicere | subicere | servitus

2 Erschließe die Bedeutung:

a **in-utilis**, -e: Senex ad bellum inutilis est. (Z. 4)
b **com-mutare**: Novas leges habemus. Leges commutatae sunt. (Z. 18)

3 Erschließe eine passende Wiedergabe:

a Maiores nostri fortissimi fuerunt: Pulchrum **exemplum** virtutis **instituerunt**. (Z. 6)
b Germani Gallis magnam **calamitatem intulerunt**. (Z. 9)
c Post victoriam hostes **finibus** nostris **excesserunt**. (Z. 9)
d **Quid** hostes volunt **nisi** vincere? (Z. 12)
e Gallus: „Omnes sciunt nos semper fortiter pugnavisse. Saepe vicimus: Sumus **fama nobiles** et **bello potentes**. (Z. 13)
f Scire volo ea, quae in Gallia **geruntur**. (Z. 16)

→ S. 234 Die WERKSTATT und andere Hilfsmittel

Aufgaben: Grammatik

4 Wortstellung. Beschreibe die Besonderheit der Wortstellung im jeweils zweiten Satz und übersetze treffend:

> **a** Hostes nos armis petunt.
> Cuius rei si notitiam *(notitia: Kenntnis)* habuissem, fugissem. (Z. 6)
> **b** Gallus: „Nos libertatem nostram amamus. Romani quid volunt nisi servitutem nostram?" (Z. 12)

5 Doppelter Akkusativ. Übersetze treffend:

> **a** Pulchrum **iudico** pro libertate pugnare. (Z. 7)
> **b** Te semper fortem **cognovi**. (Z. 13)

6 Kurzformen. Beim v-Perfekt treten häufig Kurzformen auf. Beschreibe und bestimme die Form: (Z. 10)

> petierunt

Die Kapitulation des Vercingetorix BG 7.88–89

Lernwortschatz

1	**suī**, -ōrum *m Pl.*	seine/ihre Angehörigen, Anhänger, Leute
2	**mūnītiō**, -ōnis *f*	Bau, Befestigung, Wall
	prōtinus *Adv.*	vorwärts; sofort; ununterbrochen
3	**crēber**, crēbra, crēbrum	zahlreich, häufig
6	**mediā nocte**	um Mitternacht
	dē mediā nocte	gegen Mitternacht
	→medius, -a, -um	der mittlere, in der Mitte von
	equitātus, -ūs *m*	Reiterei
	→equus, -ī *m*	Pferd

Aufgaben: Wortschatz

1 Wiederhole folgende Wörter:

> oppidum | caedes | fuga | desperare | salus | fieri | delere | civitas | discedere | cedere | suscipere | communis | demonstrare | uterque | offerre | mors | vivus | tradere | legatus | ipse | pro | eo *(Adv.)*

2 Erschließe die Grundbedeutung: (Z. 19)

> **distribuere**, -tribuo, -tribui, -tributum

→ Fortsetzung s. nächste Seite

→ S. 234 Die WERKSTATT und andere Hilfsmittel

7	**cōnsequī,** cōnsequor, cōnsecūtus sum *m. Akk.*	folgen, erreichen
	→ sequī	folgen
	numerus, -ī *m*	Zahl, Anzahl
	interficere, interficiō, interfēcī, interfectum	töten
	→ facere	machen, tun
8	**reliquus,** -a, -um	übrig
	→ relinquere, relinquō, relīquī, relictum	verlassen, zurücklassen
9	**posterus,** -a, -um	der nachfolgende, der nächste
	concilium, -ī *n*	Versammlung
10	**necessitās,** -ātis *f*	Not, Zwang, Notwendigkeit
	→ necesse	nötig
11	**quoniam**	weil ja, da ja, wo doch
12	**seu** (*und* **sive**)	sei es, dass ... oder dass
	seu ... seu	entweder ... oder
15	**prōdūcere,** prōdūcō, prōdūxī, prōductum	(vor)führen
	→ dūcere	führen
	cōnsīdere, cōnsīdō, cōnsēdī, cōnsessum	sich setzen, sich niederlassen
16	**dēdere,** dēdō, dēdidī, dēditum	ausliefern, übergeben
	→ dare, dō, dedī, datum	geben
	prōicere, prōiciō, prōiēcī, prōiectum	(vor)werfen, hinwerfen
	→ subicere	unterwerfen

3 Erschließe eine passende Wiedergabe:

a **Desperata salute** Galli fugiunt. (Z. 1 f.)
b **Fit fuga Gallorum.** (Z. 2 f.)
c **Postero die** proelium commissum est. (Z. 9)
d **Fortunae cedendum est.** (Z. 11)
e *Worte eines unterlegenen Feldherrn an seine Leute:* „**Me vobis offero ad utramque rem**: seu vultis me interficere, seu hostibus tradere." (Z. 12 f.)
f **Legati** ad Caesarem **de pace mittuntur.** (Z. 14)

Aufgaben: Grammatik

4 Infinitiv Passiv.
  a Wähle alle Formen des Infinitiv Passiv aus.
  b Bestimme die übrigen Formen.

deleri | tradidi | tradi | producti | produci | toti | reliqui | relinqui | exercitui

→ S. 234 Die WERKSTATT und andere Hilfsmittel

Martial: Epigramme

Der Dichter stellt sich vor 1.1

Lernwortschatz

2	**nōtus**, -a, -um	bekannt, berühmt
3	**epigramma**, -atis *n* (*Gen. Pl.* -atōn)	Epigramm, Aufschrift
4	**studiōsus**, -a, -um	eifrig, interessiert
5	**decus**, -oris *n*	Zierde, Ruhm
6	**rārus**, -a, -um	selten, vereinzelt
	post *m. Akk.*	nach; hinter; *Adv.* später, danach
	cinis, -eris *m*	Asche; Tod, Vernichtung

Der ideale Leser 6.60

Lernwortschatz

1	**cantāre**	singen
2	**sinus**, -ūs *m*	Brust; Tasche, Gewandbausch; Bucht; Krümmung
3	**stupēre**, stupeō, stupuī, –	staunen, verblüfft sein
	ōdisse, ōdī, ōsūrus	hassen
	→ odium, -ī *n*	Hass

Aufgaben: Wortschatz

1 Wiederhole folgende Wörter:

noster | libellus | velle | carmen | placere

Aufgaben: Grammatik

2 **u-Deklination.** Ordne folgenden Substantiven alle nach KNG passenden Attribute zu (Mehrfachnennungen sind möglich): (v. 2)

manus | sinui | sinum | sinu

omnes | meo | omnem | omnis | meae

Aufgaben: Das Latein Martials verstehen

3 Autoren sprechen manchmal von sich im Plural. Übersetze passend:

Martialis: „Cuncti libellos nostros amant."

→ S. 234 Die WERKSTATT und andere Hilfsmittel

Spott ohne Grenzen? 10.33.9–10

Lernwortschatz

2	**persōna**, -ae *f*	Maske, Rolle, Charakter; Person

Aufgaben: Wortschatz

1 Wiederhole folgende Wörter:

noster | noscere | libellus | parcere | vitium

2 Erschließe eine passende Wiedergabe:

    a Non scelera facere, sed leges **servare** debemus. (v. 1)

    b Martialis: „Poetae carmina scribere **noverunt**. Et ego carmina pulchra scribere **novi**." (v. 1)

Aufgaben: Das Latein Martials verstehen

3 Wiederhole Aufgabe 3 zum vorigen Epigramm (**Der ideale Leser** 6.60).

Er platzt vor Neid 9.97

Lernwortschatz

1	**rumpere**, rumpō, rūpī, ruptum	brechen, zerbrechen; zerreißen; *Pass.* platzen
	→ corrumpere	verderben; bestechen
	invidia, -ae *f*	Neid, Anfeindung
4	**mōnstrāre**	zeigen
	digitus, -ī *m*	Finger
6	**nātus**, -ī *m* / nāta, -ae *f*	Sohn/Tochter
	→ nāscī, nāscor, nātus sum	geboren werden, entstehen
7	**rūs**, rūris *n*	Land, Landgut
10	**convīva**, -ae *m*	Gast, Tischgenosse
	frequēns, -entis	zahlreich, häufig; viel besucht

Aufgaben: Wortschatz

1 Wiederhole folgende Wörter:

quidam | turba | dulcis | iucundus | probare | quisquis

2 Erschließe eine passende Wiedergabe:

Martialis habet domum in urbe et villam **sub urbe** (*engl.: suburb*). (v. 7)

→ S. 234 Die WERKSTATT und andere Hilfsmittel

Aufgaben: Grammatik

3 KNG-Kongruenz. Ordne das passende Attribut zu und übersetze den gesamten Ausdruck:

in turba | rus | domus | convivam

frequentem | dulce | omni | parvae

Aufgaben: Das Latein Martials verstehen

4 Autoren sprechen manchmal von sich im Plural. Übersetze passend: (v. 4)

Martialis: „Ab omnibus Romanis legimur, ab omnibus Romanis amamur."

Ein Plagiator 1.29

Lernwortschatz

2 **aliter** Adv.　　anders, sonst
→ alius, -a, -ud　　ein anderer
　(Gen. alterīus;
　Dat. aliī)

Aufgaben: Wortschatz

1 Wiederhole folgende Wörter:

fama | noster | libellus | recitare | velle | carmen | emere

2 Erschließe eine passende Wiedergabe: (v. 1)

Ab aliis audio te carmina mea amare:
Fama refert te carmina mea amare.

3 Gib die im Zusammenhang passende Bedeutung an und übersetze: (v. 3)

Poeta quidam **dicit** carmina Martialis sua carmina esse. – Poeta carmina Martialis sua **dicit**. – Martialis: „Cur vis mea carmina tua **dici**?"

Aufgaben: Grammatik

4 Infinitiv. Wähle alle Formen im Infinitiv Passiv aus und übersetze sie:

recitari | dixi | dici | recitavi | mitti | missi

Aufgaben: Das Latein Martials verstehen

5 Autoren sprechen manchmal von sich im Plural. Übersetze passend:

Martialis: „Cuncti libellos nostros amant."

→ S. 234 Die WERKSTATT und andere Hilfsmittel

Zahnersatz 5.43

Lernwortschatz

1	**niger**, -gra, -grum	schwarz, dunkel
	niveus, -a, -um	aus Schnee; schneeweiß
	dēns, dentis *m*	Zahn

Aufgaben: Wortschatz

1 Wiederhole folgende Wörter:

ratio | emere

2 Wähle die passende Bedeutung für *ratio* aus:

Omnes amant libellos Martialis.
Quae **ratio** est? Poeta bonus est!

Rechnung | Theorie | Grund | Prinzip

Aufgaben: Das Latein Martials verstehen

3 **Kürze.** Oft werden Wörter, die im ersten Teilsatz schon genannt worden sind, im zweiten ausgelassen. Erschließe, welche Wörter hier zu ergänzen sind: (v. 2)

Ego dentes pulchros habeo, tu nullos.

Viel Gebell um Sabellus 12.39

Lernwortschatz

1	**ōdisse**, ōdī, ōsūrus	hassen, Hass
	→ odium, -ī *n*	
	bellus, -a, -um	hübsch

Aufgaben: Wortschatz

1 Wiederhole folgende Wörter:

res | bellum | malle | utinam

→ S. 234 Die WERKSTATT und andere Hilfsmittel

Maronillas Reize 1.10

Lernwortschatz

1	**nuptiae**, -ārum *f* *Pl.*	Hochzeit
2	**dōnāre** → dōnum, -ī *n*	schenken; beschenken Geschenk
3	**adeō**	so sehr
	foedus, -a, -um	hässlich, abscheulich
	nīl (= nihil)	nichts

Aufgaben: Wortschatz

1 Wiederhole folgende Wörter:

> petere | instare | precari | immo | placere

Aufgaben: Grammatik

2 **Steigerung der Adjektive.** Wähle alle Komparative aus und ordne ihnen das nach KNG passende Substantiv zu. Übersetze dann:

> pulchrior | foedissime | sapienter | foedius | pulchrioribus | foediora

> cum puellis | verba | puella | verbum

Ein Bussi für die besten Freunde 2.21

Lernwortschatz

1	**bāsium**, -ī *n*	Kuss
	dexter, dext(e)ra, dext(e)rum	rechts
2	**uter**, utra, utrum (*Gen. Sg.* utrīus, *Dat. Sg.* utrī)	welcher (von beiden)
	ēligere, ēligō, ēlēgī, ēlēctum	(aus)wählen

Aufgaben: Wortschatz

1 Wiederhole folgende Wörter:

> alii ... alii | malle

→ S. 234 Die WERKSTATT und andere Hilfsmittel

Berufswechsel 1.47

Lernwortschatz

1	**medicus**, -ī *m*	Arzt

Aufgaben: Grammatik

2 Prädikativum. Übersetze; achte dabei auf eine passende Wiedergabe der hervorgehobenen Wörter:

> Martialis: „Iam **puer** carmina feci.
> Et **senex** carmina faciam.“

Aufgaben: Wortschatz

1 Wiederhole folgende Wörter:

> nuper | nunc

3 Relativsatz. Manchmal fehlt zu einem Relativpronomen das Bezugswort. Dann ist entweder ein Demonstrativpronomen zu ergänzen (z. B. *der/die/*das[*jenige*]) oder mit verallgemeinerndem „wer/was" zu übersetzen. Übersetze treffend:

> Martialis: „Quod feci puer, faciam et senex.“

Noch ein Berufswechsel 8.74

Lernwortschatz

1	**ante** *Adv.*	vorher
2	**medicus**, -ī *m*	Arzt

Aufgaben: Grammatik

1 Relativsatz. Löse Aufgabe 3 zum vorigen Epigramm (**Berufswechsel 1.47**).

Ein verhängnisvoller Krankenbesuch 5.9

Lernwortschatz

1	**comitārī**, comitor, comitātus sum	begleiten
	comitātus *m.* *Abl.*	begleitet von
	→ comes, -itis *m/f*	Begleiter/-in, Gefährte/-in
	prōtinus *Adv.*	vorwärts; sofort; ununterbrochen
2	**discipulus**, -ī *m*	Schüler
	→ discere, discō, didicī, –	lernen
4	**febris**, -is *f*	Fieber

Aufgaben: Wortschatz

1 Wiederhole folgende Wörter:

> centum | tangere | manus

→ S. 234 Die WERKSTATT und andere Hilfsmittel

Das Grab des Pantomimen Paris 11.13

Lernwortschatz

2 **praeterīre,**   vorübergehen,
    praetereō,   vorbeigehen;
    praeteriī,   verstreichen
    praeteritum
    m. Akk.
    → īre   gehen
    marmor, -oris *n*   Marmor, Marmorstein
3 **dēliciae,** -ārum *f*   Vergnügen
    Pl.
    sāl, salis *m*   Salz; Witz, Humor
4 **lūsus,** -ūs *m*   Spiel, Scherz;
                     Unterhaltung
5 **decus,** -oris *n*   Zierde, Ruhm
    theātrum, -ī *n*   Theater, Schauplatz
7 **sepulcrum,** -ī *n*   Grab, Grabmal, Begräbnis

Aufgaben: Wortschatz

1 Wiederhole folgende Wörter:

> nobilis | ars | gratia | voluptas |
> dolor | condere

2 Gib die im Zusammenhang passende Bedeutung an:

> **a** Carmina Martialis **salem** et **gratiam**
> habent. (v. 3)
> **b** Corpora mortuorum sepulcro **conduntur.**
> (v. 7)

Aufgaben: Grammatik

3 **Verneinter Imperativ.** Übersetze:

> Noli hoc sepulcrum praeterire! |
> Nolite hoc sepulcrum praeterire!

Spott über den kleinen Bauern 11.14

Lernwortschatz

1 **hērēs,** -ēdis *m*   Erbe
    sepelīre, sepeliō,   begraben
    sepelīvī,
    sepultum
    colōnus, -ī *m*   Bauer

Aufgaben: Wortschatz

1 Wiederhole folgende Wörter:

> nolle | brevis | terra | gravis

Aufgaben: Grammatik

2 **Verneinter Imperativ.** Übersetze:

> Noli colonum sepelire! |
> Nolite colonum sepelire!

→ S. 234 Die WERKSTATT und andere Hilfsmittel

Böswillige Geschenke 8.27

Lernwortschatz

1	**mūnus**, -eris *n*	Amt, Aufgabe; Geschenk
2	**sapere**, sapiō, –	Verstand haben; Geschmack haben; schmecken
	→ sapiēns, -entis	weise; *Subst.* der Weise

Aufgaben: Wortschatz

1 Wiederhole folgende Wörter:

senex | sentire | ait (aio) | mori

Aufgaben: Grammatik

2 **Relativsatz.** Manchmal fehlt zu einem Relativpronomen das Bezugswort. Dann ist entweder ein Demonstrativpronomen zu ergänzen (z.B. *der/die/das*[*jenige*]) oder mit verallgemeinerndem „wer/was" zu übersetzen. Übersetze treffend:

Qui tibi munera dat, amicus est.

3 **Imperativ.** Wähle alle Formen aus, die Imperativ sein können. Achte besonders auf die Bildung des Imperativs bei Deponentien:

sentire | senti | loquere | loqui | loquimini | sentite

Lycoris – eine gefährliche Freundin 4.24

Aufgaben: Wortschatz

1 Wiederhole folgende Wörter:

efferre | uxor | fieri

2 Gib die im Zusammenhang passende Bedeutung an:

a Uxor amici mei mortua est. Amicus uxorem **extulit**.
b Tibi amicus **fieri** volo.

Aufgaben: Grammatik

3 **Wunschsätze.** Wähle alle Formen aus, die einen Wunsch oder eine Aufforderung ausdrücken können, und übersetze sie entsprechend:

fiet | fiat | diceret | dicant | dices

Die unfreiwillige Offenheit der Chloe 9.15

Lernwortschatz

1	**īnscrībere**, īnscrībo, īnscrīpsī, īnscrīptum	betiteln; einmeißeln; schreiben (auf)
	→ scrībere	schreiben
2	**simplex**, -icis	einfach; ehrlich, offen

Aufgaben: Wortschatz

1 Wiederhole folgende Wörter:

septem | sceleratus | facere | quid

→ S. 234 Die WERKSTATT und andere Hilfsmittel

Aufgaben: Grammatik

2 Steigerung der Adjektive und Adverbien. Wähle alle Komparative aus und ordne ihnen das nach KNG passende Substantiv zu. Übersetze dann:

> pulchrior | simplicissime | sapienter | simplicius | pulchrioribus | simpliciora

> cum puellis | verba | puella | verbum

Das Leben lässt sich nicht verschieben 5.58

Lernwortschatz

1	**crās** *Adv.*	morgen
2	**quandō?**	wann?
3	**longus**, -a, -um	lang; weit
	longē *Adv.*	weit weg
4	**latēre**, lateō, latuī, –	verborgen sein
7	**sērus**, -a, -um	spät, zu spät
8	**sapere**, sapiō, –	Verstand haben; Geschmack haben; schmecken
	→ sapiēns, -entis	weise; *Subst.* der Weise
	herī *Adv.*	gestern; neulich

Aufgaben: Wortschatz

1 Wiederhole folgende Wörter:

> vivere | iste | unde | petere | emere | hodie

Aufgaben: Das Latein Martials verstehen

2 Ellipse. Oft wird *esse* ausgelassen, nicht nur bei zusammengesetzten Formen im Infinitiv (z. B. *laudatum, -am esse – laudaturum, -am esse – laudandum, -am esse*), sondern auch in finiten Formen. Dieses Phänomen heißt „Ellipse". Übersetze: (v. 1)

> Te venturum dicis. | Nihil a te factum scio. | Quando veniendum?

Aufgaben: Sachwissen

3 Armenier, Nestor, Parther, Priamus: In der Vorstellung der Römer stehen die einen für hohes Alter, die anderen für große Entfernung. Recherchiere nach den Namen und gib an, wer für was steht.

→ S. 234 Die WERKSTATT und andere Hilfsmittel

Großzügigkeit gegenüber Freunden 5.42

Lernwortschatz

1	**callidus**, -a, -um	klug, listig
	nummus, -ī *m*	Münze
2	**flamma**, -ae *f*	Feuer, Flamme
3	**dēbitor**, -ōris *m*	Schuldner
	pariter *Adv.*	in gleicher Weise, zugleich
4	**sēmen**, -inis *n*	Samen, Saat
	iacere, iaciō, iēcī, iactum	werfen, schleudern
5	**spoliāre**	rauben, berauben
6	**exstruere**, exstruō, exstrūxī, exstrūctum	aufschichten, aufbauen; beladen
	unda, -ae *f*	Welle, Woge
	ratis, -is *f*	Floß, Schiff
7	**extrā** *m. Akk.*	außerhalb
	dōnāre	schenken; beschenken
	→ dōnum, -ī *n*	Geschenk

Aufgaben: Wortschatz

1 Wiederhole folgende Wörter:

fur | auferre | impius | reddere | fortuna | quisquis | solus | ops (*Sg. und Pl.*)

2 Gib die im Zusammenhang passende Bedeutung an:

a Cur mihi auxilium **negas**? (v. 3)
b Te **solam amicam** habeo. (v. 8)

Aufgaben: Grammatik

3 **Futur.** Wähle alle Formen im Futur I aus und übersetze sie:

neget | auferet | negabit | reddat | reddet | spoliavit | spoliabit | dederis | habebis

Ein glücklicheres Leben 10.47

Lernwortschatz

4	**grātus**, -a, -um	dankbar; angenehm
	focus, -ī *m*	Herd, Heim
5	**līs**, lītis *f*	Streit, Prozess
	toga, -ae *f*	Toga, Obergewand
	rārus, -a, -um	selten, vereinzelt
	quiētus, -a, -um	ruhig
6	**salūbris**, salūbre	gesund
7	**prūdēns**, -entis	klug, verständig
	simplicitās, -ātis *f*	Einfachheit; Offenheit; Naivität
8	**mēnsa**, -ae *f*	Tisch, Mahlzeit
10	**pudīcus**, -a, -um	schamhaft, keusch
11	**tenebrae**, -ārum *f Pl.*	Dunkelheit, Finsternis

Aufgaben: Wortschatz

1 Wiederhole folgende Wörter:

vita | beatus | parere, pario | relinquere | vis | par | solvere | somnus | velle | malle | metuere | optare

2 Erschließe die Bedeutung: (v. 4)

in-gratus, -a, -um

3 Erschließe eine passende Wiedergabe: (v. 13)

Homines mortem metuunt: Homines **summum diem** metuunt.

→ S. 234 Die WERKSTATT und andere Hilfsmittel

Aufgaben: Grammatik

4 **Konjunktivischer Relativsatz (konsekutiver Sinn).** Übersetze: (v. 1; 11)

> Eos amicos volo, qui vitam **faciant** iucundiorem.

5 **Konjunktiv im Hauptsatz.** Wähle alle Ausdrücke im Konjunktiv Präsens aus und übersetze sie als Aufforderung: (v. 12 f.)

> optarem | optes | nihil metuas | solvebat | velis | mavis | malis | optaverint | pariatis

6 **Relativsatz.** Manchmal fehlt zu einem Relativpronomen das Bezugswort. Dann ist entweder ein Demonstrativpronomen zu ergänzen (z. B. *der/die/das*[*jenige*]) oder mit verallgemeinerndem „wer/was" zu übersetzen. Übersetze treffend: (v. 12)

> Dicis te beatum esse, sed beatus non es. Cur dicis te esse, quod non es?

Aufgaben: Sachwissen

7 Augustus schrieb per Gesetz vor, zu welchen Anlässen die Römer, „das Volk in der Toga", tatsächlich Toga tragen mussten. Recherchiere, welche Anlässe das waren.

Kaiser Domitians Wohltaten 6.4

Lernwortschatz

2	**triumphus**, -ī *m*	Triumph, Triumphzug
3	**renāscī**,	wieder geboren werden,
	renāscor,	wieder entstehen
	renātus sum	
	→ nāscī, nāscor,	geboren werden,
	nātus sum	entstehen
4	**spectāculum**, -ī *n*	Schauspiel
5	**pudīcus**, -a, -um	schamhaft, keusch

Aufgaben: Wortschatz

1 Wiederhole folgende Wörter:

> maximus | princeps | tot | debere

2 Gib die im Zusammenhang passende Bedeutung an: (v. 2)

> Domitianus Romanis multas res bonas dedit. Romani Domitiano multas res bonas **debent**.

Aufgaben: Sachwissen

3 Gib, ggf. anhand von Recherche, die Aufgaben eines römischen Censors an.

→ S. 234 Die WERKSTATT und andere Hilfsmittel

Scheinheiliger Sittenwächter 9.70

Lernwortschatz

1	**ōlim** *Adv.*	einst, früher; künftig
2	**struere**, struō,	bauen, aufschichten,
	strūxī, strūctum	anordnen
	nefās *n* (nur	Frevel, Verbrechen,
	Nom./Akk. Sg.)	Unrecht
3	**concurrere**,	zusammenlaufen,
	concurrō,	(*feindlich*) zusammen-
	concurrī,	stoßen
	concursum	
	→ currere	laufen
4	**maestus**, -a, -um	traurig, betrübt
	cīvīlis, -e	bürgerlich, Bürger-
	humus, -ī *f*	Erde, Erdboden
8	**laetitia**, -ae *f*	Freude, Fröhlichkeit
	→ laetus, -a, -um	froh

Aufgaben: Wortschatz

1 Wiederhole folgende Wörter:

mos | tempus | caedes | placere |
dux | ferrum | pax | frui | certus

Aufgaben: Grammatik

2 KNG-Kongruenz.

a Gib Kasus, Numerus und Genus folgender Substantive an und ordne ihnen das passende Attribut zu:

nefas | armis | caede | humus | mores

crudelibus | civili | nostri | magnum | maesta

b Übersetze dann die Ausdrücke (in den deutschen Nominativ, z. B.: *oratoris boni →* *der gute Redner*).

Aufgaben: Sachwissen

3 Erläutere, ggf. anhand von Recherche,
a was der Römer unter *bellum civile* versteht,
b was Caesar und Pompeius damit zu tun haben,
c welches Verwandtschaftsverhältnis zwischen den beiden bestand.

→ S. 234 Die WERKSTATT und andere Hilfsmittel

Speisen wie auf dem Olymp 8.39

Lernwortschatz

1	**convīvium**, -ī *n*	Gastmahl, Gelage
	mēnsa, -ae *f*	Tisch, Mahlzeit
3	**decēre**, deceō,	schmücken, passen;
	decuī, –	sich gehören
	decet	es gehört sich
4	**miscēre**, misceō,	mischen;
	miscuī,	durcheinanderbringen
	mixtum	
5	**sērus**, -a, -um	spät, zu spät
	convīva, -ae *m*	Gast, Tischgenosse

Aufgaben: Wortschatz

1 Wiederhole folgende Wörter:

capere | properare | ipse

Einladung beim Kaiser und bei Jupiter 9.91

Lernwortschatz

1	**astrum**, -ī *n*	Stern, Gestirn
2	**inde** *Adv.*	von dort; deshalb
	→ deinde *Adv.*	dann, daraufhin
3	**licet** *m. Konj.*	auch wenn
	→ licet, licuit	es ist erlaubt
	propius *Adv.*	näher
	longus, -a, -um	lang; weit
	longē *Adv.*	weit weg
4	**respōnsum**, -ī *n*	Antwort
	→ respondēre,	antworten
	respondeō,	
	respondī,	
	respōnsum	
	superī, -ōrum *m*	die Himmlischen,
	Pl.	die Götter
5	**convīva**, -ae *m*	Gast, Tischgenosse

Aufgaben: Wortschatz

1 Wiederhole folgende Wörter:

cena | diversus | referre | quaerere | malle | fieri | terra | tenere

2 Erschließe eine passende Wiedergabe:

a Te **ad cenam voco**. (v. 1)
b Italia **propius**, Africa **longius est**. (v. 3)
c **In terris** Caesar imperat, in caelo Iuppiter. (v. 6)

→ Fortsetzung s. nächste Seite

→ S. 234 Die WERKSTATT und andere Hilfsmittel

Aufgaben: Grammatik

3 Prädikatives Gerundiv nach Verben des Gebens. Erschließe eine passende Wiedergabe: (v. 4)

> **a** Convivis <u>vinum</u> **bibendum** damus.
> **b** Nuntius amici me ad cenam vocavit. Nuntio <u>hoc responsum</u> ad amicum **referendum** do: „Libenter veniam."

4 Relativsatz. Manchmal fehlt zu einem Relativpronomen das Bezugswort. Dann ist entweder ein Demonstrativpronomen zu ergänzen (z. B. *der/die/das*[*jenige*]) oder mit verallgemeinerndem „wer/was" zu übersetzen. Übersetze treffend: (v. 5)

> Nemo ad cenam venire vult. Requiro, qui ad cenam venire velit.

Aufgaben: Das Latein Martials verstehen

5 Kürze. Oft werden Wörter, die im ersten Teilsatz schon genannt worden sind, im zweiten ausgelassen. Manchmal musst du diese im Deutschen ergänzen. Gib die zu ergänzenden Wörter an und übersetze: (v. 1 f.)

> In terra imperium Caesaris est, in caelo Iovis.

Was soll der Schal? 4.41

Lernwortschatz

1 **collum**, -ī *n*   Hals, Nacken

Aufgaben: Wortschatz

1 Wiederhole folgende Wörter:

> recitare | circumdare | convenire | auris | iste | magis

2 Gib die im Zusammenhang passende Bedeutung an:

> Arma non poetis **conveniunt**, sed militibus.

Aufgaben: Grammatik

3 Partizip Futur. Übersetze:

> Multi homines venerunt Martialem **audituri**.

→ S. 234 Die WERKSTATT und andere Hilfsmittel

Die Wahrheit 8.76

Lernwortschatz

2 **nīl** (= nihil)   nichts

Aufgaben: Wortschatz

1 Wiederhole folgende Wörter:

verus | magis | libenter | et ... et |
recitare | libellus | causa | quotiens |
orare | durus | negare

2 Erschließe eine passende Wiedergabe:

a Apud iudices **verum** dicere debeo. (v. 1)
b Apud iudices **causam** meam **ago**. (v. 4)

Aufgaben: Grammatik

3 **Konjunktivischer Relativsatz (konsekutiver Sinn).** Übersetze: (v. 2)

Nemo est, qui verum libenter audiat.
Nihil est, quod homines minus libenter audiant quam verum.

4 **Relativsatz.** Manchmal fehlt zu einem Relativpronomen das Bezugswort. Dann ist entweder ein Demonstrativpronomen zu ergänzen (z. B. *der/die/das*[*jenige*]) oder mit

verallgemeinerndem „wer/was" zu übersetzen. Übersetze treffend: (v. 6)

Cur mihi negas, quod peto?

5 **Ablativ des Vergleichs.** Gib die Ablative des Vergleichs an und übersetze: (v. 7)

Nihil homines magis timent verbis veris.
Nihil homines minus libenter audiunt vero.

Zum Schluss 1.118

Lernwortschatz

1 **epigramma**,   Epigramm, Aufschrift
  -atis *n* (*Gen.*
  Pl. -atōn)
2 **nīl** (= nihil)   nichts

Aufgaben: Wortschatz

1 Wiederhole folgende Wörter:

legere | satis | centum | malum

Aufgaben: Grammatik

2 **Genitiv des geteilten Ganzen.** Übersetze:

Quid **novi** audivisti? Spero te nihil **mali** audivisse.

→ S. 234 Die WERKSTATT und andere Hilfsmittel

METHODEN

Auf den folgenden Seiten findest du Methoden, die du für die Arbeit mit lateinischen Texten brauchst:
- *Satzanalyse*
- *Texterschließung*
- *Kursorisch lesen*
- *Textinterpretation*
- *Übersetzungsvergleich*

- *Erkennen und Deuten rhetorischer Stilmittel*
- *Versanalyse*
- *Recherche im Internet*
- *Präsentation*
- *Die WERKSTATT und andere Hilfsmittel*
- *Grammatik: Oratio obliqua*
- *Wörterbuchgebrauch*

Satzanalyse

Bei längeren Satzgefügen ist es hilfreich, vor der Übersetzung eine **Satzanalyse** zu erstellen. Dabei werden Haupt- und Nebensätze unterschieden und ggf. auch Konstruktionen mit Partizipien *(Participium coniunctum, Ablativus absolutus)* oder Infinitiven (AcI, NcI) markiert.

Es gibt verschiedene Möglichkeiten, einen Satz zu analysieren, z. B. kannst du die sogenannte **Einrückmethode** anwenden, was wir nun an einem Satz aus **Caesars** Werk über den **Gallischen Krieg** (**BG 1.1.3**; vgl. S. 84) tun. Dort geht es um den Stamm der Belger und deren Kämpfe mit den Germanen.

Dieser Satz ist so lang und kompliziert aufgebaut, dass man sich ihm schrittweise durch eine Satzanalyse nähern sollte.

Horum omnium fortissimi sunt Belgae, propterea quod a cultu atque humanitate provinciae longissime absunt minimeque ad eos mercatores saepe commeant atque ea, quae ad effeminandos animos pertinent, important proximique sunt Germanis, qui trans Rhenum incolunt, quibuscum continenter bellum gerunt.

Zuerst suchst du sämtliche Subjunktionen, die einen Nebensatz einleiten, heraus. Besonders leicht erkennst du drei Relativsätze: Beginne mit diesen. Du markierst also die Relativpronomina und stellst fest, welche Verben die Prädikate der einzelnen Nebensätze sind. Markiere sie jeweils mit derselben Farbe wie das Relativpronomen. Dann markierst du jeweils auch das Wort, welches das Relativpronomen aufgreift.

Horum omnium fortissimi sunt Belgae, propterea quod a cultu atque humanitate provinciae longissime absunt minimeque ad eos mercatores saepe commeant atque ea, quae ad effeminandos animos pertinent, important proximique sunt Germanis, qui trans Rhenum incolunt, quibuscum continenter bellum gerunt.

Manche Nebensätze haben mehrere Prädikate, die oft durch Konjunktionen wie *et, atque, -que* usw. verbunden sind. Diese Wörter verbinden Sätze gleicher Ordnung, also Nebensätze mit Nebensätzen, nicht etwa Hauptsätze mit Nebensätzen.
Der mit *propterea quod* („deswegen weil") eingeleitete kausale Nebensatz hat vier Prädikate (*absunt, commeant, important, sunt*); diese sind durch *-que, atque* und wieder *-que* verbunden.

Horum omnium fortissimi sunt Belgae, propterea quod a cultu atque humanitate provinciae longissime absunt minimeque ad eos mercatores saepe commeant atque ea, quae ad effeminandos animos pertinent, important proximique sunt Germanis, qui trans Rhenum incolunt, quibuscum continenter bellum gerunt.

So bleibt nur der Beginn des Satzes als Hauptsatz übrig. Von diesem hängt der unmittelbar folgende Nebensatz (*propterea quod ...*) direkt ab. Diese Abhängigkeit stellst du nun dadurch dar, dass du den Nebensatz ein Stück nach rechts einrückst:	Horum omnium fortissimi sunt Belgae,
	  propterea quod a cultu atque humanitate
	  provinciae longissime absunt
	  minimeque ad eos mercatores saepe
	  commeant atque ...

Hier beginnt mit *ea, quae* der erste Relativsatz – ein Nebensatz, der nicht zu dem kausalen *propterea quod*-Satz gehört. Er ist in den Kausalsatz eingeschoben, hängt also von dem Kausalsatz ab. Das zeigst du dadurch an, dass du den Relativsatz noch ein Stück weiter nach rechts einrückst:	Horum omnium fortissimi sunt Belgae,
	  propterea quod a cultu atque humanitate
	  provinciae longissime absunt
	  minimeque ad eos mercatores saepe
	  commeant atque ea,
	    quae ad effeminandos animos pertinent, ...

Nun geht der *propterea quod*-Satz weiter. Rücke dieses Stück ebenso weit nach rechts ein wie den ersten Teil des Kausalsatzes. Mit *Germanis, qui* setzt der zweite Relativsatz ein, der auch von dem Kausalsatz abhängt:	Horum omnium fortissimi sunt Belgae,
	  propterea quod a cultu atque humanitate
	  provinciae longissime absunt
	  minimeque ad eos mercatores saepe
	  commeant atque ea,
	    quae ad effeminandos animos pertinent,
	  important proximique sunt Germanis,
	    qui trans Rhenum incolunt, ...

Und auch der unmittelbar folgende dritte Relativsatz ist von dem Kausalsatz abhängig. Er steht also auf derselben Stufe wie der vorangehende Relativsatz:	Horum omnium fortissimi sunt Belgae,
	  propterea quod a cultu atque humanitate
	  provinciae longissime absunt
	  minimeque ad eos mercatores saepe
	  commeant atque ea,
	    quae ad effeminandos animos pertinent,
	  important proximique sunt Germanis,
	    qui trans Rhenum incolunt,
	    quibuscum continenter bellum gerunt.

Diese Darstellung macht deutlich, welche Teilsätze von welchen weiteren Teilsätzen abhängen. Sie kann dir bei der Übersetzung eine große Hilfe sein. Die zentralen Arbeitsschritte lauten also:

- Erkennen von Nebensätzen (Markierung von Subjunktionen und Prädikaten) → Feststellen, wo der Hauptsatz ist,
- Überprüfen, welche Nebensätze vom Hauptsatz abhängen → Einrücken unmittelbar vom Hauptsatz abhängiger Nebensätze,
- Überprüfen, welche Nebensätze von anderen Nebensätzen abhängen → Einrücken dieser Nebensätze noch weiter nach rechts.

Übersetze nun den Satz. Vergleiche auch den Caesarsatz **BG 1.8.3** (S. 92 *Helvetii ea spe deiecti ...*), der ebenfalls nach der Einrückmethode dargestellt wird. Erstelle *vor* der Übersetzung des Satzes **BG 1.8.2** (S. 92, Z. 11–14 *Ubi ea dies ...*) selbst eine solche Satzanalyse.

Texterschließung

Jeder Text transportiert Informationen, die durch die Mittel der Sprache miteinander verbunden sind. Diese Erkenntnis ist die Voraussetzung für die erfolgreiche Texterschließung: Jeder lateinische Text ergibt Sinn. Diesen Sinn gilt es zu verstehen und verständlich zu machen.

Je besser man sich auf die intensive Auseinandersetzung mit einem lateinischen Text vorberei-

tet, umso schneller und gründlicher wird es gelingen, den Text zu erschließen. Das Ergebnis der Texterschließung kann dann eine Übersetzung sein, die mit Verständnis für den Sinn des Textes erstellt ist und diesen auch verständlich wiedergibt.

Es bieten sich folgende Schritte an:

---

1. Bearbeite sorgfältig den WERKSTATT-Teil.
   → **Die WERKSTATT und andere Hilfsmittel richtig einsetzen, S. 234**

   Dadurch kannst du dich gezielt auf den Wortschatz, die Grammatik, die Struktur und auch auf inhaltliche Anspielungen vorbereiten. Du wirst dadurch dem römischen „Originalleser" immer ähnlicher.

---

2. Lies aufmerksam die Überschrift und den Einleitungstext.

   Dadurch entwickelst du eine erste Erwartung dem Text gegenüber.

---

3. Bearbeite die Aufgaben, die vor dem Text stehen. Sie helfen dir dabei, einen ersten Überblick über den Text zu gewinnen und Schwierigkeiten schon im Vorfeld auszuräumen.
   → **Kursorisch lesen, S. 219**

   Dadurch kannst du deine Erwartung an den Text vertiefen, da die Aufgaben auf Elemente hinweisen, die für das Textverständnis wichtig sind:
   • Begriffe
     (z. B. Sach-, Wortfelder, Personen, Orte),
   • Strukturen
     (z. B. Konnektoren, Tempora, Modi),
   • Abbildungen und Begleittexte.

---

4. Erschließe den Text nun im Detail. Beziehe dabei auch immer die Überlegungen ein, die du in Schritt 3 angestellt hast. Durch die genauere Betrachtung des Textes können sich die in Schritt 3 entwickelten Erwartungen noch verändern.

   Nutze dabei die Methoden, die dir aus den früheren Jahren bekannt sind, z. B.:
   • Konstruktionsmethode,
   • Pendelmethode,
   • Wort-für-Wort-Methode,
   • Einrückmethode.

---

5. Am Ende steht in der Regel die Übersetzung. Sie kann zunächst eine Arbeitsübersetzung sein, an der nach Bearbeitung der Interpretationsaufgaben noch gefeilt wird.
   → **Übersetzungsvergleich, S. 223**

   Wichtig ist, dass sich schließlich eine deutsche Wiedergabe des lateinischen Textes ergibt, die auch z. B. deine Mitschüler gut verstehen können und die den Regeln des deutschen Ausdrucks entspricht. Dabei kannst du dich von den lateinischen Strukturen lösen, wenn dadurch ein besseres Verständnis und eine flüssigere Formulierung möglich ist.

⊞ Kursorisch lesen: Texte verstehen ohne Übersetzen

Um einen lateinischen Text zu verstehen, muss man ihn nicht unbedingt wortwörtlich übersetzen. Nicht immer ist der mikroskopische Blick gefragt, der selbst kleine Details ins Visier nimmt. Oft ist es auch wichtig, sich einen raschen Überblick zu verschaffen. Dadurch kann mehr Text in kürzerer Zeit bewältigt werden – ähnlich, wie es auch in den modernen Fremdsprachen geschieht. Man spricht dann von **kursorischer** Lektüre.

Ziel der kursorischen Lektüre ist es, sich eine klare Vorstellung vom Inhalt und der Struktur eines lateinischen Textes zu erarbeiten und Aussagen über den Text am lateinischen Original belegen zu können. Am Ende kann z.B. die Paraphrase, also die Wiedergabe des Textinhaltes mit eigenen Worten, stehen. Wie dies gelingt, erfährst du auf dieser Seite.

1. Was ist bei kursorischer Lektüre grundsätzlich zu beachten?

Das **Symbol** ⊞ kennzeichnet Texte und Textabschnitte, die sich für **kursorisches Lesen** eignen. Für Texte und abschnittsbezogene Aufgaben mit diesem Symbol gelten spezielle Regeln:

- Du musst den Text **nicht übersetzen**, aber so weit **erschließen**, dass du die Aufgaben lösen kannst.
  → **Texterschließung, S. 218**
- Die ⊞-Texte sind **nicht vollständig mit Vokabelhilfen** versehen.
- Bei **unbekannten Wörtern** kannst du ein **Wörterbuch** nutzen.
  → **Wörterbuchgebrauch, S. 237**
- Der WERKSTATT-Teil zu den ⊞-Texten enthält wie immer Lernwortschatz, aber **keine vorbereitenden Übungen**.

Der erste Schritt zur kursorischen Erschließung ist **sehr aufmerksames Lesen**. Achte dabei vor allem auf Folgendes:

- Den **Arbeitsauftrag** genau lesen.
- Den im Arbeitsauftrag benannten **Textabschnitt** aufmerksam lesen.
- Auf zentrale, bedeutungtragende **Begriffe** achten: **Orte**, **Personen**, **Sach-** und **Wortfelder**. Oft sind diese Begriffe schon im Text markiert oder der Arbeitsauftrag weist darauf hin.
- Nicht an einzelnen Begriffen kleben, sondern den Satz bzw. **Text in seiner Gesamtheit** wahrnehmen.

2. Welche weiteren Hilfsmittel gibt es für die kursorische Lektüre?

Bei jedem Text mit dem ⊞-Symbol werden dir direkt beim Text unterschiedliche Hilfen angeboten, die du zur kursorischen Texterschließung nutzen kannst. Die folgende Tabelle bietet eine Übersicht, welche Hilfen es gibt und wie du sie nutzen kannst.

Texterschließung mithilfe einer deutschen Übersetzung:
→ Beispiele:
  Phaedrus: S. 9
  Vespucci: S. 39
  Nepos: S. 54
  Caesar, *BG*: S. 89, 101
→ Methoden:
  Übersetzungsvergleich, S. 223

Die deutsche Übersetzung hilft dir, den Inhalt eines lateinischen Textes rasch zu erfassen. Trotzdem ist es nicht immer ganz leicht, die lateinischen Entsprechungen deutscher Formulierungen zu finden. Um sich vertieft mit dem lateinischen Text auseinanderzusetzen, sollen meist bestimmte Ausdrücke im lateinischen Text wiedergefunden und in ihrem Verhältnis zur Übersetzung beschrieben werden.

Texterschließung mithilfe einer deutschen Zusammenfassung:
→ Beispiel:
  Nepos: S. 73

Durch eine deutsche Zusammenfassung können die Inhalte des lateinischen Textes schon im Vorfeld erfasst werden. Die Erschließung des lateinischen Textes kann somit rascher erfolgen.

Texterschließung mithilfe eines deutschen Paralleltextes:
→ Beispiel:
  Leben Caesars: S. 77

Ein Paralleltext behandelt den gleichen Sachverhalt wie der lateinische, stammt aber aus einer anderen Quelle und vermittelt eine andere Sichtweise (z. B. ein Romanausschnitt). Er bereitet inhaltlich auf den lateinischen Text vor. Man weiß also schon ungefähr, worum es im lateinischen Text gehen muss.

Texterschließung mithilfe von Rasterfragen zu bestimmten Textabschnitten:
→ Beispiele:
  Nepos: S. 70
  Leben Caesars: S. 78, 81
  Caesar, *BG*: S. 106

Rasterfragen sind inhaltliche Fragen zu jedem einzelnen Abschnitt des lateinischen Textes. Durch die Frage wird deutlich, worauf man im jeweiligen Textabschnitt achten muss. Zusätzlich sind oft die für die Beantwortung der Frage wichtigen Formulierungen im Text hervorgehoben.

Texterschließung mithilfe von Abbildungen:
→ Beispiele:
  Leben Caesars: S. 78, 79

Die Abbildung hilft, sich eine Vorstellung vom Textinhalt zu machen. Man kann also ganz gezielt auf die Suche nach relevanten Formulierungen gehen. Umgekehrt hilft der Text, die Abbildung zu deuten.

Texterschließung mithilfe eines Satzfadens:
→ Beispiele:
  Nepos: S. 70
  Leben Caesars: S. 80

Im Text sind nur die bedeutungstragenden Wörter markiert, allerdings so, dass sie vollständige Sätze bilden. Um die wesentlichen Textinhalte zu verstehen, reicht es also, nur die hervorgehobenen Wörter zu übersetzen.

Texterschließung mithilfe eines Lückentextes:
→ Beispiele:
  Nepos: S. 69
  Caesar, *BG*: S. 97

Der Lückentext bietet einen (unvollständigen) Übersetzungsvorschlag des lateinischen Textes. Um die Lücken zu füllen, muss man die entsprechenden lateinischen Ausdrücke finden, verstehen und dann in eine passende deutsche Formulierung übertragen.

Textinterpretation

Wenn du einen Text in all seinen Facetten verstehen willst, musst du dich sich intensiv mit ihm beschäftigen: Du interpretierst ihn. Dabei befasst du dich mit **sprachlichen** und **inhaltlichen** Aspekten. Wie man dabei am besten vorgeht, soll anhand von Martials Epigramm 5.43 gezeigt werden:

Thais habet nigros, niveos Laecania dentes.
   Quae ratio est? Emptos haec habet, illa suos.

Die **sprachlichen** und **inhaltlichen** Merkmale eines Textes sind meist eng miteinander verknüpft und bilden eine Einheit: **Die verwendeten sprachlich-stilistischen Mittel dienen dazu, die inhaltlichen Aussagen zu vermitteln**, und das soll durch deine Interpretation auch deutlich werden. Dennoch wird es oft sinnvoll sein, sprachliche und inhaltliche Gesichtspunkte zunächst getrennt voneinander zu betrachten und erst am Ende zusammenzuführen.

1. Sprachliche (formale) Gesichtspunkte

Wichtig für die Interpretation ist die **Form** des Textes. In 5, 43 fällt Folgendes sofort ins Auge:	• Es ist ein **Gedicht**, bestehend aus **zwei Versen**. • Es ist ein **elegisches Distichon**, zusammengesetzt aus **Hexameter** und **Pentameter** → S. 228.
Offenbar prägt das Prinzip des **Gegensatzes** das ganze Gedicht. Dies wird am deutlichsten durch die **Analyse der Stilmittel**. → **Stilmittel, S. 225**	• Das **prägendste Stilmittel** ist in diesem Epigramm die **Antithese: nigros < > niveos**, (dentes) **emptos < > suos**. • Diese Antithese wird noch durch einen zweifachen **Chiasmus** unterstrichen: **Thais nigros ✕ niveos Laecania** und *emptos haec ✕ illa suos*, wobei der zweite Chiasmus zugleich auf die Pointe hinarbeitet. • Die **Pointe** des Gedichts ergibt sich erst durch **das letzte Wort** (*suos*). Das gesamte Gedicht ist auf diese **Pointe** hin **ausgerichtet**. • Die **Alliteration** *nigros, niveos* verstärkt den inhaltlichen Kontrast. • Der **Parallelismus** im 1. und 3. Satz dient als Kontrast zum Prinzip des Gegensatzes.
Auch **die Struktur / der Aufbau** des Textes ist wichtig. Oft empfiehlt es sich, diese durch graphische Elemente oder (farbliche) Hervorhebungen zu veranschaulichen (s. u.). → **Präsentation, S. 233**	• Der **Aufbau** besteht aus **2 Teilen** und entspricht dem typischen Aufbauprinzip von **Erwartung** (Satz 1) und **Aufschluss** (Pointe/Witz in Satz 3). • Die **eingeschobene Frage** in V. 2 steigert den Effekt der Pointe.

Beispiel: Grafik zu Martial, 5.43 (S. 126)

Aufschluss (3. Satz)
Im **Pentameter** wird die Spannung stetig gesteigert, bis sie im **letzten Wort** (suos) aufgelöst wird.

Spannung (2. Satz)
Die **eingeschobene Frage** in der **Mitte** des Epigramms dient der Spannungssteigerung.

Erwartung (1. Satz)
Die Situation wird im **Hexameter** des Distichons **aufgebaut**.

Spannung

2. Inhaltliche Gesichtspunkte

Bei der Auseinandersetzung mit dem Inhalt des Textes geht es darum, seine **Aussagen zu erfassen** und **mit eigenen Worten** wiederzugeben. Dabei befasst man sich mit der Frage, wie die einzelnen Aussagen eines Textes in einer **Gesamtdeutung** zusammengefasst werden können und was letztlich durch den Text **vermittelt** werden soll.

- Das Gedicht spricht über **zwei Frauen**, die sich in einer bestimmten Sache unterscheiden. Ihre **Namen** deuten darauf hin, dass sie aus einer niedrigen sozialen Schicht (Freigelassene?, Prostituierte?) stammen.
- **Körperliche Gebrechen** oder ungewöhnliches Verhalten werden **ohne Scheu** thematisiert und **verspottet**.

3. Sprache und Inhalt

Bei jeder Interpretation ist es sehr wichtig, dass die Beobachtungen zu Sprache und Inhalt **miteinander verknüpft** werden. Daraus werden dann **Schlussfolgerungen** gezogen:

- Der **klare, zweigeteilte Aufbau** ist stark von **Kontrasten** geprägt.
- Diese werden formal durch den gezielten **Einsatz** von **Stilmitteln** verdeutlicht.
- Das Epigramm **verspottet beide Frauen**: Thais, weil sie zwar noch alle Zähne hat, diese aber sehr schlecht (*nigros*) sind; Laecania, weil sie sich für ihre fehlenden Zähne einen auffälligen Ersatz verschafft hat (*emptos dentes*).
- Damit weist dieses Distichon die wichtigsten **typischen Elemente** eines Epigramms auf: Kürze, Spott, kunstvolle Ausgestaltung auf knappstem Raum, Prägnanz, Schlusspointe.

Hier können auch **weitere Informationen über den Autor**, sein **Werk** und **die Zeitumstände** einfließen (zu Martial bzw. zum Epigramm vgl. S. 118, 120).

- Typisch für Martials Dichtung ist hier, dass er sich über körperliche und charakterliche Schwächen anderer lustig macht.
- Dies empfand man in der Antike offenbar nicht als geschmacklos.
- Grundsätzlich zielt Martial aber – typisch für die Spottdichtung der Kaiserzeit – auf allgemeine gesellschaftliche Phänomene und nicht auf Einzelpersonen (*parcere personis*).
- Wenn Martial hier also Namen nennt, so stehen diese nicht für bestimmte Personen, sondern eher für gesellschaftliche Gruppen oder typisch menschliche Verhaltensweisen.

Schreibe nun eine Interpretation des Gedichts in einem zusammenhängenden Text in ganzen Sätzen. Gehe insbesondere auf die Frage ein, wie es

Martial gelingt, auf engem Raum Spott und Witz mit hohem literarischem Anspruch zu kombinieren.

Übersetzungsvergleich

Der erste Satz von Caesars „De Bello Gallico" lautet in Übersetzung so: **Gallia est omnis divisa in partes tres.**	• Ganz Gallien ist in drei Teile geteilt. (M. Drieschner) • Gallien zerfällt als Gesamtland in drei Teile. (A. Baumstark) • Gallien ist in drei Hauptteile gegliedert. (G. Dorminger) • Gesamtgallien ist gegliedert in drei Teile. (O. Schönberger)
Das sind jedoch vier Übersetzungen und nicht eine, und es sind noch viele andere vorgeschlagen worden. Wie kann das sein? Welche davon ist denn nun richtig?	Alle können beanspruchen, richtig zu sein. Es gibt nie nur eine einzige richtige Übersetzung. Jede Übersetzung ist eigentlich das Ergebnis der Interpretation eines Textes.

Umgang mit Übersetzungen

Die Übersetzung ist der Versuch, das, was in der **Ausgangssprache (Latein)** geschrieben ist, möglichst treffend in die **Zielsprache (Deutsch)** zu übertragen. Dabei kann der Übersetzer bzw. die Übersetzerin aber **unterschiedliche Ziele** in den Vordergrund stellen. Solche Ziele sind:	• Lateinische **Strukturen** sollen möglichst **genau** ins Deutsche übertragen werden. • Der **Sinn** soll möglichst **verständlich und ausdeutend** ins Deutsche übertragen werden (z.B. durch Umschreibung bzw. Beschreibung von Begriffen, die für den deutschen Leser erklärungsbedürftig sind). • **Stil und Ton** des lateinischen Textes sollen möglichst **treffend** ins Deutsche übertragen werden (z.B. nüchterner Bericht [Caesar], pointierte dichterische Texte [Martial]). • Die **Wortstellung** soll abgebildet werden (z. B. bei Gedichten oder witzigen Texten, bei denen das letzte Wort die Pointe enthält [Martial]).
Die Ziele hängen auch davon ab, für **welches Lesepublikum** die Übersetzung gedacht ist, z. B.:	• Fachleute, z. B. Latein Unterrichtende • breites Publikum mit geringer Vorkenntnis der lateinischen Sprache und Kultur • Mitschülerinnen und Mitschüler
Im **Internet** findet man fast zu jedem wichtigen lateinischen Text Übersetzungen. Diese sind allerdings nicht immer gleich hilfreich:	• Manche sind fehlerhaft oder so antiquiert, dass man sie kaum verstehen kann. • Manche sind sehr frei, weisen z. B. Auslassungen oder Hinzufügungen nicht aus.
Es ist wichtig, sich einen professionellen Blick auf Übersetzungen zu erarbeiten, um nicht auf ungeeignete Texte „hereinzufallen". Durch den genauen Vergleich einer oder mehrerer	Übersetzungen mit dem Originaltext erhält man auch einen vertieften Einblick in das Funktionieren von Sprachen und Stilen.

Vorgehen beim Vergleich von Original und Übersetzung

1. Beobachten

- Lies zuerst die deutsche Übersetzung und dann den lateinischen Text.
- Arbeite heraus, an welchen Stellen und in welcher Hinsicht die Übersetzung vom lateinischen Text abweicht, z. B.: **Satzstruktur**, **Wortstellung**, **Wortbedeutung**, **bildhafte Ausdrücke**.

Gallia **est** omnis **divisa** in partes tres.

Gallien **zerfällt als Gesamtland** in drei Teile.

2. Beschreiben

- Beschreibe die Abweichungen möglichst genau.

Das Perfekt Passiv *est divisa* ist mit einer Form im Präsens Aktiv wiedergegeben: **zerfällt**.

Das auf *Gallia* bezogene Adjektiv *omnis* ist interpretierend durch das zusammengesetzte Substantiv Gesamtland wiedergegeben.

3. Beurteilen

- Beurteile, ob die Abweichungen vom Original **gerechtfertigt** sind oder nicht. Dazu ist es nötig, dass du die Aussagen auch im lateinischen Text gut verstanden und richtig interpretiert hast.

Das Perfekt Passiv *est divisa* kann als Beschreibung eines Zustandes aufgefasst werden. Deshalb ist die Wiedergabe durch das deutsche Präsens in der Bedeutung **es zerfällt** passend. Caesar wollte wohl einen Zustand beschreiben und nicht sagen, dass Gallien von irgendjemandem so aufgeteilt wurde. Insofern passt die Übersetzung.

- Achte dabei auch darauf, ob durch die Übersetzung der **Ton** des Originals getroffen ist.

Durch die Stellung von *omnis* im Satz liegt nahe, dass das Adjektiv hier prädikativ verwendet ist. Dies wird in der Übersetzung deutlich. Offenbar soll der Bezug von *omnis* zu Gallien als Land durch den sehr ungewöhnlichen Ausdruck Gesamtland wiedergegeben werden. Dies entspricht allerdings nicht dem Ton des Originals.

- Bei **metrischen Texten** ist es auch sinnvoll darauf zu achten, ob die Übersetzung eine Nachahmung des lateinischen Versmaßes versucht oder nicht.

Auf diese Weise kannst du auch mehrere Übersetzungen untereinander vergleichen – auch solche, die in eurer Lerngruppe entstanden sind.

Vergleiche nun nach der beschriebenen Vorgehensweise die obigen Übersetzungen (S. 223) mit dem Original und untereinander.

Erkennen und Deuten rhetorischer Stilmittel

In der Antike wurden literarische Texte sehr kunstvoll gestaltet. Besonders für **Redner** war es wichtig, ihre Reden mit **rhetorischen Stilmitteln** zu schmücken. Doch auch in anderen Textsorten – nicht zuletzt in **Gedichten** – spielen Stilmittel eine große Rolle. In der folgenden Liste findest du Stilmittel, die in diesem Buch vorkommen, und es wird gezeigt, wie du sie für die Interpretation (vgl. S. 221) auswerten kannst.

Typische **Funktionen** von Stilmitteln:
- Steigerung der **Attraktivität** eines Textes durch kunstvolle Sprache, insbesondere durch ansprechenden **Wortklang** und **Satzrhythmus**,
- **Hervorhebung** eines Begriffs oder einer Aussage,
- **Beeinflussung** oder sogar Steuerung der Gefühle und Meinungen des Lesers/Zuhörers.

1. Wortstellung/Satzbau

Alliteration: Verwendung des gleichen Lauts am Beginn aufeinanderfolgender Wörter → Betonung einer Aussage bzw. der Zusammengehörigkeit von Wörtern	Caesar, **BG 1.6.1** (S. 90): ut facile perpauci prohibere possent Die Abwehr von Feinden wird als besonders einfach dargestellt.
Anapher: Wiederholung desselben Wortes oder Ausdrucks am Beginn von Sätzen, Teilsätzen oder Versen → Betonung (eines Aspekts) der Aussage	Martial, **5.58** (S. 134): Cras te victurum, cras dicis, Postume, semper. Dic mihi: Cras istud, Postume, quando venit? [...] Cras vives? Das ständige Verschieben von Handlungen auf morgen durch Postumus wird durch Wiederholung des Wortes betont.
Antithese: unmittelbare Gegenüberstellung inhaltlich gegensätzlicher Begriffe → Erreichen einer besonderen Prägnanz im Ausdruck durch Nennung eines Gegensatzpaars; Lenkung der Aufmerksamkeit auf den Gegensatz	Martial, **5.43.1** (S. 126): Thais habet nigros, niveos Laecania dentes. Die schwarzen Zähne von Thais stehen in direktem Gegensatz zu den strahlend weißen von Laecania.
Asyndeton: unverbundene Aufzählung → Verkürzung des Ausdrucks, manchmal als Zeichen von Erregung oder schneller Handlungsabfolge	Nepos, **Hann. 3.2–4** (S. 60): Alpicos ... concidit, loca patefecit, itinera muniit, effecit, ... Tätigkeiten, die Hannibal bei der Alpenüberquerung in rascher Folge ausführt, werden unmittelbar aneinandergereiht.
Chiasmus: Aufbau von Wendungen, Sätzen oder Teilsätzen in der Struktur a-b, b-a; schreibt man diese Strukturen untereinander, dann lassen sich die entsprechenden Begriffe zu dem griechischen Buchstaben X („chi") verbinden → Hervorhebung eines Ausdrucks durch besonders anspruchsvolle Wortstellung	Martial, **5.43.2** (S. 126): Thais habet nigros $\times$ niveos Laecania dentes Der Gegensatz zwischen den beiden Frauen wird auch formal verdeutlicht.

Ellipse: Auslassung eines Wortes, das aber leicht ergänzt werden kann (zumeist eine Form von *esse* oder ein Begriff aus dem vorangehenden Satz) → Verknappung des Ausdrucks	Caesar, **BG 1.11** (S. 94): Caesar non exspectandum sibi statuit. Caesar beschränkt sich auf das Notwendige; dies wird durch das Fehlen von *esse* nach *exspectandum* hervorgehoben.
Enjambement (dt.: Zeilensprung): Wird ausschließlich in der Dichtung verwendet. Eine Satz- oder Sinneinheit geht über die Grenzen eines Verses hinaus und „springt" in den nächsten Vers weiter. → Spannungssteigerung, Betonung der sinntragenden Wörter zu Beginn des Folgeverses	Martial, **9.15** (S. 132): Inscripsit tumulis septem scelerata virorum se fecisse Chloe. Das *se* am Versbeginn betont Chloes Stolz auf ihr Handeln. Zugleich wird eine Erwartung aufgebaut: Hat Chloe wirklich Grund, stolz zu sein?
Hendiadyoin: Verwendung zweier bedeutungsähnlicher Begriffe, häufig durch „und" verbunden → Hervorhebung eines Sachverhalts durch Doppelung in seiner Beschreibung; am besten mit **einem** Begriff zu übersetzen	Caesar, **BG 1.1.3** (S. 84): a cultu atque humanitate provinciae ... absunt ~ „verfeinerte Lebensweise" („Kultur und Bildung")
Historisches Präsens: Präsens bei Schilderungen von Ereignissen in der Vergangenheit, bei denen eigentlich Perfekt oder Imperfekt stehen müsste → „Vergegenwärtigung" einer Handlung, die dadurch dramatischer auf den Leser wirkt	Caesar, **BG 1.8** (S. 92): (Caesar) praesidia disponit, castella communit, quo facilius (Helvetios) prohibere possit. Die Zeit drängt, Caesar handelt rasch und lässt den Leser dabei mitfiebern.
Hyperbaton: Auseinanderrücken aufeinander bezogener Begriffe (oft: Substantiv und Adjektiv) → Hervorhebung der gesperrt gestellten Wendung; bisweilen abbildende Wortstellung, wenn etwa eine weite Entfernung ausgedrückt werden soll	Martial, **9.91** (S. 140): Ad cenam si me diversa vocaret in astra ... Die weite Entfernung zwischen den verschiedenen Sternen, auf die der Dichter eingeladen wird„ wird verdeutlicht.
Klimax: inhaltliche Steigerung in den einzelnen Gliedern einer Aufzählung → Vermittlung des Eindrucks eines besonders bedeutenden oder intensiven Handlungsablaufs	Caesar, **BG 1.8** (S. 92): operis munitione et militum concursu et telis Zunächst wird die Befestigung erwähnt, dann das Eintreffen der Soldaten, schließlich Geschosse.
Parallelismus: paralleler Aufbau von Wendungen, Sätzen oder Teilsätzen (z. B. Struktur a-b-c, a-b-c), z. B. durch gleiche Abfolge von Wörtern bestimmter Wortarten, Formen oder Bedeutungsfelder → Schaffung einer besonders klaren Ausdrucksweise; bisweilen Eindruck bedeutungsschwerer, erhabener oder feierlicher Abläufe	Vell. Pat., **Hist. 2.41** (S. 81): (Caesar) magnitudine cognitionum, celeritate bellandi, patientia periculorum Magno Alexandro simillimus Die Bedeutung der Eigenschaften, in denen Caesar Alexander dem Großen ähnelt, wird hervorgehoben.

Polysyndeton: Aufzählung, deren Glieder jeweils durch eine Konjunktion (z. B. *et*, *-que*, *aut*) verbunden werden
→ Verlangsamung der Handlung; Erweckung des Eindrucks von Ausführlichkeit bzw. großem Aufwand der Handlungen

Martial, **1.10.2** (S. 126):
et cupit et instat et precatur et donat

Das Werben eines Mannes um eine Frau wirkt durch die zahlreichen Verbindungen besonders intensiv.

Polyptoton: Verwendung mehrerer verschiedener Formen eines Wortes kurz hintereinander
→ Überbetonung eines Wortes, oft mit komischem Effekt

Martial, **12.39** (S. 126):
Odi te, quia bellus es, Sabelle.
Res est putida bellus (...)
Tabescas utinam, Sabelle belle!

Dass Sabellus hübsch ist, wird so überbetont, dass man ahnt: Irgendetwas stimmt damit nicht.

Trikolon: Aufzählung oder Satzgefüge, das aus genau drei Gliedern besteht
→ Betonung der Aussage, die durch die Nennung dreier Elemente besondere Bedeutung erlangt

Caesar, **BG 1.1.2** (S. 84):
lingua, institutis, legibus inter se differunt.

Die Kultur der gallischen Stämme lässt sich unter drei Oberbegriffe fassen.

2. Wortbedeutung / Bedeutung von Aussagen

Metonymie: Vertauschung eines Begriffs mit einem anderen aus demselben Zusammenhang (meist wird Abstraktes durch Konkretes ersetzt, z. B. die Institution „Bundesregierung" durch den Ort „Berlin")
→ aufgrund der Konkretheit größere Anschaulichkeit des Ausgedrückten

Phaedrus, **fab. 1.1** (S. 10):
(lupus) fauce improba ... incitatus

Der Schlund des Wolfes steht für die Gier, mit der er das Lamm fressen will.

Personifikation: Vermenschlichung einer – oft abstrakten – unbelebten Sache durch die Darstellung als handelnde, denkende und oft sprechende Person
→ Möglichkeit, unbelebten Sachen „eine Stimme zu geben"

Phaedrus, **fab. 1.13** (S. 14):
Tum demum ingemuit corvi deceptus stupor.

„Die Begriffsstutzigkeit des Raben seufzt":
Der Rabe seufzt, weil er wegen seiner Begriffsstutzigkeit getäuscht worden ist. Die Personifikation unterstreicht, dass die Begriffsstutzigkeit für das Pech des Raben „verantwortlich" ist.

Rhetorische Frage: Stellen einer Frage, auf die keine Antwort erwartet wird; Verwendung einer Frage als Aussagesatz
→ Verstärkung der Aussage durch Frageform; oft Einbeziehung des Lesers durch direkte Anrede

Martial **9.15** (S. 132):
Quid pote simplicius?

„Was kann einfacher sein?" Die einzig mögliche Antwort lautet: Nichts.

Versanalyse

Antike Dichtung ist in **Versen** geschrieben, deren **Rhythmus** auf der geordneten Abfolge von langen (Symbol: —) und kurzen (◡) **Silben** basiert.

Wir beschäftigen uns hier nur mit dem Versmaß des elegischen Distichons.

Wann gilt eine Silbe als lang bzw. kurz?

Eine Silbe ist **lang**,
- wenn sie einen langen Vokal hat (**Naturlänge**),
- wenn auf einen kurzen Vokal zwei oder mehr Konsonanten folgen (**Positionslänge**).

Eine Silbe ist **kurz**,
- wenn auf einen kurzen Vokal (Silbenträger) nicht mehr als ein Konsonant folgt,
- z. B.: *făcĭs – mĕus*

Zu den **naturlangen** Silben gehören zum Beispiel die **Diphthonge** (Doppelvokale, z. B. *ae*, die als ein Laut gesprochen werden).

TIPP: Naturlängen werden im Lexikon mit einem Strich über dem Vokal gekennzeichnet, z. B. *tēctum*.

Achtung, Länge!
- *x* und *z* sind Doppelkonsonanten („cs" bzw. „ts") und führen daher zu **Positionslänge**.

Achtung, Kürze!
- *h* gilt nicht als Konsonant.
- *qu* gilt als nur ein Konsonant.
- Die Konsonantenverbindung *muta (b, p, d, t, g, c) cum liquida (l, r)* führt meist nicht zu Positionslänge.

Woraus besteht ein Versfuß, woraus ein Vers?

Die einzelnen Silben bilden **Versfüße** (Metren), rhythmische Einheiten ähnlich Takten in der Musik. Für uns sind diese Versfüße wichtig:

- der **Daktylus**: — ◡ ◡ (eine lange Silbe, zwei kurze Silben)
- der **Spondeus**: — — (zwei lange Silben)

Ein **Vers** besteht jeweils aus einer bestimmten Anzahl von Versfüßen. So bilden
- **sechs Versfüße** den **Hexameter**,
- **fünf Versfüßen** den **Pentameter**.
- Beide zusammen ergeben ein **Distichon**.

Die meisten **Epigramme Martials** bestehen aus **Distichen**. Er verfasst aber auch Epigramme mit „festen" Versmaßen (z. B. Elfsilbler). Solche Versmaße sind jedoch im Lateinunterricht nicht Gegenstand einer Versanalyse.

Wie sieht ein Hexameter bzw. Pentameter aus?

Hexameter:

Versfuß 1–4:   Daktylus oder Spondeus

Versfuß 5:   meist Daktylus, selten Spondeus

Versfuß 6:   eine lange Silbe und eine Silbe, die lang oder kurz ist (*anceps:* ×)

Pentameter:

Versfuß 1–2:	Daktylus oder Spondeus
<u>gefolgt von:</u>	einer langen Silbe (ein „halber" Versfuß)
<u>gefolgt von:</u>	zwei Daktylen
<u>gefolgt von:</u>	einer langen oder kurzen Silbe (ein weiterer „halber" Versfuß)

— — | — — | — | — ◡◡ | — ◡◡ | ×
— ◡◡ | — ◡◡ | — | — ◡◡ | — ◡◡ | ×

Die blaue Markierung kennzeichnet unveränderbare Versfüße/Längen.

Man könnte auch sagen, der Pentameter besteht aus der Wiederholung des halben Hexameters. Dabei besteht der dritte bzw. sechste Versfuß aus nur einer Silbe, und nur in der ersten Hälfte des Verses können die Daktylen durch Spondeen ersetzt werden.

Angewandt auf Martials Epigramm **1.101** (S. 121) sieht das Schema so aus:

— ◡◡ | — ◡ ◡ | — — | — ◡◡ | — ◡◡ | — ×
Scribere me quereris, Velox, epigrammata longa.
— ◡◡ | — — | — | — ◡◡ | — ◡◡ | ×
Ipse nihil scribis: tu breviora facis.

Was ist sonst noch zu beachten?

Endet ein Wort auf einen Vokal (oder Vokal + *m*) und beginnt das nächste mit Vokal (oder *h* + Vokal), dann entsteht ein sogenannter **Hiat**. Dieses Aufeinanderstoßen zweier Vokale empfand man als unschön und vermied es, indem man **die beiden Laute zu einem zusammenzog**:

- Vokal vor Vokal

- Vokal + *m* vor Vokal
- Vokal / Vokal + *m* vor *est*/*es*

parvaqu(e)‿in urbe domus. (sprich: *parva**quin** urbe*)

amicum‿alium (sprich: *ami**cali**um*)
terra‿(e)st (sprich: *terr**ast***)

Wie analysiere ich einen Vers metrisch?

Um einen Vers metrisch zu analysieren, geht man am besten nach folgendem **4-Schritte-Schema** vor.

Kopiere dafür die zu analysierenden Verse auf ein Blatt (Beispiel: **Hexameter** aus Martial **1.101**):
Scribere me quereris, Velox, epigrammata longa.

①	Man prüft den Vers auf mögliche Hiate, streicht den letzten Vokal des vorderen Wortes durch und verbindet beide Wörter mit einem Bogen:	z. B.: ratio et → rati~~o~~‿et. Nun hat man die korrekte Anzahl von Silben für die Analyse.
②	Man trägt über den unveränderlichen Silben das Schema ein. Dies sind • die erste Silbe (immer lang), • die letzten 5 Silben (= 5. und 6. Versfuß) (immer daktylisch)	z. B.: — | — ◡◡ | — × Scribere me quereris, Velox, epigrammata longa.

③ Man legt die restlichen Silben fest. Dabei orientiert man sich an den Vokalen (= Silbenträger) und prüft, ob auf den jeweiligen Vokal zwei oder mehr Konsonanten folgen.

Dabei stets auf *muta cum liquida* achten! Hier außerdem: x gilt als zwei Konsonanten:

$$— \qquad — \quad — \quad |— \cup\cup|— \text{ x}$$
Scribere me quereris, Velox, epigrammata longa.

④ Man trägt von links nach rechts die noch fehlenden Kürzen ein und trennt die einzelnen Versfüße durch senkrechte Striche ab. Wenn dabei in einer zweiten Versfußhälfte nur eine Silbe verbleibt, handelt es sich um eine **Naturlänge**.

Entsprechend ist bei *Vēlox* ein Spondeus einzutragen:

$$— \cup\cup|— \quad \cup \ \cup|——|— \ \cup\cup|— \quad \cup\cup|— \text{ x}$$
Scribere me quereris, Velox, epigrammata longa.

Pentameter
Beim Pentameter geht man wie beim Hexameter vor. Hier ist es sogar noch etwas leichter, da in Schritt ② die **7 Silben** der **zweiten Pentameterhälfte** immer gleich sind: $—\cup\cup|—\cup\cup|—$.

TIPP: Schritt ③ und ④ kann man mit einem Trick verkürzen: Die **erste Pentameterhälfte** hat stets 5, 6 oder 7 Silben:
- 5 Silben → alle Silben sind Längen
- 7 Silben → Schema $—\cup\cup|—\cup\cup|—$
- 6 Silben → prüfen, ob das 1. oder 2. Metrum aus $|—\cup\cup|$ besteht. Das andere ist $|——|$.

Wie lese ich Verse richtig?

Wie antike Gedichte tatsächlich geklungen haben, wenn man sie vortrug, ist umstritten: Achtete man mehr auf den **Rhythmus des Verses** oder auf den **natürlichen Wortakzent**? Dass die natürliche Betonung ganz ignoriert wurde, ist zumindest unwahrscheinlich.

Der Lesepraxis dürfte also ein Vortrag nahekommen, der einerseits dem natürlichen Wortakzent folgt (wobei auch **Hiatvermeidung** beachtet werden muss), andererseits den Rhythmus der Längen und Kürzen berücksichtigt.

In den modernen europäischen Sprachen und ihrer Dichtung spielt die Länge der Silben allerdings keine Rolle mehr, sodass wir beim Vortrag antiker Verse die Unterschiede zwischen langen und kurzen Silben kaum wahrnehmen. Daher hat sich bei der Rezeption antiker Dichtung im Laufe der Jahrhunderte als Behelfslösung für das Vorlesen antiker Verse eine **akzentuierende Vortragsweise** eingebürgert. Dabei betont man jeweils die erste Silbe eines Versfußes.

Man liest also z. B.: *Tháis habét nigrós, niveós Laecánia déntes.*
Nach diesem Prinzip werden antike Versmaße auch in moderner Dichtung verwendet: Versakzent und Wortakzent fallen weitgehend zusammen, so z. B. in Friedrich Schillers Epigramm: *Wánderer, kómmst du nach Spárta, verkúendige dórten, du hábest ‖ úns hier líegen geséhn, wíe das Gesétz es befáhl.* (Vgl. auch das Beispiel S. 130).

Das elegische Distichon ist – neben der Liebeselegie, die du im nächsten Jahr kennenlernen wirst – vor allem das Versmaß des **Epigramms**.

Du findest es in vielen Gedichten **Martials** (S. 120–143), aber auch in Graffiti und mündlich kursierenden **Spottversen** (z. B. S. 76).

Recherche im Internet

Suchmaschinen gezielt nutzen

Eine **Suchmaschine wählen**: Es gibt nicht nur eine!	Achte auch darauf, ob deine Suchmaschine die Privatsphäre respektiert (u. a. keine Auswertung für personalisierte Werbung).
Tipp: Auf der **gefundenen Seite** suchen:	Mit der **Tastenkombination Strg + F** kannst du eine Internetseite nach dem entsprechenden Schlagwort durchsuchen.

Treffergenauigkeit erhöhen

Grundsätzlich gilt bei der Suche im Internet: **Wenige, prägnante Worte sind besser als ganze Sätze**. Auch die **Reihenfolge** spielt eine Rolle:	So liefert z. B. die Suche nach „München, Bayern" ganz andere Ergebnisse als nach „Bayern München".
Zudem können Suchergebnisse eingegrenzt oder ausgeweitet werden, auch mithilfe sogenannter **Operatoren**:	• Will man nach einer ganz bestimmten **Kombination** von Wörtern, etwa einem Zitat, suchen, setzt man diese in **Anführungszeichen**. • Weitere Möglichkeiten, eine Suche zu verfeinern, findest du in den **Einstellungen** oder über die **Hilfe**-Funktion deiner Suchmaschine.
Oft kommt man schneller und genauer zum Ziel, wenn man Begriffe nicht in eine Suchmaschine, sondern direkt in einem **Onlinelexikon** (z. B. Wikipedia) eingibt.	• Ein **Lexikon** eignet sich für die Suche nach einem ganz bestimmten **Begriff**. • Eine **Suchmaschine** eignet sich für **Kombinationen** von Begriffen.

Quellen richtig nutzen

Wie ist nun mit den gefundenen Inhalten zu verfahren? Erste Regel: Nicht alles glauben! Nicht alle Anbieter von Informationen sind seriös; und auch bei beliebten Onlinelexika wie Wikipedia kann die **Qualität** (und Richtigkeit) einzelner Artikel durchaus **sehr stark schwanken**.

1. **Mehrere Quellen nutzen** Grundsätzlich gilt: **niemals nur eine einzige Quelle heranziehen**. Gerade bei der Internetrecherche sollte man stets mindestens eine **zweite Meinung einholen**.	Die **Kombination** von **Onlinesuche, Online-Lexikon** und ggf. auch **gedruckten Medien** führt zu deutlich besseren Ergebnissen.

2. Quellen auswählen

Unter Tausenden von Treffern kommt es darauf an, die richtigen auszuwählen.

Veröffentlichungen, hinter denen eine **Redaktion** steht (Zeitungsbeiträge, Bücher, wissenschaftliche Artikel etc.) sind im Allgemeinen zuverlässiger als private Internetseiten, Blogs oder Beiträge in Diskussionsforen, Bewertungen etc.

3. Quellen checken

Grundsätzlich sollte man bei jeder Quelle überprüfen, ob

- der angebotene **Inhalt sachlich richtig oder vertrauenswürdig** ist,
- ob für die jeweilige Information ein **Beleg angegeben** ist. Dies ist bei seriösen Autoren in der Regel der Fall.

- Bei Internetlexika sind die Quellen oft in Fußnoten angegeben.
- Beim Quellencheck sollte man sich außerdem immer fragen, ob die jeweilige Seite möglicherweise Ziele verfolgt, die nicht auf den ersten Blick zu erkennen sind.

4. Den Verfasser checken

Ist man sich bei einer Seite hinsichtlich der **Zuverlässigkeit unsicher**, sollte man sich über den Verfasser der Seite informieren.

Dazu genügt oft ein Blick ins **„Impressum"**. Jede seriöse Seite muss ein solches Verfasserverzeichnis aufweisen. Fehlt es, sollten die gebotenen Informationen nur mit größter Vorsicht oder gar nicht genutzt werden. Ob die Angaben im Impressum stimmen, kann man z. B. über denic.de oder whois.com überprüfen.

Urheberrechte beachten

Grundsätzlich gilt: In Präsentationen wie auf Handouts **bei jedem Inhalt** (Artikel, Zitat, Bild, Grafik, Video etc.), der aus dem Internet oder einem anderen Medium übernommen wurde, die **Quelle angeben!** Dies gilt unabhängig davon, ob die Inhalte urheberrechtlich geschützt sind oder nicht. **Darüber hinaus** sollte man folgendes über **Urheberrechte** wissen und beachten:

Auch wenn Inhalte wie Bilder, Videos, Texte oder Präsentationen im Internet frei verfügbar sind, dürfen sie nicht ohne Weiteres verwendet oder weiterverbreitet werden (dies gilt übrigens nicht nur für „offizielle", also z.B. schulische Zwecke, sondern auch für den privaten Bereich!).
Man muss also immer darauf achten, dass die **benutzten Inhalte nicht urheberrechtlich geschützt** sind.
Folgende Tipps helfen, Ärger zu vermeiden:

- In allen Suchmaschinen kann man unter den **erweiterten Suchoptionen** gezielt nach Medien mit bestimmten Nutzungsrechten suchen.
- Bei Bildern und Grafiken von Wikipedia/ Wikimedia sind immer **Lizenzinformationen** (z.B. eingeschränkte Nutzung) angegeben, die man berücksichtigen muss.
- Sind Inhalte als **„public domain"** oder **„gemeinfrei"** gekennzeichnet, können sie problemlos verwendet oder vervielfältigt werden.
- Bei Inhalten, die mit einer sogenannten **„Creative Commons"-Lizenz** geschützt sind, ist genau angegeben, was erlaubt und was nicht erlaubt ist. In jedem Fall muss jedoch der **Name des Urhebers** genannt werden (genauere Informationen unter www.creativecommons.org).

Präsentation: Lateinische Texte anschaulich machen

Wenn man einen lateinischen Text seinen Mitschüler/innen vorstellen soll, kann sich der Einsatz digitaler Medien empfehlen. Digitale Textverarbeitung eignet sich besonders gut, um lange, komplexe Sätze übersichtlich aufzubereiten.

Wichtig ist vor allem, dass die Informationen, die man vermittelt, beim „Publikum" im Gedächtnis bleiben. Dabei gilt folgende Grundregel:
**Vortrag + Visualisierung =
bessere Verankerung im Gedächtnis**.

1. Gestaltung einer digitalen Präsentation

Eine **Schrift** wählen: Wähle geeignete **Schriftarten**, **Schriftgrößen** und **Farben**:	• optimale **Schriftgröße**: 28pt, mindestens 20pt • Klare **Schriftart** ohne Schnörkel auswählen, kein Wechsel der Schriftart • **Farben** sparsam verwenden, grundsätzlich gilt: **gleiche Farbe für gleiche Bedeutung** (z. B.: Chiasmus immer blau, Antithese immer rot) • **Hervorhebungen** können durch **Fettung**, farbigen Text oder Markierungen erfolgen
Auf **Kontraste** achten: • Der eigentliche Text muss immer **gut lesbar** sein und sich gut vom Hintergrund abheben.	• **Gut: Dunkel auf Hell** (z. B. Schwarz auf Weiß) • **Ungeeignet:** allzu ähnliche Farben, Muster oder Fotos als Hintergrund.
Folien/Tafelbilder gestalten: Grundsätzlich gilt für eine effektive Präsentation: **Weniger ist (oft) mehr.**	• Text immer **auf das Nötigste reduzieren**; in Stichpunkten formulieren • Folien **nicht „vollstopfen"**: maximale Anzahl von Stichpunkten pro Folie: **5 (+/−2)**

2. Digitale Aufbereitung eines lateinischen Textes am Beispiel: Nepos, Hann. 2.6 (S. 58)

1. Satzstruktur nach der **Einrückmethode** darstellen: Alle Satzteile (**Haupt-** und **Nebensätze**) beginnen in einer neuen Zeile:	• **HS** (Hauptsätze) stehen ohne Einrückung links • **NS1** (Nebensätze 1. Grades) werden einfach eingerückt, **NS2** zweifach, usw.
2. Bezüge hervorheben (Nepos, Hann. 2.6):	Id ego ius iurandum patri datum (...) conservavi.
3. Ein PC oder Zusammengehöriges als Blöcke darstellen:	Id ego ius iurandum patri datum (...) conservavi.

Beispiel: Grafik zu Nepos, Hann. 2.6 (S. 58)

Id ego ius iurandum patri datum usque ad hanc aetatem ita conservavi,
    ut nemini dubium esse debeat,
            quin reliquo tempore eadem mente sim futurus.

Die WERKSTATT und andere Hilfsmittel richtig einsetzen

Die WERKSTATT hilft dir, dich in den Bereichen **Wortschatz**, **Grammatik** und **Kultur** gezielt auf jeden Lesetext vorzubereiten.

Zeilenangaben ermöglichen dir die passende **Auswahl** und **Portionierung**. Außerdem gibt es zu jedem Bereich weitere **Hilfsmittel außerhalb des Buches**, die du heranziehen kannst.

1. Die WERKSTATT – mach dich fit für jeden Text!

Wortschatz

- **Lernwörter** sind wichtige Vokabeln, die nicht in allen Lateinbüchern vorgekommen sind. Einige werden dir bekannt sein, weil du sie in deinem Lateinbuch schon gelernt hast.

Die Lernwörter sind nach Vorkommen im Text (mit **Zeilenangabe**) und teils auch nach wortkundlichen Prinzipien (→ unten, 2.3) geordnet.

- **Wiederholungswörter** sind Vokabeln, die in allen Lateinbüchern vorgekommen sind. Sie werden als bekannt vorausgesetzt.

Sie finden sich (in der Reihenfolge ihres Vorkommens im Text) immer als **Aufgabe 1**. Wenn du sie vergessen hast, schlage sie im **Wörterbuch-Anhang** (→ S. 240) oder einer **Wortkunde** (→ unten, 2.2) nach, oder nutze ggf. die „Vokabel-Challenge" auf **LateinLex**.

- **Erschließungswörter** sind Vokabeln, die du noch nicht oder nicht in dieser Bedeutung kennst, die du dir aber leicht erschließen kannst.

Sie finden sich **ab Aufgabe 2**. Die Wörter sind teils aus dem Zusammenhang, teils anhand der **Wortbildungsregeln** (→ Übersicht S. 258; → unten, 2.2) zu erschließen. Die Zeilenangaben zeigen dir, in oder ab welcher Textzeile die Aufgaben weiterhelfen.

Grammatik

Diese Aufgaben bereiten gezielt auf die Verwendung eines bestimmten Grammatikphänomens im Text vor. Das jeweilige **Grammatikphänomen** ist klar **bei jeder Aufgabe angegeben**.

Solltest du dir bei einem bestimmten Phänomen nicht mehr sicher sein, schlage zuvor in einer **Grammatik** (→ unten, 2.1) nach und/oder vertiefe das Phänomen mit dem **Arbeitsheft**.
Auch hier helfen dir die **Zeilenangaben** bei der **Auswahl** passender Aufgaben.

Sachwissen

Gelegentlich bereiten Aufgaben gezielt auf **kulturelle Hintergründe** oder **Anspielungen** in einem Textabschnitt vor.

Meist handelt es sich um Recherche-Aufgaben. Hier helfen oft die *Grundkenntnisse Latein* (→ unten, 2.3) weiter.

Hinweis: Manchmal wirst du feststellen, dass Lern- oder Wiederholungswörter, aber auch Aufgaben **mehrere Male** in der WERKSTATT vorkommen.

Dies ist nötig, weil in verschiedenen Lerngruppen jeweils andere Texte ausgewählt werden können. Deshalb bietet jeder WERKSTATT-Teil immer alles an.

2. Hilfsmittel eigenverantwortlich verwenden

2.1 (System-)Grammatik

Grammatiken bieten – im Unterschied zu einer nach Lehrbuch-Lektionen gegliederten Begleitgrammatik – eine **systematische Darstellung** der lateinischen Sprache. Sie sind gegliedert in **Lautlehre, Formenlehre, Satzlehre** und meist auch **Verslehre**.

Jeder Bereich ist wiederum in **Unterbereiche** gegliedert, z. B. *Formenlehre → Adjektive → Adjektive der kons. Deklination.*
Wegen der Systematik eignet sich eine Grammatik gut zum Nachschlagen und Wiederholen. Neben Erläuterungen und Beispielsätzen enthält sie auch tabellarische Übersichten.

2.2 Wortkunde

Wortkunden bieten im Unterschied zu Wörterbüchern nicht Einzelwörter in alphabetischer Reihenfolge, sondern **Wortfamilien**. So findet man etwa das Wort *redigere* nicht unter R, sondern unter A, da es zu *agere* gehört. Außerdem findet man wichtige **Wortverbindungen** (z. B. bei *agere: vitam agere*).

Wortkunden eignen sich dazu, Wortschatz anhand der Wortfamilien systematisch zu wiederholen und zu vertiefen.
Wenn du z. B. bei der Arbeit mit der WERKSTATT ein Wiederholungswort in der Wortkunde nachschlägst, kannst du gleichzeitig auch andere Wörter derselben Wortfamilie wiederholen.

2.3 Grundkenntnisse Latein (GK)

https://www.isb.bayern.de/download/9813/grundkenntnisse_latein.pdf
Die *Grundkenntnisse* bieten in sieben Kapiteln eine **digitale Übersicht** über **wesentliche Inhalte**, die du **bereits gelernt** hast (Kapitel 1–6) und die du ab der 9. Jgst. noch lernen wirst (vor allem Kapitel 7). Es finden sich auch Hinweise zur Benutzung.

Die *Grundkenntnisse* eignen sich ebenso zum Wiederholen und Vertiefen wie zur inhaltlichen Vorbereitung auf Texte. Wenn in der **Linkleiste von *Legamus!*** auf bestimmte Kapitel der *Grundkenntnisse* **(GK)** verwiesen wird, weißt du, dass du diese Themen bereits gelernt hast und mithilfe der *Grundkenntnisse* wiederholen kannst.

Aufgaben zur Arbeit mit Hilfsmitteln

1. Grammatik

a) In der WERKSTATT findest du Grammatikaufgaben mit folgenden Themenangaben:
konjunktivischer Relativsatz (z. B. S. 148, 211),
Komparativ der Adjektive und Adverbien (S. 149),
Ablativ des Vergleichs (z. B. S. 149, 215),
Kurzformen beim v-Perfekt (z. B. S. 156, 170),
Orts- und Richtungsangaben (z. B. S. 169, 172).
Ordne jedes Thema einem der drei Bereiche (**Laut-**, **Formen-**, **Satzlehre**) zu und kontrolliere dein Ergebnis, indem du in einer Grammatik nachschlägst.
b) Manche WERKSTATT-Themen lassen sich zwei Bereichen zuordnen. Begründe dies an folgendem Beispiel: *Partizip Präsens Aktiv* (S. 157, S. 159). Schlage die Aufgaben in der WERKSTATT nach und wähle den passenden Bereich (**Laut-**, **Formen-**, **Satzlehre**) aus, um dich für die Aufgabe vorzubereiten. Kontrolliere deine Wahl mithilfe einer Grammatik.

2. Wortkunde

Stelle mithilfe einer Wortkunde zum Adjektiv *dignus* ein Substantiv, ein Verb und ein weiteres Adjektiv derselben Wortfamilie zusammen.

3. Grundkenntnisse

Erläutere mithilfe der *Grundkenntnisse* das Verhältnis von Patriziern und Plebejern in der frühen Republik.

Grammatik: Die indirekte Rede (*Oratio obliqua*)

A. Satzarten in der *Oratio obliqua*

1. Hauptsätze als Aussagesätze im AcI

In der **lateinischen indirekten Rede** (*Oratio obliqua*) stehen die **Aussagesätze im AcI**: Bei einem solchen Satz ist in Gedanken ein Verb des Sagens zu ergänzen. **(Legati dixerunt)** sibi **esse in animo** iter per provinciam facere.	Wird im **Deutschen** eine Rede nicht wörtlich, sondern indirekt wiedergegeben, so steht sie immer im **Konjunktiv** (z. B. er habe, sie seien bzw. er hätte, sie würden...). **(Die Gesandten sagten,)** sie **hätten vor,** durch die Provinz zu marschieren.

2. Nebensätze im Konjunktiv

In **sämtlichen Nebensätzen** steht der lateinische **Konjunktiv**: Sibi esse in animo iter per provinciam facere, **propterea quod** aliud iter **haberent** nullum.	Im **Deutschen** steht ebenfalls der **Konjunktiv**. Sie hätten vor, durch die Provinz zu marschieren, **deswegen, weil** sie keine andere Route **hätten**.

3. Aufforderungen im Konjunktiv

Auch bei Aufforderungen steht der lateinische **Konjunktiv**: Ne (...) aut suae magnopere virtuti **tribueret** aut ipsos **despiceret**!	Im **Deutschen** steht „sollen" im **Konjunktiv**. Er (Caesar) **solle** sich nicht allzusehr auf seine Tapferkeit **verlassen** oder die Helvetier **verachten**!

B. Pronomina in der *Oratio obliqua*

Reflexivpronomina (**se/sibi**) beziehen sich auf das Subjekt des übergeordneten Satzes (die „sprechende" Person). (Legati dixerunt) **sibi** esse in animo iter per provinciam facere, **Se** rogare, ut id **sibi** facere liceat.	(Die Gesandten sagten,) **sie** hätten vor, durch die Provinz zu marschieren. **Sie** bäten, dass es **ihnen** erlaubt sei, das zu tun.

Oratio obliqua kompakt

Latein	Deutsch
Aussagesätze stehen im AcI. **Nebensätze** stehen im **Konjunktiv**. **Aufforderungen** stehen im **Konjunktiv**. **Reflexivpronomina** (se/sibi) beziehen sich auf die „sprechende" Person.	Die **indirekte Rede** steht immer im **Konjunktiv** (er habe, sie seien bzw. er hätte, sie würden...).

Wörterbuchgebrauch

Aus deinem bisherigen Lateinbuch kennst du natürlich Listen mit lateinischen Wörtern und ihren deutschen Bedeutungen, in denen du nachschlagen kannst, wenn du eine Vokabelbedeutung nicht kennst. Für die Lektüre lateinischer Originaltexte reichen diese Listen allerdings nicht mehr aus, denn es gibt natürlich viel mehr lateinische Vokabeln, als du bislang gelernt hast. Außerdem sind in einem Wörterbuch viel mehr Bedeutungen angegeben. Wenn also in einem Text eine noch nicht gelernte Vokabel oder ein Wort, dessen Bedeutung du vergessen hast, auftaucht, benötigst du ein richtiges Wörterbuch – gedruckt oder digital. Bei der Benutzung eines solchen Wörterbuchs können allerdings auch Fragen auftauchen:

- **Unter welchem Eintrag (Lemma) muss ich nach einem Wort suchen?** Teilweise sind die Wörter tatsächlich nicht unter der Form verzeichnet, die früher als „Lernform" eingeführt wurde.
- **Welche Bedeutung soll ich auswählen?** Einige Wörter haben so viele Bedeutungen, dass es manchmal gar nicht so einfach ist, die gerade angemessene herauszufinden.
- **Was bedeuten die Abkürzungen?** In Wörterbüchern wird vieles abgekürzt, und nicht alle Informationen, die sich hinter diesen Abkürzungen verbergen, sind für dich wichtig.

Einige Hilfen seien hier kurz vorgestellt: Ihr wollt die Wörter am Beginn eines der Gedichte Martials (**6.60**, S. 122) mit dem „Wörterbuch" im Anhang (S. 240 ff.) klären:

Laudat, amat, cantat nostros mea Roma libellos, ...

1. Wo finde ich ein Wort? Welche Bedeutung soll ich auswählen?

Bei den meisten Wortarten ist es ganz einfach: Im Allgemeinen stehen die Wörter in den dir vertrauten Lernformen. Das ändert nichts daran, dass du über grammatische Formen Bescheid wissen musst, wenn du den richtigen Eintrag finden willst. Größere Schwierigkeiten können jedoch die Verben bereiten.

- **Substantive, Adjektive, Adverbien** und sonstige „kleine Wörter" sind in der „Lernform" verzeichnet.
- Verben werden in der **1. Person Singular Präsens** angegeben.

Wende das auf die Verben im Beispiel an: *Laudat, amat, cantat:* Du wirst diese Wörter sicher gelernt haben und ihre Bedeutungen wahrscheinlich kennen. Deshalb beachte gleich eine der wichtigsten Regeln für den Wörterbuchgebrauch.

- **Wenn du ein Wort kennst, dann schlage es nicht nach!** Andernfalls verlierst du zu viel Zeit.
- Nur dann, wenn die dir bekannte Bedeutung nicht in den Text passt, solltest du im Wörterbuch überprüfen, welche Bedeutung angemessener ist.
- → Dann achte aber darauf, dass es sich hier um Verben handelt. Nenne die Formen, unter denen du die drei Wörter nachschlagen musst.

nostros: Wenn du dieses Wort im Wörterbuch suchst, triffst du auf Einträge wie *nōscō*, *noster* und *nostrās*. Zu *nōscō* sind die Stammformen *nōvī* und *nōtum* (in einigen Wörterbüchern *nōtus*) angegeben, es handelt sich also um ein Verb, von dem die Form *nostros* nicht kommen kann. Bei *nostrās* steht der Genitiv *-ātis*; auch hier ist die Form *nostros* also trotz der Ähnlichkeit der Wörter nicht denkbar.

- **Lies genau und beachte die Wortarten!** Nur der Eintrag *noster* (beachte die weiterhin angegebenen Endungen *-tra*, *-trum*!) kann zu der Form *nostros* führen.
- → Bloße Ähnlichkeit im Schriftbild ist noch kein Hinweis darauf, dass du den richtigen Eintrag gefunden hast.

mea: Wenn du im Wörterbuch unter *mea* nachschlägst, wirst du kaum etwas Hilfreiches finden. Aber das zuletzt nachgeschlagene *nostros* kann dir helfen: Es heißt „unser", und dies wird dich vielleicht daran erinnern, dass meus „mein" heißt.	• **Beachte stets den Kontext und – sofern schon erkennbar – den Inhalt des Textes!** → Wenn du den Sinn des Textes zumindest grob erfasst, kann dir das beim Nachschlagen eine Hilfe sein.
Übrigens solltest du hier auch darüber nachdenken, warum Martial einmal im Plural („unser") und einmal im Singular („mein") von sich spricht.	• **Vergiss auch bei der Benutzung des Wörterbuchs die Grammatik nicht!** → Wenn du schon einige Gedichte Martials übersetzt hast, wirst du wissen, dass gerade Dichter von sich oft im Plural sprechen (z. B. **10.33**, S. 122).
Roma: Ein Eigenname, der dir sicher bekannt ist. Du brauchst das Wort also nicht nachzuschlagen.	• **Achte bei geographischen Eigennamen jedoch darauf, ob ein Land / eine Stadt, das dort lebende Volk oder dazu das Adjektiv angegeben wird!** → *Roma* ist „Rom", *Romanus* heißt dagegen „der Römer" oder „römisch". Nicht bei allen Eigennamen sind die Bedeutungen so offensichtlich.
libellos: Das Wort kommt gerade in den Gedichten Martials oft vor und dürfte dir somit bekannt sein. Wenn nicht, dann schlag es nach, aber dabei musst du darauf achten, dass du die richtige Bedeutung auswählst: Heißt **libellus** hier „Büchlein" oder „Bittschrift" oder gar „Buchladen"?	• **Berücksichtige beim Nachschlagen, was du beim bisherigen Übersetzen eines Autors gelernt hast!** → Gerade Martial spricht viel über seine eigenen Werke. Somit liegt für *nostros libellos* die Übersetzung „unsere Büchlein" nahe.

2. Was bedeuten die Abkürzungen?

Die Wörter aus dem Martialvers hast du nun nachgeschlagen. Oft erschweren jedoch die Abkürzungen in den Wörterbüchern das Nachschlagen. Leider sind diese nicht in allen Wörterbüchern gleich. Einige gängige Zeichen und Abkürzungen sind hier aufgelistet.

Häufig verwendete Zeichen:
~ Hier ist das Wort, um das es in dem Wörterbucheintrag geht, zu ergänzen (bei Wendungen, in denen das Wort vorkommt).
< Steht bei dem Wort, von dem der betreffende Eintrag abstammt (nur sprachgeschichtlich relevant, in einigen Wörterbüchern einfach in Klammern angegeben).
* Ein Wort, das in der überlieferten lateinischen Literatur nicht vorkommt, das es aber gegeben haben dürfte (nur sprachgeschichtlich relevant).

Häufig verwendete Abkürzungen:
• **acc., adi., coni./Konj., f, Präp.** usw.: Abkürzungen für gängige Grammatikbegriffe, die sich leicht erschließen lassen (Akkusativ, Adjektiv, Konjunktiv, Femininum, Präposition usw.).
• **altl., klass., ml./mlt., t. t.** usw.: Abkürzungen zur Verwendung von Wörtern (altlateinisch, klassisch, mittellateinisch [= Latein des Mittelalters], Terminus technicus [= Fachbegriff] usw.).
• **Ca., Chr., Ma, O** usw.: Siglen (Kürzel), mit denen angegeben wird, bei welchem Autor oder in welchen Texten ein Wort in einer bestimmten Bedeutung vorkommt (Catull, christliche Texte, Martial, Ovid usw.).

Grundsätzlich gilt:
- Suche im Wörterbuch zunächst ein **Verzeichnis der verwendeten Zeichen und Abkürzungen**.
- Lies immer den Wörterbucheintrag zu dem gesuchten Wort **sorgfältig** durch und achte auf die Informationen, die für dich wichtig sein dürften.

- Gerade am Beginn der Arbeit mit dem Wörterbuch sind **Angaben zur Wortgeschichte** für dich noch nicht von Belang.
- Wenn im Wörterbuch **Wendungen** stehen, dann achte darauf, dass die dazu angegebene Wortbedeutung an deiner Stelle möglicherweise nicht passt.

3. Zum Wörterbuchanhang in diesem Buch

Damit du dich langsam an die Benutzung eines Wörterbuchs gewöhnen kannst, bietet dieses Lesebuch auf den folgenden Seiten eine Wörterliste mit deutschen Bedeutungen. Diese erinnert in einigen Punkten bereits an „richtige" Wörterbücher, ist aber viel einfacher zu verwenden. In folgenden Punkten gleicht unser „Wörterbuch" einem richtigen Wörterbuch:
- **Zu vielen lateinischen Wörtern sind mehrere, teilweise auch unterschiedliche Bedeutungen angegeben.** Diese sind, wenn sie sich stark voneinander unterscheiden, durchnummeriert. Achte darauf, dass du die richtige Bedeutung auswählst!

- **Teilweise werden Wendungen angegeben, in denen das entsprechende Wort vorkommt.** Hier werden oft Spezialbedeutungen geboten, die dir beim Übersetzen helfen können, aber keinesfalls immer passen.
- **Die Verben stehen in der 1. Person Singular Präsens.** Dies ist sicherlich der deutlichste Unterschied zu den Wortschatzlisten, die du aus deinem Lehrbuch kennst. Achte darauf!

Ähnlich wie in einem Wörterbuch werden in diesem Wörterbuchanhang etliche **Abkürzungen** verwendet. Diese sind hier knapp zusammengestellt. Eine Ziffer bei Verben bezeichnet die Konjugation: 1. steht für die 1. oder a-Konjugation, 2. für die 2. oder e-Konjugation, 3. für die 3. oder konsonantische Konjugation, 4. für die 4. oder i-Konjugation. Eine 3 bei Adjektiven heißt, dass es sich um ein (dreiendiges) Adjektiv der a-/o-Deklination handelt.

Abl.	Ablativ	Part.	Partizip
Adv.	Adverb	Pass.	Passiv
Akk.	Akkusativ	Perf.	Perfekt
Dat.	Dativ	Pl.	Plural
dir. Frage	direkte Frage	Plusq.	Plusquamperfekt
dopp. Akk.	doppelter Akkusativ	PPP	Partizip Perfekt Passiv
f	Femininum	Präp.	Präposition
Gen.	Genitiv	Präs.	Präsens
griech.	griechisch	Pron.	Pronomen
Impf.	Imperfekt	rel.	relativ
Ind.	Indikativ	röm.	römisch
indir. Frage	indirekte Frage	Sg.	Singular
intrans.	intransitiv	Subj.	Subjunktion
Komp.	Komparativ	Subst.	Substantiv
Konj.	Konjunktiv	Superl.	Superlativ
lat.	lateinisch	trans.	transitiv
m	Maskulinum	undekl.	undeklinierbar
mittellat.	mittellateinisch	unpers.	unpersönlich
n	Neutrum	Vok.	Vokativ

ANHANG

A

ab (vor Konsonanten **ā**) *Präp. m. Abl.* **1.** *örtlich:* von ... her. **2.** *zeitlich:* von ... an, seit. **3.** frei von

abeō, abiī, abitum, abīre **1.** weggehen. **2.** abziehen

abdūcō 3. abdūxī, abductum, abdūcere **1.** wegführen, wegbringen. **2.** entführen, verschleppen

absum, āfuī, āfutūrus, abesse **1.** fehlen, abwesend sein: *me absente* in meiner Abwesenheit. **2.** entfernt sein

ac *s.* **atque**

accēdō 3. accessī, accessum, accēdere herantreten, hinzukommen

accidō 3. accidī, –, accidere **1.** passieren, geschehen, sich ereignen: *accidit, ut* es passiert/geschieht, dass. **2.** zustoßen, widerfahren

accipiō 3. accēpī, acceptum, accipere **1.** annehmen, erhalten. **2.** empfangen, aufnehmen. **3.** hören, erfahren

ācer, ācris, ācre **1.** spitz, scharf. **2.** tatkräftig. **3.** heftig, hitzig, eifrig. **4.** leidenschaftlich. **5.** hart, erbittert. **6.** scharfsinnig

aciēs, -ēī *f* **1.** Schlachtordnung, Schlachtreihe: *aciem instruere* die Schlachtreihe aufstellen; *aciem perturbare* eine Schlachtreihe in Unordnung stürzen. **2.** das kampfbereite Heer. **3.** Schärfe

ad *Präp. m. Akk.* **1.** zu, nach, in, bei. **2.** *zeitlich:* bis zu, an

addūcō 3. addūxī, adductum, addūcere **1.** heranführen, hinführen. **2.** veranlassen

I. adeō, adiī, aditum, adīre **1.** herangehen. **2.** aufsuchen, besuchen. **3.** sich wenden an. **4.** bitten. **5.** angreifen

II. adeō *Adv.* **1.** so weit: *adeo nunc* erst jetzt. **2.** so sehr, besonders

adhūc *Adv.* **1.** bisher, bis jetzt. **2.** noch, noch immer

adorior 4. adortus sum, adorīrī angreifen; bedrängen

adsum, adfuī/affuī, adfutūrus/affutūrus, adesse **1.** da sein, anwesend sein. **2.** *m. Dat.* beistehen, helfen

adulēscēns, -entis *m* junger Mann, Jüngling

aedificium, -ī *n* Bauwerk, Gebäude

aedificō 1. aedificāvī, aedificātum, aedificāre bauen, erbauen, errichten

aēneātor, -ōris *m* Tubaspieler; Trompeter

aequus, -a, -um 3 eben, gerecht, gleich

aerārium, -ī *n* **1.** Schatzkammer. **2.** Staatskasse

aetās, -ātis *f* **1.** Lebensalter. **2.** Zeitalter, Zeit

aeternus, -a, -um 3 ewig

afficiō 3. affēcī, affectum, afficere **1.** versehen mit, ausstatten: *ira afficere* mit Zorn erfüllen. **2.** zufügen

ager, agrī *m* **1.** Feld, Acker. **2.** *Pl.* Land, Gebiet

agō 3. ēgī, āctum, agere **1.** treiben, betreiben: *vitam agere* sein Leben führen. **2.** handeln. **3.** machen, tun. **4.** verhandeln

agrārius, -a, -um 3 **1.** Acker.... **2.** Feld.... **3.** Landverteilung betreffend: *agraria lex* Ackergesetz

āiō, *sonst fast nur 3. Pers. Sg.* (**āit**) *und Pl.* (**āiunt**) sagen, behaupten

alcēs, is *f* Elch

aliās *Adv.* **1.** ein andermal. **2.** zu anderer Zeit

aliquamdiū *Adv.* eine Zeit lang

aliquī, aliqua, aliquod *adjektivisches Indefinitpronomen* irgendein

aliquis, aliquid *substantivisches Indefinitpronomen* irgendeiner, irgendjemand; *n* irgendetwas; *Pl.* einige, manche

alius, -a, -ud 3, *Gen. Sg.* alterīus, *Dat.* aliī ein anderer, der andere: *alius ... alius* der eine ... der andere

alō 3. aluī, altum, alere nähren, wachsen lassen

altus, -a, -um 3 hoch, tief, weit

amīca, -ae *f* Freundin

amīcitia, -ae *f* Freundschaft

amīcus, -ī *m* **1.** Freund. **2.** Gönner

amō 1. amāvī, amātum, amāre lieben

amplitūdō, -inis *f* **1.** Größe, Weite. **2.** Großartigkeit; Bedeutung; Erhabenheit

animadvertō 3. animadvertī, animadversum, animadvertere wahrnehmen, bemerken

animal, -ālis *n* Lebewesen; Tier

animus, -ī *m* **1.** Seele, Geist, Leben. **2.** Bewusstsein, Meinung. **3.** Sinn, Charakter, Mut. **4.** Wille, Wunsch, Absicht: *ex animo* aufrichtig; *in animo habere* beabsichtigen

annus, -ī *m* Jahr

annuus, -a, -um 3 **1.** für ein Jahr: *annui magistratus* auf ein Jahr befristete Ämter. **2.** alljährlich

I. ante *Adv.* **1.** vorn. **2.** vorher, früher: *multo ante* viel früher

II. ante *Präp. m. Akk.* **1.** vor. **2.** voran, voraus

anteā *Adv.* vorher; früher

antecēdō 3. antecessī, antecessum, antecēdere **1.** vorangehen. **2.** übertreffen

antīquus, -a, -um 3 **1.** alt: *antiquis temporibus* in alten Zeiten. **2.** ehrwürdig

appellō 1. appellāvī, appellātum, appellāre **1.** anrufen, anreden. **2.** bezeichnen, nennen

apud *Präp. m. Akk.* bei, nahe bei

aqua, -ae *f* **1.** Wasser. **2.** Gewässer

aquila, -ae *f* **1.** Adler **2.** Legionsadler (Feldzeichen)

āra, -ae *f* Altar

arbitror 1. arbitrātus sum, arbitrārī glauben, meinen

arbor, arboris *f* Baum

arcus, -ūs *m* Bogen

armō 1. armāvī, armātum, armāre **1.** bewaffnen. **2.** sich rüsten

arma, -ōrum *n* **1.** Waffen. **2.** Kämpfe

ars, artis *f* **1.** Kunst. **2.** Fertigkeit, Eigenschaft

aspiciō 3. aspēxī, aspectum, aspicere anschauen, ansehen, erblicken

at aber, jedoch, dagegen

atque (*und* **ac**) **1.** und. **2.** und zwar, und dazu. **3.** *im Vergleich* als, wie

auctor, -ōris *m* **1.** Gewährsmann. **2.** Anführer. **3.** Gründer. **4.** Ratgeber. **5.** Verfasser, Schriftsteller. **6.** Urheber, Veranlasser: *auctore deo* auf Veranlassung Gottes

auctōritās, -ātis *f* **1.** Bedeutung, Ansehen, Autorität, Gewicht. **2.** Würde, Ausstrahlung, Einfluss, Macht. **3.** Veranlassung

audeō 2. ausus sum, audēre wagen, sich trauen

audiō 4. audīvī, audītum, audīre **1.** hören, zuhören. **2.** gehorchen

auferō, abstulī, ablātum, auferre **1.** wegbringen. **2.** wegnehmen, rauben. **3.** entziehen

augeō 2. auxī, auctum, augēre **1.** vermehren, fördern. **2.** überhäufen

aureus, -a, -um 3 golden, aus Gold

auris, -is *f* Ohr

aurum, -ī *n* Gold

aut oder: *aut ... aut* entweder ... oder

autem *nachgestellt* aber

auxilium, -ī *n* **1.** Hilfe: *auxilium petere* um Hilfe bitten. **2.** *Pl.* **auxilia**, -ōrum *n* Hilfstruppen

āvertō 3. āvertī, āversum, āvertere abwenden, vertreiben

B

beātus, -a, -um 3 **1.** glücklich. **2.** reich. **3.** heilig, selig

bellō 1. bellāvī, bellātum, bellāre Krieg führen; kämpfen

bellum, -ī *n* Krieg: *bellum gerere* Krieg führen, *bellum inferre* bekriegen

bene *s.* **bonus**

bibō 3. bibī, bibitūrus, bibere trinken

bīnī, -ae, -a 3, *Pl.* **1.** je(weils) zwei. **2.** zwei. **3.** ein Paar

bonus, -a, -um 3, *Komp.* **melior**, *Superl.* **optimus**, *Adv.* **bene** **1.** gut: *bono animo esse* guten Mutes sein. **2.** ehrenhaft, tüchtig, geneigt: *bono animo in populum Romanum esse* gegenüber dem römischen Volk gut gesinnt sein

brevis, -e **1.** kurz: *brevi (tempore)* nach kurzer Zeit. **2.** klein

C

cadō 3. cecidī, cāsūrus, cadere **1.** fallen. **2.** sinken. **3.** sterben

caedēs, -is *f* Mord, Blutbad

caelum, -ī *n* **1.** Himmel. **2.** Wetter, Klima: *caelo aperto* bei klarem Wetter

calamitās, -ātis *f* **1.** Unheil, Unglück. **2.** Schaden, Verlust

calumnior 1. calumniātus sum, calumniārī **1.** fälschlich anklagen, böswillig beschuldigen. **2.** bemängeln, kritisieren

capiō 3. cēpī, captum, capere **1.** fassen, ergreifen: *arma capere* zu den Waffen greifen. **2.** fangen, gefangen nehmen. **3.** erobern: *urbem capere* die Stadt einnehmen. **4.** begreifen, verstehen

captīvus, -a, -um 3 gefangen; *Subst.* **captīvus**, -ī *m* Kriegsgefangener

caput, -itis *n* **1.** Kopf. **2.** Leben: *capitis damnare* zum Tode verurteilen. **3.** Hauptsache. **4.** Hauptstadt

carmen, -inis *n* **1.** Gedicht. **2.** Lied. **3.** Zauberspruch

cārus, -a, -um 3 **1.** lieb, angenehm. **2.** teuer, wertvoll

castellum, -ī *n* **1.** Festung, Kastell. **2.** Gebirgsdorf

castra, -ōrum *n* Lager, Stützpunkt, Burg

cāsus, -ūs *m* **1.** Fall, Sturz. **2.** Ereignis, Vorfall

I. causa, -ae *f* **1.** Grund, Ursache. **2.** Anlass, Vorwand. **3.** Streitfall, Prozess: *causam agere* die Sache vertreten, einen Prozess führen

II. causā *m. Gen. nachgestellt* wegen, um ... willen: *amici causa* um des Freundes willen

cēdō 3. cessī, cessūrus, cēdere **1.** gehen, weggehen, weichen. **2.** (jemandem in etwas) nachstehen. **3.** überlassen

celer, celeris, celere schnell, rasch

cēna, -ae *f* **1.** Essen, Mahlzeit. **2.** Gastmahl

cēnō 1. cēnāvī, cēnātum, cēnāre **1.** essen, speisen, tafeln. **2.** verzehren

cēnseō 2. cēnsuī, cēnsum, cēnsēre **1.** schätzen, einschätzen **2.** meinen, der Ansicht sein **3.** beschließen

centum hundert

cernō 3. crēvī, crētum, cernere sehen, bemerken

certus, -a, -um 3 **1.** sicher, gewiss: *pro certo habere* für sicher halten. **2.** beschlossen, entschlossen: *res certa est* es ist beschlossene Sache. **3.** zuverlässig. **4.** benach richtigt: *aliquem certiorem facere* jemanden benach richtigen

cervus, -ī *m* Hirsch

cēterus, -a, -um 3, *meist Pl.* **cēterī**, -ae, -a **1.** die Übrigen. **2.** *n Pl.* **cētera** das Übrige. **3.** *Adv.* **cēterum** übrigens, im Übrigen

cibus, -ī *m* Speise, Nahrung

circā/circum *Präp. m. Akk.* um ... herum

circumdō 1. circumdedī, circumdatum, circumdare **1.** umgeben; umzingeln. **2.** herumlegen, hinzufügen

cīvis, -is *m/f, Gen. Pl.* cīvium Bürger/Bürgerin

cīvitās, -ātis *f* **1.** Bürgerschaft. **2.** Stamm. **3.** Gemeinde. **4.** Stadt. **5.** Staat

clāmō 1. clāmāvī, clāmātum, clāmāre rufen, schreien

clārus, -a, -um 3 **1.** hell, klar. **2.** glänzend. **3.** berühmt

classiārius, -ī *m* Marinesoldat

classis, -is *f* **1.** Abteilung. **2.** Bürgerklasse. **3.** Flotte

claudō 3. clausī, clausum, claudere **1.** schließen. **2.** sperren

clēricus, -ī *m* Geistlicher, Kleriker

clipeus, -ī *m* **1.** (der) Rundschild **2.** Brustbild, Medaillon

coepī *s.* **incipiō**

cōgitātiō, -ōnis *f* **1.** Denken; Vorstellung. **2.** Absicht

cōgitō 1. cōgitāvī, cōgitātum, cōgitāre **1.** denken. **2.** nachdenken über, erwägen, überlegen. **3.** beabsichtigen, planen

cōgnōscō 3. cōgnōvī, cōgnitum, cōgnōscere **1.** erkennen. **2.** bemerken, erfahren. **3.** *Perf.* kennen, wissen: *cognovi* ich kenne, ich weiß

cōgō 3. coēgī, coāctum, cōgere **1.** zusammentreiben, sammeln. **2.** zwingen

collēga, -ae *m* Amtsgenosse, Kollege

colligō 3. collēgī, collēctum, colligere **1.** sammeln. **2.** schließen, folgern

colō 3. coluī, cultum, colere **1.** pflegen, sich kümmern um. **2.** bebauen: *agros colere* Ackerbau treiben. **3.** ver ehren: *deos colere* die Götter verehren. **4.** bewohnen

comes, -itis *m/f* **1.** Begleiter, Gefährte. **2.** *mittellat.* Graf

committō 3. commīsī, commissum, committere **1.** zusammenführen. **2.** ausführen, begehen: *proelium committere* den Kampf beginnen. **3.** anvertrauen

commūnis, -e gemeinsam, öffentlich, allgemein

compōnō 3. composuī, compositum, compōnere **1.** zusammenstellen, ordnen. **2.** beenden. **3.** bereiten

comprehendō 3. comprehendī, comprehēnsum, comprehendere **1.** ergreifen, festnehmen. **2.** begreifen

comprimō 3. compressī, compressum, comprimere **1.** zusammendrücken; zerdrücken. **2.** unterdrücken

concitō 1. concitāvī, concitātum, concitāre **1.** in Bewegung setzen. **2.** erregen, anregen

concursus, -ūs *m* **1.** Zusammenlaufen. **2.** Zusammenstoß. **3.** Versammlung

condiciō, -ōnis *f* **1.** Bedingung. **2.** Lage, Zustand, Beschaffenheit. **3.** Auswirkung. **4.** Rechtsstellung

condō 3. condidī, conditum, condere **1.** gründen, bauen. **2.** aufbewahren, verbergen. **3.** bestatten

cōnferō, cōntulī, collātum, cōnferre **1.** zusammen tragen. **2.** vergleichen. **3.** hintragen. **4.** *se conferre* sich begeben

cōnficiō 3. cōnfēcī, cōnfectum, cōnficere erledigen, fertig machen, beenden

cōnfirmō 1. cōnfirmāvī, cōnfirmātum, cōnfirmāre (be)kräftigen, ermutigen

cōnor 1. cōnātus sum, cōnārī versuchen

cōnscrībō 3. cōnscrīpsī, cōnscrīptum, cōnscrībere **1.** schreiben, verfassen. **2.** anwerben; ausheben. **3.** beiordnen: *patres conscripti* Senatoren

cōnservō 1. cōnservāvī, cōnservātum, cōnservāre
1. bewahren. **2.** retten (vor). **3.** verschonen.
4. *m. Dat.* reservieren für

cōnsilium, -ī *n* **1.** Rat, Beratung, Ratsversamm-
lung. **2.** Beschluss, Plan, Absicht. **3.** Überlegung

cōnsistō 3. cōnstitī, –, cōnsistere **1.** sich aufstellen.
2. stehen bleiben. **3.** *consistere in*
bestehen in/aus

cōnspectus, -ūs *m* Blick, Blickfeld, Anblick

cōnspiciō 3. cōnspēxī, cōnspectum, cōnspicere
erblicken, (an)sehen

cōnsternātiō, -ōnis *f* **1.** Scheuwerden (von Tieren).
2. Bestürzung, Entsetzen. **3.** Aufruhr

cōnstituō 3. cōnstituī, cōnstitūtum, cōnstituere
1. aufstellen. **2.** festsetzen, beschließen

cōnsuēscō 3. cōnsuēvī, cōnsuētum,
cōnsuēscere sich gewöhnen
(*Perf.* gewohnt sein);
PPP **cōnsuētus** gewohnt, vertraut

cōnsul, -ulis *m* Konsul

cōnsūmō 3. cōnsūmpsi, cōnsūmptum, cōnsūmere
1. verbrauchen. **2.** aufbrauchen, verzehren

contendō 3. contendī, contentum, contendere
1. sich anstrengen. **2.** kämpfen. **3.** (wohin) eilen.
4. fordern. **5.** behaupten, bestehen auf

contineō 2. continuī, contentum, continēre
1. enthalten, begrenzen, einschließen.
2. festhalten. **3.** *se continere* sich aufhalten

I. contrā *Präp. m. Akk.*
1. gegen: *contra legem facere* gegen das Gesetz
handeln. **2.** gegenüber

II. contrā *Adv.* **1.** dagegen, andererseits:
contra facit er handelt anders. **2.** gegenüber

conveniō 4. convēnī, conventum, convenīre
1. zusammenkommen, sich versammeln.
2. *m. Akk.* aufsuchen, treffen.
3. zustande kommen. **4.** *m. Dat.* passen, passend
sein (für). **5.** sich einigen, vereinbaren

convocō 1. convocāvī, convocātum, convocāre
zusammenrufen, versammeln

cōpia, -ae *f* **1.** Mittel, Vorrat, Vermögen. **2.** Menge.
3. Gelegenheit. **4.** *Pl.* Truppen

cor, cordis *n* Herz: *aliquid mihi cordi est*
etwas liegt mir am Herzen

corpus, -oris *n* **1.** Körper. **2.** Leichnam

corrumpō 3. corrūpī, corruptum, corrumpere
1. verderben, zerrütten. **2.** bestechen

crēdō 3. crēdidī, crēditum, crēdere **1.** anvertrauen,
überlassen. **2.** glauben, halten für

creō 1. creāvī, creātum, creāre **1.** erschaffen,
hervorbringen. **2.** wählen

crēscō 3. crēvī, crētum, crēscere **1.** wachsen.
2. sich steigern. **3.** blühen

crūdēlis, crūdēle **1.** grausam, schrecklich.
2. hartherzig

cultus, -ūs *m* **1.** Verehrung. **2.** Lebensweise.
3. Bildung

I. cum *Präp. m. Abl.* **1.** mit, zusammen mit.
2. zugleich mit. **3.** unter, begleitet von

II. cum *Subj.* **1.** *m. Ind.* als, nachdem, während,
sooft, indem, wenn: *cum primum* sobald;
cum ... tum sowohl ... als auch besonders.
2. *m. Konj.* als, nachdem, während, weil,
da, obwohl

cūnctus, -a, -um 3 **1.** gesamt, ganz.
2. *Pl.* alle (zusammen), sämtliche: *cuncta* alles

cupiditās, -ātis *f* Verlangen, Begierde:
cupiditas vini das Verlangen nach Wein

cupidus, -a, -um 3, *m. Gen.* (be)gierig (nach)

cupiō 3. cupīvī, cupītum, cupere
begehren, verlangen, wollen, wünschen

cūr warum, weshalb

cūra, -ae *f* **1.** Sorge, Sorgfalt, Bemühung. **2.** Pflege.
3. Heilung. **4.** Kummer. **5.** Liebe, Liebling

currō 3. cucurrī, cursum, currere **1.** laufen, eilen.
2. um die Wette laufen. **3.** herbeilaufen

cursus, -ūs *m* **1.** Lauf. **2.** Fahrt, Reise

D

damnō 1. damnāvī, damnātum, damnāre
1. verurteilen: *capitis damnare*
zum Tode verurteilen. **2.** verdammen, verfluchen

daps, dapis *f* **1.** Opfermahl. **2.** Speise

dē *Präp. m. Abl.* **1.** örtlich: von ... herab, von ... weg.
2. zeitlich: von ... an. **3.** übertragen: von, über

dēbeō 2. dēbuī, dēbitum, dēbēre **1.** müssen:
non debere dürfen. **2.** schulden. **3.** verdanken

decem *undekl.* zehn

dēcernō 3. dēcrēvī, dēcrētum, dēcernere
1. entscheiden. **2.** beschließen; festsetzen.
3. kämpfen

decimus, -a, -um 3 der/die/das zehnte

decōrus, -a, -um 3 **1.** schön. **2.** anständig, passend

dēditīcius, -a, -um 3 der/die/das kapituliert hat:
si dediticius est wenn er sich ergibt

dēdūcō 3. dēdūxī, dēductum, dēdūcere
herabführen, hinunterziehen

dēfendō 3. dēfendī, dēfēnsum, dēfendere
1. verteidigen, schützen:
aliquam ab aliqua re defendere
jemanden vor etwas bewahren. **2.** abwehren:
hostem defendere den Feind abwehren

deinde *Adv.* **1.** dann, nachher. **2.** von da an

dēleō 2. dēlēvī, dēlētum, dēlēre **1.** zerstören,
vernichten. **2.** auslöschen

dēmōnstrō 1. dēmōnstrāvī, dēmōnstrātum,
dēmōnstrāre zeigen, darlegen, beweisen

dēnique *Adv.* schließlich, zuletzt, am Ende

dēpendeō 2. dēpendēre **1.** herabhängen.
2. abhängig sein

dēscendō 3. dēscendī, dēscēnsum,
dēscendere **1.** herabsteigen, herabkommen.
2. sich herablassen zu, sich entschließen zu

dēsīderō 1. dēsīderāvī, dēsīderātum, dēsīderāre
1. sich sehnen nach; vermissen. **2.** verlangen

dēspērātiō, -ōnis *f* Hoffnungslosigkeit,
Verzweiflung

dēspērō 1. dēspērāvī, dēspērātum, dēspērāre
1. *intrans.* die Hoffnung verlieren, verzweifeln.
2. *trans.* verzweifeln an, aufgeben

dēsum, dēfuī, dēfutūrus, dēesse
abwesend sein, fehlen

deus, -ī *m*, *Nom. Pl.* deī/dī/diī,
Gen. Pl. deōrum/deum,
Dat./Abl. Pl. deīs/dīs/diīs Gott, Gottheit

dexter, dext(e)ra, dext(e)rum **1.** rechts.
2. Glück bringend; günstig

dī, **diī** *s.* **deus**

dīcō 3. dīxī, dictum, dīcere, *Imperativ Sg.* dīc!
1. sagen, sprechen. **2.** nennen, benennen

diēs, diēī *m/f* **1.** Tag: *die ac nocte* Tag und Nacht.
2. Termin: *ad diem* zum festgelegten Termin.
3. Tageslicht. **4.** Zeit

difficilis, -e **1.** schwer, schwierig, mühsam.
2. spröde, eigensinnig

diffundō 3. diffūdī, diffūsum, diffundere
1. ausgießen. **2.** *reflexiv* sich ergießen.
3. zerstreuen

dīgnus, -a, -um 3, *m. Abl.* würdig, wert,
angemessen: *dignus viro Romano* eines Römers
würdig, *dignum iudicare* für richtig halten

dīligēns, -entis gewissenhaft, sorgfältig gründlich,
aufmerksam

dīligō 3. dīlēxī, dīlēctum, dīligere schätzen, lieben

dīmittō 3. dīmisī, dīmissum, dīmittere
1. wegschicken, entlassen, gehen lassen.
2. aufgeben

dīs, **diīs** *s.* **deus**

discēdō 3. discessī, discessum, discēdere
auseinandergehen, weggehen

discō 3. didicī, –, discere **1.** lernen.
2. kennenlernen, erfahren

diū *Adv.*, *Komp.* diūtius, *Superl.* diūtissimē
1. lange, lange Zeit. **2.** seit langer Zeit

diūtius, **diūtissimē** *s.* **diū**

dīversus, -a, -um 3 verschieden

dīves, -itis, *Abl. Sg.* dīvite, *Gen. Pl.* dīvitum
reich, begütert

dīvīnus, -a, -um 3 göttlich: *res divinae*
religiöse Handlungen

dō 1. dedī, datum, dare **1.** geben. **2.** schenken.
3. überbringen. **4.** gewähren: *veniam dare*
Gnade schenken, verzeihen

doceō 2. docuī, doctum, docēre **1.** lehren,
unterrichten. **2.** einstudieren, aufführen lassen

dolor, -ōris *m* **1.** Schmerz. **2.** Kummer

dolus, -ī *m* **1.** List, Täuschung. **2.** Intrige, Heimtücke

dominus, -ī *m* Hausherr, Herr

domus, -ūs f, *Abl. Sg.* domō, *Gen. Pl.* domōrum/
domuum, *Akk. Pl.* domōs/domūs
1. Haus, Stadthaus, Palast: *domi* zu Hause,
domum nach Hause, *domo* von zu Hause
2. Heimatstadt. **3.** Familie

dōnec *Subj.* (solange) bis, solange (als)

dōnum, -ī *n* Geschenk, Gabe

dubitō 1. dubitāvī, dubitātum, dubitāre
1. zweifeln. **2.** zögern, unschlüssig sein

dūcō 3. dūxī, ductum, dūcere **1.** führen, leiten.
2. ziehen. **3.** heiraten: *uxorem ducere*
eine Frau heiraten. **4.** halten für. **5.** zählen zu:
aliquem in numero hostium ducere jemanden
zu den Feinden rechnen. **6.** *m. AcI* glauben

dulcis, -e **1.** süß. **2.** angenehm. **3.** lieb, geliebt

dum *Subj.* **1.** *meist m. Ind. Präs.* während. **2.** *m. Ind.*
solange als, solange bis. **3.** *m. Konj.* wenn nur

duo, duae, duo zwei

dūrus, -a, -um 3 hart, hartherzig

dux, ducis *m (und f)* **1.** Führer, Anführer.
2. Feldherr, Heerführer

E

ē *s.* **ex**

ecce sieh! schau! da ist ...!

efferō, extulī, ēlātum, efferre **1.** hinaustragen.
2. bestatten. **3.** rühmen

efficiō 3. effēcī, effectum, efficere **1.** bewirken,
zustande bringen. **2.** herstellen, schaffen

effūsus, -a, -um 3 **1.** ausgedehnt.
2. verschwenderisch, übermäßig

ego, *Gen.* meī, *Dat.* mihī/mī, *Akk.* mē, *Abl.* mē
ich: mēcum mit mir

elephantus, -ī *m* **1.** Elefant. **2.** Elfenbein

emō 3. ēmī, ēmptum, emere kaufen: *magno emere*
teuer kaufen

enim *nachgestellt* **1.** denn, nämlich.
2. ja; auf jeden Fall

I. eō, iī, itum, īre gehen

II. eō *Adv.* dorthin

epistula, -ae *f* Brief

equidem *Adv.* (ich) allerdings, (ich) freilich

equus, -ī *m* Pferd

ergō *Adv.* also, folglich, deshalb

esse *s.* **sum**

et **1.** und. **2.** auch, sogar.
3. *et ... et* sowohl ... als auch

etiam **1.** auch (noch), außerdem. **2.** sogar

etsī *Subj.* wenn auch, selbst wenn

ex (vor Konsonanten auch **ē**) *Präp. m. Abl.*
1. *örtlich:* aus, von, aus ... heraus. **2.** *zeitlich:* seit,
von ... an: *ex quo* seitdem. **3.** nach, durch, infolge

excellō 3. excellere herausragen, hervorragen;
sich auszeichnen

excito 1. excitāvī, excitātum, excitāre
1. aufregen, hervorrufen. **2.** verursachen

exemplum, -ī *n* Beispiel, Vorbild

exeō, exiī, exitum, exīre hinausgehen, fortgehen

exerceō 2. exercuī, exercitum, exercēre
1. umhertreiben. **2.** üben, trainieren, ausbilden.
3. ausüben, betreiben. **4.** plagen, quälen

exercitus, -ūs *m* **1.** Heer. **2.** Schar

exilium, -ī *n* Verbannung

eximius, -a, -um 3 ausnehmend, außerordentlich

exīstimō 1. exīstimāvī, exīstimātum, exīstimāre
1. schätzen, einschätzen. **2.** *m. dopp. Akk.* halten
für. **3.** glauben, meinen. **4.** urteilen, entscheiden

exitus, -ūs *m* **1.** Ausgang. **2.** Ende, Tod

expellō 3. expulī, expulsum, expellere
1. forttreiben. **2.** vertreiben, verbannen

expers, -tis **1.** unbeteiligt, ohne Anteil.
2. frei von, ohne

expōnō 3. exposuī, expositum, expōnere
1. ausstellen, aussetzen, herausstellen.
2. darlegen

exspectō 1. exspectāvī, exspectātum, exspectāre
erwarten

F

fābula, -ae *f* **1.** Geschichte, Sage. **2.** Fabel.
3. Gerede, Gespräch. **4.** Theaterstück, Schauspiel

facilis, -e, *Adv.* **facile** **1.** leicht, einfach: *facile dictu*
leicht zu sagen. **2.** umgänglich, freundlich.
3. willig, bereit

faciō 3. fēcī, factum, facere, *Imperativ Sg.* fac!
1. machen, tun, herstellen, bauen, vollenden,
durchführen. **2.** handeln: *contra legem facere*
gegen das Gesetz handeln.
3. *m. dopp. Akk.* machen zu: *aliquem certiorem
facere* jemanden benachrichtigen

falsus, -a, -um 3, *Adv.* **falsō** falsch, unwahr

fāma, -ae *f* **1.** Gerücht, Gerede. **2.** Nachricht.
3. (guter/schlechter) Ruf. **4.** Sage

familia, -ae *f* **1.** Familie, Hausgemeinschaft:
pater familias Familienvater. **2.** Dienerschaft

fēlīx, -īcis glücklich

fēmina, -ae *f* Frau

ferē *Adv.* fast, beinahe, ungefähr

ferō, tulī, lātum, ferre
1. tragen, bringen. **2.** ertragen

ferrum, -ī *n* **1.** Eisen. **2.** Waffe, Schwert

ferus, -a, -um 3 wild;
Subst. **fera**, -ae *f* wildes Tier

fictilis, -e aus Ton, tönern, Ton...

fidēs, -eī *f* **1.** Treue, Ehrlichkeit. **2.** Vertrauen,
Zuverlässig keit, Glaubwürdigkeit.
3. Versprechen, Schwur: *fidem servare*
sein Wort halten

figūra, -ae *f* **1.** Gestalt, Form, Figur. **2.** Aussehen

filia, -ae *f* Tochter

fīlius, -ī *m* Sohn

fingō 3. fīnxī, fictum, fingere **1.** sich ausdenken.
2. er dichten, erfinden: *fabulae fictae*
erfundene Geschichten. **3.** formen, gestalten

fīnis, -is *m* **1.** Grenze, Ende.
2. *Pl.* **finēs**, -ium *m* Gebiet

fīō, factus sum, fierī
    1. *Pass. zu* facere gemacht werden.
    2. werden, entstehen, geschehen: *fieri non potest, ut* es kann nicht geschehen, dass

fīrmus, -a, -um 3 stark, fest

flamma, -ae *f* Feuer; Flamme

fleō 2. flēvī, flētum, flēre **1.** weinen. **2.** beweinen

flūmen, -inis *n* Fluss

fōrma, -ae *f* Gestalt, Aussehen

fortis, -e **1.** mutig, tapfer. **2.** stark, fest

fortūna, -ae *f* **1.** Schicksal, Lage. **2.** Glück.
    3. Unglück. **4.** *Pl.* Vermögen, Hab und Gut

forum, -ī *n* **1.** Marktplatz. **2.** Gerichtsort

frangō 3. frēgī, frāctum, frangere **1.** (zer)brechen.
    2. verletzen. **3.** entkräften, entmutigen

frāter, -tris *m* Bruder

frūctus, -ūs *m* **1.** Frucht. **2.** Ertrag, Gewinn, Nutzen.
    3. Lohn, Erfolg

fruor 3. frūctus sum, fruī *m. Abl.* **1.** genießen.
    2. gebrauchen

fuga, -ae *f* **1.** Flucht: *fuga salutem petere* sein Heil in der Flucht suchen, *fugae se mandare* fliehen, die Flucht ergreifen. **2.** Verbannung, Exil.
    3. Scheu, Abneigung

fugiō 3. fūgī, fugitūrus, fugere **1.** fliehen.
    2. vermeiden. **3.** entgehen, unbemerkt bleiben: *ne te fugiat* es soll dir nicht entgehen

fūr, fūris *m* Dieb

futūrus *s.* **sum**

G

galea, -ae *f* Helm

Gallī, -ōrum *m* die Gallier

gaudeō 2. gāvīsus sum, gaudēre **1.** froh sein.
    2. *m. Abl.* sich freuen über

gemitus, -ūs *m* **1.** Seufzen, Stöhnen.
    2. Klage, Trauer. **3.** Getöse

gēns, gentis *f* **1.** Geschlecht, Familie.
    2. Stamm, Volk

genus, -eris *n* **1.** Geschlecht, Abstammung.
    2. Familie, Stamm, Volk. **3.** (literarische) Gattung.
    4. Art und Weise

gerō 3. gessī, gestum, gerere **1.** tragen. **2.** führen, aus führen: *bellum gerere* Krieg führen.
    3. *se gerere* sich verhalten. **4.** *Pass.* sich ereignen, passieren: *res gestae* Taten, Geschehnisse, Geschichte

gladius, -ī *m* Schwert

glōria, -ae *f* **1.** Ruhm, Ehre: *gloria belli* Kriegsruhm.
    2. Ehrgeiz. **3.** Herrlichkeit

grātia, -ae *f* **1.** Dank: *gratias agere* danken.
    2. Gunst, Ansehen. **3.** Beliebtheit. **4.** Anmut, Charme. **5.** Liebe

grātus, -a, -um 3 **1.** angenehm, nett. **2.** beliebt.
    3. dankbar. **4.** willkommen

gravis, -e **1.** schwer, beladen. **2.** wichtig, bedeutend, erhaben. **3.** beschwerlich, lästig: *graviter ferre* sich ärgern

H

habeō 2. habuī, habitum, habēre **1.** haben: *in animo habere* im Sinn haben, vorhaben.
    2. halten, festhalten; besitzen: *amor habendi* Habgier. **3.** durchführen: *senatum habere* eine Senatssitzung abhalten: *orationem habere* eine Rede halten. **4.** halten für: *aliquem beatum habere* jemanden für glücklich halten, *pro certo habere* für sicher halten.
    5. sich verhalten: *sic habet* so steht es

habitō 1. habitāvī, habitātum, habitāre
    1. *trans.* bewohnen. **2.** *intrans.* wohnen, heimisch sein

harundō, -inis *f* **1.** Schilfrohr. **2.** Pfeife, Flöte

haud *Adv.* nicht

I. hic, haec, hoc, *Gen.* huius, *Dat.* huic **1.** dieser.
    2. gegenwärtig: *his temporibus* in heutiger Zeit

II. hīc *Adv.* hier, an dieser Stelle

hinc *Adv.* **1.** von hier (aus). **2.** daher.
    3. darauf, daraufhin

hodiē *Adv.* heute

homō, -inis *m* **1.** Mensch. **2.** *Pl.* die Leute. **3.** Mann

honestās, -ātis *f* Anständigkeit, Ehrbarkeit

honestus, -a, -um 3 **1.** ehrenhaft. **2.** angesehen.
    3. anständig, würdig

honor (*und* **honōs**), -ōris *m* **1.** Ehre, Ehrenamt: *cursus honorum* Ämterlaufbahn. **2.** Ansehen

hōra, -ae *f* Stunde

hortor 1. hortātus sum, hortārī auffordern, ermuntern

hospes, -itis *m* **1.** Fremder. **2.** Gastgeber. **3.** Wirt

hospitium, -ī *n* **1.** Gastfreundschaft.
    2. gastliche Aufnahme, Bewirtung

hostis, -is *m* **1.** Feind, Staatsfeind: *hostem petere* einen Feind angreifen. **2.** Fremder

hūc *Adv.* hierher

hūmānus, -a, -um 3 **1.** menschlich.
    2. gebildet, zivilisiert

I

iaceō 2. iacuī, iacitūrus, iacēre
1. liegen, daliegen. **2.** ruhen, schlafen

iaciō 3. iēcī, iactum, iacere werfen, schleudern

iactō 1. iactāvī, iactātum, iactāre
1. schleudern, werfen. **2.** rühmen

iam *Adv.* **1.** schon, nun, jetzt, bereits: *non iam*
nicht mehr. **2.** sogleich, sofort: *iam ... iam*
bald ... bald

ibī *Adv.* dort

īdem, eadem, idem, *Gen.* eiusdem, *Dat.* eīdem
derselbe, der gleiche

igitur *Adv.* **1.** also, folglich. **2.** nun (aber)

īgnis, -is *m* Feuer

īgnōrō 1. īgnōrāvī, īgnōrātum, īgnōrāre
nicht kennen, nicht wissen

ille, illa, illud, *Gen.* illīus, *Dat.* illī
1. jener. **2.** der zuerst genannte.
3. jener berühmte, jener berüchtigte

imāgō, -inis *f* Bild, Bildnis

immō *Adv.* **1.** nein, im Gegenteil. **2.** ja; ja sogar

imperātor, -ōris *m* **1.** Befehlshaber, Feldherr.
2. Kaiser. **3.** Herr, Gebieter

imperium, -ī *n* **1.** Herrschaft, Befehl.
2. Herrschaftsgebiet, Reich

imperō 1. imperāvī, imperātum, imperāre
1. befehlen: *imperata facere* Befehle ausführen.
2. herrschen über, Herr sein über. **3.** Kaiser sein.
4. auftragen, auferlegen

impetus, -ūs *m* **1.** Ansturm, Angriff, Stoß.
2. Leidenschaft, Drang

impius, -a, -um 3 frevelhaft; gewissenlos

improbus, -a, -um 3 **1.** böse. **2.** unverschämt.
3. gierig

in **1.** *Präp. m. Akk.* in, nach, zu, auf; gegen: *in hostes*
gegen die Feinde. **2.** *Präp. m. Abl.* in, bei, auf;
während

incēdō 3. incessī, incessum, incēdere
1. einhergehen, gehen. **2.** heranrücken,
vorrücken

incendō 3. incendī, incēnsum, incendere
1. anzünden, in Brand stecken, in Brand setzen.
2. entflammen, entzünden

incipiō 3. coepī/incēpī, coeptum/inceptum,
incipere anfangen, beginnen

incolumis, -e unverletzt, unversehrt;
wohlbehalten

incrēdibilis, -e unglaublich

indīgnus, -a, -um 3 *m. Abl.* (einer Sache) unwürdig,
(etwas) nicht verdienend, nicht wert

indūcō 3. indūxī, inductum, indūcere
1. hineinführen. **2.** bringen zu, verleiten,
veranlassen. **3.** vorführen

īnfāmis, -e **1.** verrufen. **2.** schändlich, schimpflich

īnferō, intulī, illātum, inferre **1.** hineintragen,
hineinbringen: *bellum inferre* bekriegen.
2. zufügen: *iniurias inferre* Unrecht zufügen

ingenium, -ī *n* **1.** Begabung, Talent.
2. Charakter, Wesen

ingēns, -entis gewaltig, riesig, heftig:
vir ingenti virtute ein Mann von
außerordentlicher Tüchtigkeit

inimīcus, -a, -um 3 **1.** feindlich, verfeindet.
2. *Subst.* **inimīcus**, ī *m* Feind

initium, -ī *n* **1.** Anfang, Eingang.
2. *Pl.* Geheimkult, Mysterien

iniūria, -ae *f* Unrecht, Ungerechtigkeit, Gewalttat

inopia, -ae *f* Mangel, Not

inquam, *sonst fast nur 2. Pers. Sg.* (**inquis**),
3. Pers. Sg. (**inquit**) *und Pl.* (**inquiunt**) *in die
Rede eingeschaltetes Verb* sag(t)e ich

īnsidiae, -ārum *f* **1.** Anschlag, Attentat.
2. Hinterhalt, Hinterhältigkeit

īnsīgnis, -e **1.** ausgezeichnet. **2.** bemerkenswert,
auffallend

īnstituō 3. īnstituī, īnstitūtum, īnstituere
1. errichten, einrichten. **2.** beginnen.
3. ausbilden, unterrichten. **4.** beschließen

īnstō 1. īnstitī, īnstātūrus, īnstāre **1.** bedrängen.
2. bevorstehen, drohen. **3.** eifrig betreiben

īnsula, -ae *f* **1.** Insel. **2.** Wohnblock

intellegō (*und* **intelligō**) 3. intellēxī, intellēctum,
intellegere **1.** bemerken, wahrnehmen,
erkennen. **2.** verstehen, einsehen

inter *Präp. m. Akk.* **1.** zwischen.
2. unter, untereinander. **3.** unter, mitten in.
4. während: *inter haec* unterdessen

intereā *Adv.* inzwischen, unterdessen

interficiō 3. interfēcī, interfectum, interficere
töten; vernichten

intermittō 3. intermīsī, intermissum,
intermittere **1.** unterbrechen. **2.** unterlassen.
3. vorübergehen lassen

interrogō 1. interrogāvī, interrogātum,
interrogāre **1.** fragen, befragen. **2.** bitten

intrō 1. intrāvī, intrātum, intrāre
1. betreten, hineingehen. **2.** eindringen

inveniō 4. invēnī, inventum, invenīre
  1. finden, erfinden. **2.** ermitteln
invidia, -ae *f* **1.** Neid, Missgunst. **2.** Hass
ipse, ipsa, ipsum, *Gen.* ipsīus, *Dat.* ipsī
  1. selbst, persönlich. **2.** gerade, eben:
  ipso tempore gerade zur rechten Zeit
īrācundus, -a, -um 3 zornig, jähzornig
irruō 3. irruī, irruitūrus, irruere **1.** hineinstürzen,
  losstürmen. **2.** *in m. Akk.* losgehen auf
is, ea, id, *Gen.* eius, *Dat.* ēī
  1. dieser: *is, qui* derjenige welcher. **2.** er, sie, es
iste, ista, istud, *Gen.* istīus, *Dat.* istī
  1. dieser (da). **2.** *verächtlich:* der da, ein solcher
ita *Adv.* so, auf diese Weise
itaque *Adv.* daher, deshalb, also, und so
iter, itineris *n* **1.** Weg, Reise: *iter facere* reisen.
  2. Weg, Straße. **3.** Marsch, Wegstrecke:
  iter magnum/maximum Eilmarsch
iterum *Adv.* wiederum
iubeō 2. iussī, iussum, iubēre *m. Akk.*
  befehlen, beauftragen
iūcundus, -a, -um 3 **1.** angenehm, erfreulich.
  2. fröhlich, heiter. **3.** lieb, willkommen
iūdex, -icis *m* Richter
iūdicō 1. iūdicāvī, iūdicātum, iūdicāre
  1. urteilen. **2.** beurteilen, einschätzen.
  3. *m. dopp. Akk.* erklären zu, halten für
iugum, -ī *n* **1.** Joch, Gespann. **2.** Bergrücken
iungō 3. iūnxī, iūnctum, iungere
  verbinden, vereinigen
iūrō 1. iūrāvī, iūrātum, iūrāre
  1. schwören. **2.** *m. Akk.* schwören bei
iūs, iūris *n* Recht, Gericht
iūstus, -a, -um 3 gerecht
iuvō 1. iūvī, iūtum, iūvāre **1.** unterstützen, helfen.
  2. erfreuen: *iuvat* es gefällt, es macht Spaß

L

labor, -ōris *m* **1.** Arbeit, Mühe, Anstrengung.
  2. Leid
laetus, -a, -um 3 froh, fröhlich
laudō 3. laudāvī, laudātum, laudāre
  1. loben. **2.** preisen, rühmen
laus, laudis *f* Lob, Ruhm
lēgātus, -ī *m* Gesandter, Legat (Unterfeldherr)
legiō, -ōnis *f* Legion
legō 3. lēgī, lēctum, legere
  1. lesen, auswählen. **2.** sammeln
lētālis, -e tödlich, todbringend

lēx, lēgis *f* **1.** Gesetz: *contra legem facere*
  gegen das Gesetz handeln. **2.** Bedingung
libellus, -ī *m* **1.** kleines Buch. **2.** Bekanntmachung.
  3. Bittschrift. **4.** Buchladen
libenter *Adv.* bereitwillig, gern
liber, -brī *m* Buch
līber, -era, -erum 3 **1.** frei.
  2. *Subst.* **līberī**, -ōrum *m* Kinder
lībertās, -ātis *f* Freiheit
licet 2. licuit, licēre **1.** es ist erlaubt.
  2. *m. Konj.* auch wenn
lingua, -ae *f* **1.** Zunge. **2.** Rede. **3.** Sprache
littera, -ae *f* **1.** Buchstabe. **2.** *Pl.* Schriftstücke,
  Literatur, Brief. **3.** *Pl.* Wissenschaft
lītus, -oris *n* Küste, Strand
locus, -ī *m* **1.** Ort, Stelle. **2.** Platz, Rang.
  3. *Pl.* **loca**, -ōrum *n* Gegend
longus, -a, -um 3 **1.** lang. **2.** weit, weit entfernt
loquor 3. locūtus sum, loquī sprechen, sagen
lōrīca, -ae *f* Brustpanzer, Panzerhemd
lūx, lūcis *f* **1.** Licht. **2.** Tageslicht, Tag. **3.** Auge

M

magis *Adv.* zu māgnus **1.** mehr, mehr noch.
  2. in höherem Grade
magister, -trī *m* **1.** Leiter. **2.** Lehrer
māgnitūdō, -inis *f* **1.** Größe: *magnitudo animi*
  innere Größe. **2.** Menge. **3.** Bedeutung
māgnus, -a, -um 3, *Komp.* **māior**, *Superl.* **māximus**,
  Adv. **magis** *(s. dort)*, *Komp.* **māius**,
  Superl. **māximē** *(s. dort)*
  1. groß, hoch, weit, lang. **2.** alt;
  Subst. Pl. **māiōrēs**, -um *m* die Vorfahren.
  3. stark, heftig: *magna voce* mit lauter Stimme.
  4. bedeutend, wichtig
māior, **māiōrēs**, *s.* **māgnus**
mālō, māluī, mālle lieber wollen, vorziehen
malus, -a, -um 3, *Komp.* **pēior**, *Superl.* **pessimus**
  schlecht, schlimm, übel;
  Subst. **malum**, -ī das Schlechte, das Übel
mandō 1. mandāvī, mandātum, mandāre
  1. anvertrauen, übergeben: *fugae se mandare*
  fliehen. **2.** auftragen
maneō 2. mānsī, mānsum, manēre
  1. bleiben. **2.** *m. Akk.* warten (auf). 3. andauern,
  Bestand haben
manus, -ūs *f* **1.** Hand. **2.** Kampf. **3.** Macht. **4.** Schar
mare, -is *n* Meer
māter, -tris *f* Mutter

māximus *s.* **māgnus**

māximē *Adv. Superl.* zu māgnus **1.** sehr, überaus. **2.** hauptsächlich

mēcum *s.* **mē**

medicus, -ī *m* Arzt

medius, -a, -um 3 **1.** *örtlich:* in der Mitte liegend. **2.** *zeitlich:* mittlerer: *media nocte* mitten in der Nacht. **3.** *Subst.* **medium**, -ī *n* Mitte, Mittelpunkt: *e medio* mitten aus dem Leben

melior *s.* **bonus**

meminī, meminisse *m. Gen.* sich erinnern, gedenken

memoria, -ae *f* **1.** Gedächtnis: *memoria tenere* im Gedächtnis behalten. **2.** Erinnerung, Andenken. **3.** Überlieferung. **4.** Zeit: *memoria mea* zu meiner Zeit

mēns, mentis *f* **1.** Denken, Geist, Verstand. **2.** Mut, Leidenschaft. **3.** Meinung

mercātor, -ōris *m* Kaufmann, Händler

metuō 3. metuī, –, metuere **1.** fürchten, befürchten. **2.** *m. Dat.* sich sorgen um

meus, -a, -um 3, *Vok. Sg.* mī **1.** mein: *mea sententia* meiner Meinung nach. **2.** *Subst. Pl.* **meī**, -ōrum *m* die Meinen, Meinigen. **3.** *Subst.* **meum**, -ī *n* das Meinige; meine Aufgabe: *meum est* es ist meine Pflicht

mihī (*und* **mī**) *s.* **ego**

mīles, -itis *m* Soldat, Krieger

mīlia *s.* **mīlle**

mīlle *undekl., Pl.* **mīlia**, -ium *n* tausend

minimus, minimē, minor/minus *s.* **parvus, parum**

mīror 1. mīrātus sum, mīrārī **1.** sich wundern (über). **2.** bewundern

miser, -era, -erum 3 **1.** unglücklich, elend. **2.** arm, erbärmlich

mittō 3. mīsī, missum, mittere **1.** schicken. **2.** werfen, schleudern

modo *Adv.* **1.** eben erst, gerade: *modo ... modo* bald ... bald. **2.** nur

modus, -ī *m* **1.** Maß, Maßstab. **2.** Art, Weise: *nullo modo* keinesfalls

mōlior 4. mōlītus sum, mōlīrī **1.** *trans.* in Bewegung setzen, unternehmen; bauen. **2.** *intrans.* sich fortbewegen

moneō 2. monuī, monitum, monēre **1.** erinnern, mahnen. **2.** ermahnen, warnen

mōns, montis *m* Berg, Gebirge

morbus, -ī *m* Krankheit

morior 3 mortuus sum, morī, *PFA* moritūrus **1.** sterben. **2.** verschwinden

moror 1. morātus sum, morārī **1.** sich aufhalten, verweilen; zögern. **2.** *m. Akk.* (jemanden/etwas) aufhalten, verzögern, hindern

mors, mortis *f* Tod

mōs, mōris *m* **1.** Sitte, Brauch. **2.** *Pl.* **mōrēs**, -um *m* Charakter. **3.** Wille

moveō 2. mōvī, mōtum, movēre **1.** bewegen. **2.** veranlassen, erregen. **3.** fortbewegen, entfernen

mox *Adv.* bald; bald darauf, dann

mulier, -eris *f* Frau, Ehefrau

multitūdō, -inis *f* Menge, große Anzahl: *multitudo hominum* Menschenmenge

multus, -a, -um 3, *Adv.* **multum** **1.** bedeutend, groß, viel. **2.** *zeitlich:* spät: *multa nocte* tief in der Nacht. **3.** *Pl.* **multī**, -ae, -a viele, zahlreiche. **4.** *Abl.* **multō** um vieles, viel, weitaus: *multo post* viel später

mūnificentia, -ae *f* Freigebigkeit

mūrus, -ī *m* Mauer, Stadtmauer

N

nam denn, nämlich

namque denn, nämlich

nāscor 3. nātus sum, nāscī **1.** geboren werden. **2.** entstehen

nātūra, -ae *f* Natur, Wesen, natürliche Beschaffenheit

nauticus, -a, -um 3 See..., Schiffs...: *res nauticae* Schifffahrtswesen

nāvālis, -e zu Schiffen gehörend, Schiff..., See...

nāvigō 1. nāvigāvī, nāvigātum, nāvigāre **1.** *intrans.* (mit dem Schiff) fahren, segeln. **2.** *trans.* (mit dem Schiff) befahren

nāvis, -is *f* Schiff: *naves solvere* in See stechen

I. nē *Adv.* nicht: *ne ... quidem* nicht einmal.

II. nē *Subj. m. Konj.* dass nicht, damit nicht *nach Verben des Fürchtens und Hinderns* dass

-ne **1.** *in dir. Fragen meist unübersetzt.* **2.** etwa. **3.** *in abhängigen Fragen* ob

nec *s.* **neque**

necessārius, -a, -um 3 nötig, notwendig; *Subst.* **necessārius**, -ī *m* Freund, Verwandter

necesse notwendig, nötig

necō 1. necāvī, necātum, necāre töten

negō 1. negāvī, negātum, negāre **1.** nein sagen. **2.** leugnen, bestreiten. **3.** verweigern, ablehnen

nēmō, *Gen.* nūllīus, *Dat.* nūllī/nēminī, *Akk.* nēminem, *Abl.* nūllō/nēmine niemand, keiner

neque (*und* **nec**) **1.** und nicht, auch nicht, aber nicht. **2.** *neque ... neque / nec ... nec* weder ... noch

nesciō 4. nescīvī/nesciī, nescītum, nescīre nicht wissen, nicht kennen, nicht verstehen: *nescio quis* irgendeiner, *nescio quid* irgendetwas

nihil (*und* **nīl**) nichts

nimis *Adv.* **1.** sehr, überaus. **2.** zu sehr

nisī 1. wenn nicht. **2.** *nach Verneinung* außer, nur

nōbilis, -e **1.** adelig, vornehm. **2.** berühmt, bekannt

nōbis, nōbiscum *s.* **nōs**

noctū *Adv.* bei Nacht, nachts

nōlō, nōluī, nōlle nicht wollen, nicht wünschen

nōmen, -inis *n* **1.** Name. **2.** Bezeichnung

nōn *Adv.* nicht

nōndum *Adv.* noch nicht

nōnnūllī, -ae, -a 3, *Pl.* einige, manche

nōs, *Gen.* nostrī (*Gen. partitivus:* nostrum), *Dat.* nōbis, *Akk.* nōs, *Abl.* nōbis wir: *nōbiscum* mit uns

nōscō, 3. nōvī, nōtum, nōscere **1.** kennenlernen, erfahren. **2.** *Perf.* kennen, wissen: *novi* ich kenne, ich weiß

noster, -tra, -trum 3 unser: *nostri* die Unseren, unsere Leute

novem neun

novus, -a, -um 3
1. neu: *homo novus* Emporkömmling.
2. neuartig, revolutionär: *res novae* Umsturz.
3. außergewöhnlich

nox, noctis *f* Nacht: *media nocte* mitten in der Nacht

nūllus, -a, -um 3, *Gen.* nūllīus, *Dat.* nūllī kein

num 1. *in dir. Fragen* denn, wohl, etwa.
2. *in abhängigen Fragen* ob etwa (nicht)

numquam *Adv.* niemals

nunc *Adv.* jetzt, nun

nūntiō 1. nūntiāvī, nūntiātum, nūntiāre
1. melden, ankündigen.
2. benachrichtigen, berichten

nūntius, -ī *m* **1.** Bote. **2.** Meldung, Nachricht

nūper *Adv.* neulich, vor Kurzem, unlängst

O

obnūntiō 1. obnūntiāvī, obnūntiātum, obnūntiāre **1.** böse Vorzeichen melden.
2. Einspruch einlegen

obtineō 2. obtinuī, obtentum, obtinēre
1. innehaben, besetzt halten. **2.** bekommen

I. occidō 3. occidī, occāsum, occidere
1. hinfallen, umfallen. **2.** untergehen: *sol occidens* die untergehende Sonne, der Westen. **3.** umkommen, zugrunde gehen

II. occīdō 3. occīdī, occīsum, occīdere
1. niederschlagen. **2.** erschlagen, töten

oculus, -ī *m* **1.** Auge. **2.** Augenlicht

odium, -ī *n* **1.** Hass: *odio esse* verhasst sein.
2. Widerwille

offerō, obtulī, oblātum, offerre
1. entgegenbringen. **2.** zur Verfügung stellen, anbieten

officium, -ī *n* Dienst, Pflicht

omnīnō *Adv.* überhaupt, ganz und gar

omnis, -e **1.** jeder. **2.** ganz.
3. *Pl.* **omnēs**, -ium *m/f* alle;
n Pl. **omnia**, -ium alles

opēs *s.* **ops**

oppidum, -ī *n* befestigte Siedlung, Kleinstadt

oppleō 2. opplēvī, opplētum, opplēre anfüllen, erfüllen

opprimō 3. oppressī, oppressum, opprimere
1. unterdrücken. **2.** überwältigen. **3.** überfallen.
4. bedrängen

ops, opis *f* **1.** Macht, Kraft. **2.** Hilfe.
3. *Pl.* **opēs**, -um Reichtum

optimus *s.* **bonus**

optō 1. optāvī, optātum, optāre wünschen

opus, -eris *n* **1.** Arbeit, Werk.
2. *meist mit Abl.* **opus est** es ist nötig, man braucht: *Quid verbis opus est?* Was bedarf es der Worte?

ōrātiō, -ōnis *f* **1.** Rede: *orationem habere* eine Rede halten. **2.** Sprache, Sprechweise, Stil

orbis, -is *m* **1.** Kreis, Scheibe: *orbis terrarum* der Erdkreis. **2.** Gebiet

ōrō 1. ōrāvī, ōrātum, ōrāre **1.** bitten. **2.** beten.
3. (feierlich) reden, sprechen

ōs, ōris *n* **1.** Mund. **2.** Gesicht. **3.** Stimme

ostendō 3. ostendī, ostentum, ostendere **1.** zeigen.
2. entgegenstrecken, hinhalten. **3.** darlegen, erklären. **4.** in Aussicht stellen, versprechen

P

paene *Adv.* beinahe, fast

pāgus,-ī *m* **1.** Bezirk. **2.** Dorf. **3.** Dorfbewohner, Landleute

palam *Adv.* **1.** offen, öffentlich. **2.** offenkundig, bekannt

palma, -ae *f* **1.** Palme, Palmzweig. **2.** Siegespreis. **3.** Hand(fläche)

pār, paris **1.** gleich, ebenbürtig, angemessen. **2.** ähnlich: *pares amici* gleich gesinnte Freunde

parcō 3. pepercī, parsūrus, parcere **1.** *m. Dat.* (ver)schonen. **2.** sich zurückhalten. **3.** unterlassen

pareō 2. paruī, paritum, parēre gehorchen, sich richten nach

pariō 3. peperī, partum, parere **1.** gebären, zur Welt bringen. **2.** erwerben, gewinnen: *res parere* ein Vermögen erlangen

parō 1. parāvī, parātum, parāre **1.** vorbereiten, zubereiten, Vorkehrungen treffen. **2.** vorhaben, im Sinn haben

pars, partis *f* **1.** Teil. **2.** Richtung

partim *Adv.* zum Teil; teilweise: *partim ... partim* teils ... teils

parvus, -a, -um 3, *Komp.* **minor**, *Superl.* **minimus**, *Adv.* **parum** **1.** klein, gering. **2.** billig. **3.** wenig

passus, -ūs *m* **1.** Doppelschritt (ca. 1,5 Meter). **2.** Schritt. **3.** Fußspur

pāstor, -ōris *m* Hirte

pater, -tris *m* **1.** Vater. **2.** *Pl.* Vorfahren. **3.** *meist Pl.* Patrizier, Senatoren

patria, -ae *f* **1.** Vaterland, Heimat. **2.** Vaterstadt

patrius, -a, -um 3 väterlich, heimatlich, traditionell

pauci, -ae, -a 3, *Pl.* wenige, wenig

paulum ein wenig, ein bisschen

pauper, -eris, *Abl. Sg.* paupere, *Gen. Pl.* pauperum **1.** arm, bedürftig. **2.** armselig, ärmlich

pāx, pācis *f* Frieden, Friedensschluss

pectus, -oris *n* **1.** Brust. **2.** Herz, Gemüt

pecūnia, -ae *f* Geld, Vermögen

pedester, -tris, -tre zu Fuß, Fuß...: *copiae pedestres* Fußvolk, Infanterie

pēior, pessimus *s.* **malus**

pellō 3. pepulī, pulsum, pellere **1.** treiben, antreiben. **2.** schlagen, stoßen. **3.** vertreiben

pendō 3. pependī, pēnsum, pendere **1.** auf die Waage legen, abwiegen. **2.** abwägen. **3.** bezahlen

per *Präp. m. Akk.* **1.** durch, hindurch. **2.** während. **3.** mithilfe von

perdō 3. perdidī, perditum, perdere **1.** zugrunde richten, verderben. **2.** verlieren. **3.** verschwenden

perficiō 3. perfēcī, perfectum, perficere ausführen, vollenden, erreichen

perfuga, -ae *m* **1.** Flüchtling. **2.** Überläufer

perfugiō 3. perfūgī, perfugere **1.** flüchten, Zuflucht nehmen. **2.** (zum Feind) überlaufen

perīculum, -ī *n* Gefahr, Abenteuer

persolvō 3. persolvī, persolūtum, persolvere **1.** abstatten, erweisen; büßen. **2.** bezahlen

persuādeō 2. persuāsī, persuāsum, persuādēre *m. Dat.* **1.** überzeugen: *mihi persuasum est* ich bin überzeugt. **2.** überreden

perterreō 2. perterruī, perterritum, perterrēre in Angst versetzen, sehr erschrecken

pertineō 2. pertinuī, –, pertinēre **1.** sich erstrecken: *pertinēre ad flūmen* sich bis zum Fluss erstrecken. **2.** betreffen, gehören (zu): *pertinēre ad bellum* mit dem Krieg zu tun haben. **3.** beitragen: *pertinēre ad augendam hūmānitātem* zur Vermehrung der Bildung beitragen

perveniō 4. pervēnī, perventum, pervenīre gelangen, hinkommen, ankommen

pēs, pedis *m* Fuß: *pedibus ire* zu Fuß gehen

pessimus *s.* **malus**

petō 3. petīvī/petiī, petītum, petere **1.** aufsuchen, gehen nach, eilen: *Romam petere* nach Rom eilen. **2.** angreifen: *hostem petere* einen Feind angreifen. **3.** bitten, verlangen, erstreben: *auxilium petere* um Hilfe bitten

philosophus, -ī *m* Philosoph

pīlum, -ī *n* Wurfspieß

placeō 2. placuī, placitum, placēre **1.** gefallen. **2.** *unpers. placet* es gefällt, man beschließt: *placet populo* das Volk beschließt

plēbs, plēbis *f* **1.** einfaches Volk, Plebs. **2.** Menge, Pöbel

plērīque, plēraeque, plēraque *Pl.* die meisten, sehr viele

plūrimus, -a, -um 3, *Superl. zu* multus der meiste, sehr viel

plūs *Adv. Komp. zu* multum mehr

poena, -ae *f* **1.** Strafe: *poenas solvere/dare* bestraft werden. **2.** Qual

poēta, -ae *m* Dichter

pōnō 3. posuī, positum, pōnere **1.** setzen, stellen, legen. **2.** vorsetzen. **3.** weglegen, ablegen

ponticulus, -ī *m* kleine Brücke, Steg

populus, -ī *m* **1.** Volk, Volksmenge: *populus Romanus* das römische Volk. **2.** Bevölkerung

porta, -ae *f* Tür, Tor, Eingang

portō 1. portāvī, portātum, portāre tragen, bringen

pōscō 3. popōscī, –, pōscere fordern, verlangen

possideō 2. possēdī, possessum, possidēre besitzen

possum, potuī, posse **1.** können, in der Lage sein. **2.** fertigbringen

I. post *Adv.* **1.** *örtlich:* hinten. **2.** *zeitlich:* später, danach: *multo post* viel später

II. post *Präp. m. Akk.* **1.** *örtlich:* hinter. **2.** *zeitlich:* nach, seit

posteā *Adv.* nachher, später

posterus, -a, -um 3, *Komp.* **posterior**, *Superl.* **postrēmus** **1.** folgend, nachfolgend: *postero tempore* in späterer Zeit. **2.** *Pl.* **posterī**, -ōrum *m* die Nachwelt, die Nachkommen

postquam **1.** *m. Ind. Perf.* nachdem. **2.** *m. Ind. Präs./Impf.* seit, seitdem, als

pōstulō 1. pōstulāvī, pōstulātum, pōstulāre **1.** fordern, verlangen. **2.** (gerichtlich) belangen, anklagen

postumus, -a, -um 3 nachgeboren, spätgeboren; *Subst.* **postumus**, -ī *m* Nachzügler, Nachgeborener

potentia, -ae *f* **1.** Macht, Gewalt. **2.** Einfluss. **3.** Herrschaft

potissimum *Adv.* am ehesten, vor allem

potius *Adv.* **1.** eher, lieber. **2.** besser, vielmehr

praebeō 2. praebuī, praebitum, praebēre **1.** geben, darreichen. **2.** se praebere sich erweisen als

praestō 1. praestitī, praestātūrus, praestāre **1.** *m. Dat.* voranstehen, übertreffen: *praestat* es ist besser. **2.** *m. Akk.* gewähren, erweisen, leisten, zeigen: *officium praestare* seine Pflicht erfüllen

praesum, praefuī, praefutūrus, praeesse *m. Dat.* **1.** an der Spitze stehen von, voranstehen: *exercitui praeesse* ein Heer befehligen. **2.** verwalten: *provinciae praeesse* eine Provinz verwalten

praetereā *Adv.* außerdem

precor 1. precātus sum, precārī **1.** bitten, flehen. **2.** beten. **3.** wünschen

prehendō 3. prehendī, prehēnsum, prehendere nehmen, fassen, ergreifen

premō 3. pressī, pressum, premere **1.** drücken. **2.** bedrängen. **3.** unterdrücken

prīmō *Adv.* zuerst, anfangs

prīmum *Adv.* **1.** zuerst, anfangs. **2.** zum ersten Mal. **3.** erstens

prīmus, -a, -um 3, *Adv.* **prīmum**, **prīmō** *(s. dort)* der erste

prīnceps, -cipis **1.** erster, angesehenster, führender. **2.** *Subst.* Anführer, Kaiser, Fürst

prīstinus, -a, -um 3 **1.** ehemalig, früher, aus früheren Zeiten. **2.** gestrig, vergangen

priusquam *Subj.* bevor, ehe

prō *Präp. m. Abl.* **1.** vor. **2.** anstelle von. **3.** für, zugunsten. **4.** entsprechend: *pro tempore et pro re* nach Zeit und Umständen. **5.** so wie, als: *pro certo habere* für sicher halten

probō 1. probāvī, probātum, probāre **1.** anerkennen, gutheißen. **2.** prüfen, untersuchen. **3.** beweisen

prōdūcō 3. prōdūxī, prōductum, prōdūcere **1.** vorführen, nach vorn führen. **2.** auseinanderziehen

proelium, -ī *n* Kampf, Schlacht

proficīscor 3. profectus sum, proficīscī vorrücken, weitergehen, aufbrechen

prohibeō 2. prohibuī, prohibitum, prohibēre **1.** hindern, verhindern: *prohibere ne* hindern, dass. **2.** abhalten, abwehren. **3.** verbieten

prōmulgō 1. prōmulgāvī, prōmulgātum, prōmulgāre öffentlich anschlagen lassen: *legem promulgare* ein Gesetz durch Anschlag bekannt machen

prope *Adv.* **1.** nahe, in der Nähe. **2.** beinahe

properō 1. properāvī, properātum, properāre eilen, sich beeilen

propius *Adv. Komp. zu* **prope** näher

prōsiliō 4. prōsiluī, prōsilīre **1.** hervorspringen; hervorstürmen. **2.** aufspringen

prōvideō 2. prōvīdī, prōvīsum, prōvidēre **1.** *m. Dat.* Vorsorge treffen, sorgen für. **2.** *m. Akk.* vorhersehen

prōvincia, -ae *f* **1.** Provinz. **2.** Amtsbereich

pūblicus, -a, -um 3 **1.** öffentlich, staatlich: *res publica* Staat. **2.** allgemein, alltäglich

puella, -ae *f* **1.** Mädchen. **2.** junge Frau. **3.** Geliebte

puer, -ī *m* **1.** Junge. **2.** (junger) Sklave

pūgna, -ae *f* Kampf

pūgnō 1. pūgnāvī, pūgnātum, pūgnāre kämpfen: *pugnare cum* im Streit liegen mit

pulcher, -chra, -chrum 3 **1.** schön. **2.** vortrefflich

puppis, -is *f* **1.** Schiffsheck, Hinterdeck. **2.** Schiff

pūrgō 1. pūrgāvī, pūrgātum, pūrgāre **1.** reinigen, säubern. **2.** rechtfertigen, entschuldigen

putō 1. putāvī, putātum, putāre
　1. glauben, meinen. **2.** *m. dopp. Akk.* halten für.
　3. schätzen, achten: *magni putare* hoch schätzen. **4.** rechnen, berechnen

Q

quadrāgintā vierzig

quaerō 3. quaesīvī, quaesītum, quaerere
　1. suchen. **2.** untersuchen. **3.** fragen:
　quaerere ex/ab aliquo jemanden fragen.
　4. erwerben

quālis, -e **1.** was für ein: *qualis ... talis* wie ... so.
　2. welcher

quam 1. *Ausruf/Frage* wie! **2.** *m. Superl.* möglichst:
　quam maximus so groß wie möglich.
　3. nach *Komp.* als: *maior quam* größer als

quandō 1. *Adv.* wann. **2.** *Subj.* da, weil.
　3. *Subj.* wenn

quantus, -a, -um 3 **1.** wie groß, wie sehr, wie viel.
　2. was für ein

quārē *Adv.* **1.** weshalb. **2.** deshalb

quārtus, -a, -um 3 der/die/das vierte

quattuor vier

-que und: *-que ... -que* sowohl ... als auch

queror 3. questus sum, querī **1.** *intrans.* klagen,
　(sich) beklagen. **2.** *trans.* beklagen

I. quī, quae, quod *Gen.* cuius, *Dat.* cui
　1. *Relativpronomen* welcher, welche, welches;
　der, die, das; wer, was; *rel. Anschluss* dieser,
　diese, dieses. **2.** *adjektivisches Interrogativ-
　pronomen* welcher? was für ein?
　wie beschaffen? **3.** *Indefinitpronomen* quī, qua
　(*seltener* quae), quod irgendein (*vgl.* aliquī)

II. quī *Adv.* wie, woher, warum

quia *Subj.* weil, da

quīcumque, quaecumque, quodcumque
　wer auch immer; jeder, der

quid *s.* **quis**

quīdam, quaedam, quoddam/quiddam
　1. ein gewisser. **2.** *Pl.* einige, manche:
　quidam dicunt manche sagen

quidem *Adv.* **1.** gewiss, sicher. **2.** freilich, allerdings.
　3. zwar. **4.** *ne ... quidem* nicht einmal

quiēscō 3. quiēvī, quiētūrus, quiēscere **1.** ruhen,
　sich ausruhen; schlafen

quīn 1. *Adv.* ja sogar. **2.** *Subj. m. Konj.* dass nicht.
　3. *Subj. m. Konj. nach verneinten Ausdrücken
　des Zweifelns* dass: *non dubito, quin* ich zweifle
　nicht, dass

quīnque fünf

quīnquiēns *Adv.* fünfmal

quis, quid *substantivisches Pronomen*
　1. *Interrogativpronomen* wer? was?; *Adv.* quid?
　warum? weshalb? **2.** *Indefinitpronomen*
　irgendeiner, irgendjemand, irgendetwas
　(*vgl.* aliquis)

quisquis, quidquid/quicquid wer auch immer;
　jeder, der

quō 1. wohin. **2.** *m. Komp.* damit umso

quod *Subj.* **1.** weil. **2.** dass. **3.** *s.* I. **quī**

quondam *Adv.* **1.** einst, einmal. **2.** manchmal

quoque *Adv.* **1.** auch. **2.** sogar

quot wie viele

quotannīs *Adv.* jährlich, jedes Jahr

quotiēns *Adv.* wie oft; so oft

R

rādīx, -īcis *f* Wurzel; Rübe

rapiō 3. rapuī, raptum, rapere
　1. rauben. **2.** ergreifen. **3.** wegreißen

ratiō, -ōnis *f* **1.** Vernunft. **2.** Art und Weise.
　3. Vorgangsweise, Maßnahme.
　4. Grund, Überlegung. **5.** Berechnung

ratus *s.* **reor**

recitō 1. recitāvī, recitātum, recitāre
　1. vorlesen. **2.** vortragen, rezitieren

reddō 3. reddidī, redditum, reddere
　1. zurückgeben. **2.** berichten:
　rationem reddere Rechenschaft ablegen.
　3. *m. dopp. Akk.* machen (zu)

redeō, rediī, reditum, redīre zurückkehren,
　zurückgehen

redūcō 3. redūxī, reductum, redūcere
　1. zurückführen. **2.** zurückbringen

referō, ret(t)ulī, relātum, referre **1.** zurückbringen.
　2. hinbringen. **3.** melden, berichten.
　4. *unpers.* es ist wichtig: *mea refert* es ist für
　mich wichtig

rēgīna, -ae *f* Königin

regiō, -ōnis *f* Region, Gebiet, Gegend

rēgnum, -ī n (König-)Reich, (Königs-)Herrschaft

regō 3. rēxī, rēctum, regere **1.** lenken, leiten.
2. herrschen, regieren

relinquō 3. relīquī, relictum, relinquere
1. zurücklassen, verlassen: *coniugem relinquere*
den Ehegatten verlassen. **2.** vernachlässigen,
im Stich lassen. **3.** übrig lassen

renuō 3. renuī, renuere verweigern, ablehnen

reor 2. ratus sum, rērī **1.** glauben, meinen.
2. *m. dopp. Akk.* halten für

repellō 3. rep(p)ulī, repulsum, repellere
zurückstoßen, abweisen, vertreiben,
zurückschlagen

repente *Adv.* plötzlich

reperiō 4. rep(p)erī, repertum, reperīre **1.** finden,
wiederfinden. **2.** erfinden. **3.** herausfinden

repōnō 3. reposuī, repos(i)tum, repōnere
1. zurückbringen, wiederherstellen. **2.** ablegen.
3. zurückgeben

reputō 1. reputāvī, reputātum, reputāre
1. berechnen. **2.** überlegen.
3. *m. dopp. Akk.* halten für

requīrō 3. requīsīvī, requīsītum, requīrere
1. suchen (nach). **2.** fragen (nach),
sich erkundigen

rēs, reī f **1.** Sache: *res publica* Staat.
2. Angelegenheit. **3.** *Pl.* Taten: *res gestae*
Geschehnisse, Geschichte

rescīscō 3. resciī, rescītum, rescīscere erfahren,
Nachricht erhalten

resistō 3. restitī, –, resistere
1. stehen bleiben, dastehen.
2. sich widersetzen, Widerstand leisten

respiciō 3. respexī, respectum, respicere
1. zurückblicken. **2.** berücksichtigen, Rücksicht
nehmen (auf)

respondeō 2. respondī, respōnsum, respondēre
antworten

restituō 3. restituī, restitūtum, restituere
1. wiederherstellen. **2.** zurückerstatten

retineo 2. retinuī, retentum, retinēre
1. zurückhalten. **2.** beibehalten.
3. gefangen halten

revertor 3. revertī, reversus, revertī
1. zurückkehren. **2.** umkehren

rēx, rēgis m König, Herrscher

rīsus, -ūs m Lachen, Gelächter

rogō **1.** rogāvī, rogātum, rogāre **1.** bitten, erbitten.
2. fragen. **3.** einladen. **4.** umwerben

ruō 3. ruī, rūtum/ruitūrus, ruere **1.** stürzen.
2. eilen, losrennen. **3.** drängen

rūrsus *Adv.* **1.** wieder. **2.** von Neuem

S

sacer, -cra, -crum 3 **1.** geweiht, heilig.
2. *Subst.* **sacrum**, -ī n Heiligtum, heiliger Ort

sacerdōs, -ōtis m/f Priester/Priesterin

saepe *Adv.* oft, häufig

salūs, -ūtis f **1.** Gesundheit, Gruß. **2.** Heil, Rettung

sapiēns, -entis weise, klug; verständig

satis *Adv.* **1.** genug: *satis est* es genügt. **2.** ziemlich

scelerātus, -a, -um 3 verbrecherisch, frevelhaft;
Subst. **scelerātus**, -ī m Verbrecher,
scelerāta, -ae f Verbrecherin

scelus, -eris n **1.** Verbrechen, Frevel, Untat.
2. Verbrecher, Frevler

sciō 4. scīvī/sciī, scītum, scīre
1. wissen. **2.** kennen, verstehen

scrībō 3. scrīpsī, scrīptum, scrībere
1. schreiben. **2.** verfassen

scrūtor 1. scrūtātus sum, scrūtārī durchsuchen,
durchforschen

scūtum, -ī n (der) Schild (rechteckiger Langschild)

sē (*verstärkt:* **sēsē**) *Reflexivpron. im Akk., Dat.* sibī,
Abl. sē sich: *secum* bei sich

sēcum *s.* **sē**

secundus, -a, -um 3 **1.** der zweite. **2.** folgend.
3. günstig, glücklich: *res secundae* Glück

sed **1.** aber, jedoch. **2.** sondern

sedeō 2. sēdī, sessum, sedēre **1.** sitzen. **2.** Sitzung
halten, zu Gericht sitzen. **3.** sich aufhalten

semper *Adv.* immer, beständig

senātus, -ūs m **1.** Senat: *senatus populusque*
Romanus Senat und Volk von Rom.
2. Senatssitzung, Senatsversammlung:
senatum habere eine Senatssitzung abhalten

senex, -is m alter Mann, Greis

sententia, -ae f **1.** Meinung, Gedanke:
mea sententia meiner Meinung nach.
2. Satz, Spruch, Urteilsspruch

sentiō 4. sēnsī, sēnsum, sentīre **1.** wahrnehmen,
fühlen. **2.** denken, bemerken, verstehen

septem sieben

septimus, -a, -um 3 der/die/das siebte

sequor 3. secūtus sum, sequī *m. Akk.*
1. folgen, nachfolgen. **2.** befolgen

sermō, -ōnis m **1.** Gespräch, Unterhaltung.
2. Sprache. **3.** Gerede

serpēns, -entis *m/f* Schlange; Drache

servitūs, -ūtis *f* Knechtschaft, Sklaverei

servō 1. servāvī, servātum, servāre
1. bewahren, beobachten. 2. retten

servus, -ī *m* Sklave

sex sechs

sexāgintā sechzig

sī *Subj. m. Ind./Konj.* 1. wenn, falls. 2. ob

sibī *s.* **sē**

sīc *Adv.* 1. so, auf diese Weise, folgendermaßen.
2. unter der Bedingung

sīgnum, -ī *n* 1. Zeichen, Merkmal. 2. Signal
(zum Kampfbeginn), Feldzeichen. 3. Götterbild

similis, -e *m. Gen./Dat.* ähnlich

sine *Präp. m. Abl.* ohne

sinister, -tra, -trum 3
1. links. 2. unheilvoll, trügerisch

sōbrius, -a, -um 3 1. nüchtern. 2. enthaltsam,
maßvoll

socius, -ī *m* Gefährte, Begleiter, Verbündeter

sōl, sōlis *m* Sonne

sollicitō 1. sollicitāvī, sollicitātum, sollicitāre
erschüttern; beunruhigen

sōlus, -a, -um 3, *Gen.* sōlīus, *Dat.* sōlī,
Adv. **sōlum** allein, bloß

solvō 3. solvī, solūtum, solvere 1. lösen, befreien.
2. abfahren: *naves solvere* in See stechen.
3. zahlen. 4. büßen: *poenam solvere*
bestraft werden

somnus, -ī *m* Schlaf

soror, -ōris *f* Schwester

speciēs, -ēī *f* 1. Anblick, Aussehen. 2. Erscheinung.
3. Gestalt. 4. Schönheit

spērō 1. spērāvī, spērātum, spērāre
1. hoffen. 2. erwarten

spēs, speī *f* Hoffnung, Erwartung

statim *Adv.* auf der Stelle, sofort

statiō, -ōnis *f* 1. Standort. 2. Posten, Wache:
in statione esse auf Wache stehen

statua, -ae *f* Statue, Standbild

statuō 3. statuī, statūtum, statuere
aufstellen, festsetzen, beschließen

stō 1. stetī, stātūrus, stāre 1. stehen, stehen
bleiben. 2. kosten. 3. sich befinden

stringō 3. strīnxī, strictum, stringere 1. ziehen,
zücken: *gladium stringere* das Schwert zücken
2. zusammenschnüren. 3. streifen

studeō 2. studuī, –, studēre *m. Dat.* sich bemühen,
streben nach, betreiben, studieren

studium, -ī *n* 1. Beschäftigung, Bemühung.
2. Eifer, Begeisterung.
3. wissenschaftliche Tätigkeit

stultus, -a, -um 3 1. dumm, töricht.
2. *Subst.* **stultus**, -ī *m* Dummkopf

sub 1. *Präp. m. Akk.* unter, unter ... hin.
2. *Präp. m. Abl.* unter, unten an; nahe bei

subiciō 3. subicere, subiēcī, subiectum
1. unterwerfen 2. hinaufwerfen

sum, fuī, futūrus, esse 1. sein. 2. vorhanden sein,
existieren: *est deus* es gibt einen Gott

sūmō 3. sūmpsī, sūmptum, sūmere
1. nehmen, ergreifen. 2. verbrauchen

summus, -a, -um 3 1. der höchste, oberste.
2. der letzte, äußerste: *summus dies*
der letzte Tag

superior, -ius der frühere,
der weiter oben gelegene

superō 1. superāvī, superātum, superāre
1. besiegen, überwinden. 2. übertreffen

supplicium, -ī *n* 1. demütiges Bitten, Flehen.
2. Bestrafung, Strafe, Hinrichtung:
supplicium sumere de aliquo
die Todesstrafe an jemandem vollziehen

suscipiō 3. suscēpī, susceptum, suscipere
1. empfangen. 2. auf sich nehmen.
3. übernehmen, annehmen

sustineō 2. sustinuī, –, sustinēre
standhalten, aushalten

suus, -a, -um 3 1. sein, ihr.
2. *Subst. Pl.* **suī**, -ōrum *m* die Seinen,
die eigenen Leute. 3. angemessen, entsprechend

T

taceō 2. tacuī, tacitum, tacēre
1. schweigen, still sein. 2. verschweigen

tālis, -e derartig, solch: *qualis ... talis* wie ... so

tam *Adv.* so: *tam ... quam* sowohl ... als auch

tamen *Adv.* trotzdem, dennoch, doch

tandem *Adv.* endlich

tangō 3. tetigī, tāctum, tangere 1. berühren.
2. bewegen, beeindrucken.
3. betreten, erreichen. 4. schlagen

tantus, -a, -um 3 so groß, so viel

tē *s.* **tū**

tēcum *s.* **tū**

tegō 3. tēxī, tēctum, tegere 1. decken, bedecken.
2. verhüllen. 3. (be)schützen

templum, -ī *n* 1. Tempel. 2. Heiligtum

temptō 1. temptāvī, temptātum, temptāre **1.** versuchen. **2.** angreifen. **3.** prüfen

tempus, -oris *n* **1.** Zeit, Gelegenheit: *tempus est* es ist an der Zeit. **2.** Lage, Situation, Gefahr

tendō 3. tetendī, tentum, tendere **1.** sich anstrengen, eilen. **2.** spannen, ausbreiten. **3.** bereiten

teneō 2. tenuī, tentum, tenēre **1.** halten, festhalten: *memoria tenere* im Gedächtnis behalten. **2.** haben

terra, -ae *f* **1.** Erde. **2.** Erdboden, Boden. **3.** Land

tertius, -a, -um 3 der dritte

theātrum, -ī *n* Theater

tibi *s.* **tū**

timeō 2. timuī, –, timēre **1.** fürchten: *timeo, ne* ich fürchte, dass; *timeo, ut* ich fürchte, dass nicht. **2.** fürchten, Angst haben vor: *hostes non timeo* ich habe keine Angst vor den Feinden. **3.** *m. Dat.* sich sorgen um

timor, -ōris *m* Angst, Furcht

tollō 3. sustulī, sublātum, tollere **1.** in die Höhe heben, emporheben. **2.** wegnehmen, beseitigen

tot *undekl.* so viele

tōtus, -a, -um 3, *Gen.* tōtīus, *Dat.* tōtī **1.** ganz, gesamt: *toto orbe terrarum* auf dem ganzen Erdkreis. **2.** *Pl.* alle, sämtliche

trādō 3. trādidī, trāditum, trādere **1.** übergeben, überlassen. **2.** überliefern: *memoriae tradere* der Nachwelt überliefern. **3.** berichten

trahō 3. trāxī, tractum, trahere **1.** ziehen. **2.** (weg)schleppen. **3.** an sich ziehen: *regnum trahere* die Herrschaft an sich ziehen. **4.** in die Länge ziehen: *vitam trahere* das Leben fristen

trāiciō 3. trāiēcī, trāiectum, trāicere **1.** hinüberwerfen. **2.** hinüberbringen, übersetzen. **3.** durchbohren

trāns *m. Akk.* **1.** über ... hinüber. **2.** jenseits

trānseō, trānsiī, trānsitum, trānsīre hinübergehen, überqueren

trēs, tria drei

tribuō 3. tribuī, tribūtum, tribuere **1.** zuteilen. **2.** gewähren

trīstis, -e **1.** traurig. **2.** unfreundlich, streng, herb. **3.** unheilvoll

triumphō 1. triumphāvī, triumphātum, triumphāre triumphieren; einen Triumph feiern

triumphus, -ī *m* Triumph, Triumphzug

tū, *Gen.* tuī, *Dat.* tibi, *Akk.* tē, *Abl.* tē du: *tecum* mit dir

tuba, -ae *f* Tuba, Kriegstrompete

tum *Adv.* **1.** dann, darauf, danach. **2.** damals

tunc *Adv.* **1.** damals. **2.** dann, da

turba, -ae *f* **1.** Durcheinander, Gedränge **2.** Menge, Schar

turpis, -e schändlich, unanständig

tuus, -a, -um 3 **1.** dein. **2.** *Subst. Pl.* **tuī**, -ōrum *m* die Deinigen, deine Leute

U

ubī **1.** *Adv.* wo? **2.** *Subj. m. Ind.* sobald: *ubi primum* sobald

ūllus, -a, -um 3 *Gen. Sg.* ūllīus, *Dat. Sg.* ūllī irgendein(er), irgendjemand

umbra, -ae *f* Schatten

umerus, -ī *m* Schulter, Oberarm

umquam *Adv.* jemals

unde *Adv.* woher; weshalb, wodurch

undique *Adv.* von allen Seiten

ūnus, -a, -um 3, *Gen.* ūnīus, *Dat.* ūnī **1.** *Zahl* eins. **2.** ein, einer, ein einzelner. **3.** der einzige

urbānus, -a, -um 3 **1.** städtisch, römisch. **2.** gebildet, kultiviert

urbs, urbis *f* **1.** Stadt, Großstadt, Hauptstadt. **2.** die Stadt Rom

ūrus, -ī *m* Auerochse, Ur

ūsus, -ūs *m* Bentuzung, Gebrauch, Nutzen

ut (*und* **utī**) *Subj.* **1.** *m. Ind.* wie; sobald. **2.** *m. Konj.* dass, damit, *nach Verben des Fürchtens und Hinderns* dass nicht

uterque, utraque, utrumque 3, *Gen.* utrīusque, *Dat.* utrīque jeder (von beiden), beide

ūtilis, -e **1.** brauchbar. **2.** nützlich

utinam *Adv.* *m. Konj. Präs.* hoffentlich; *m. Konj. Impf./Plusq.* wenn doch

ūtor 3. ūsus sum, ūtī *m. Abl.* gebrauchen, benutzen

uxor, -ōris *f* Ehefrau

V

valeō 2. valuī, valitūrus, valēre **1.** gesund sein:
(als Gruß) Vale!/Valete! Leb/Lebt wohl!
2. stark sein, kräftig sein. **3.** Macht haben,
Einfluss haben: *multum valere* großen Einfluss
haben. **4.** können, imstande sein.
5. Wert haben, wert sein

varietās, -ātis *f* Verschiedenheit, Mannigfaltigkeit;
Buntheit

varius, -a, -um 3 **1.** verschieden.
2. vielfältig, abwechslungsreich. **3.** bunt.
4. abwechselnd. **5.** wankelmütig, launisch

vāstitās, -ātis *f* **1.** Leere, Öde. **2.** Verwüstung

vāstus, -a, -um 3 **1.** leer, öde. **2.** verwüstet,
verheert. **3.** unermesslich, weit

vectīgal, -ālis *n* **1.** Steuer. **2.** Einkünfte;
Staatseinkünfte

vel 1. oder: *vel ... vel* entweder ... oder.
2. wenigstens. **3.** sogar

vēndō 3. vēndidī, vēnditum, vēndere
1. verkaufen. **2.** versteigern

venēnātus, -a, -um 3 giftig, vergiftet

veniō 4. vēnī, ventum, venīre **1.** kommen.
2. herankommen. **3.** sich ereignen

ventus, -ī *m* Wind, Sturm

verbum, -ī *n* **1.** Wort. **2.** Äußerung

vereor 2. veritus sum, verērī
1. fürchten: *vereor, ne* ich fürchte, dass.
2. sich scheuen. **3.** verehren, achten

versus, -ūs *m* Vers, Gedichtzeile

vertō 3. vertī, versum, vertere
1. drehen, wenden, *(passivisch)* sich wenden.
2. *(passivisch)* sich verwandeln, übergehen in

vērum *s.* **vērus**

vērus, -a, -um 3 **1.** wirklich, echt: *re vera*
in Wahrheit. **2.** richtig.
3. aufrichtig; *Adv.* **vērē** wahrhaftig:
vir vere Romanus ein echter Römer;
Adv. **vērō 1.** aber, dagegen. **2.** sogar, gerade.
3. in der Tat, in Wahrheit;
Adv. **vērum 1.** aber, jedoch. **2.** sondern.
3. *Subst.* **vērum**, -ī *n* Wahrheit

vester, -tra, -trum euer

vestis, -is *f* **1.** Gewand. **2.** Kleidung

vetus, -eris, *Abl. Sg.* vetere, *Gen. Pl.* veterum,
Nom./Akk. Pl. n vetera **1.** alt. **2.** ehemalig.
3. erfahren

via, -ae *f* **1.** Weg, Straße. **2.** Marsch

victor, -ōris *m* **1.** Sieger. **2.** *Adj.* siegreich

videō 2. vīdī, vīsum, vidēre
1. sehen, erblicken, wahrnehmen.
2. aufsuchen, besichtigen. **3.** bedenken

videor 2. vīsus sum, vidērī *Pass. zu* vidēre
1. gesehen werden. **2.** scheinen

vīgintī zwanzig

vīlla, -ae *f* Villa, Landhaus

vincō 3. vīcī, victum, vincere
1. siegen, besiegen, übertreffen. **2.** umstimmen

vīnum, -ī *n* Wein

vir, virī *m* **1.** Mann. **2.** Ehemann.
3. Mensch; *Pl.* Leute

virtūs, -ūtis *f* **1.** gute Eigenschaft, Tüchtigkeit,
Tugend. **2.** Tapferkeit, Tatkraft. **3.** Wert, Vorzug.
4. Kraft, Wirkung

vīs, *Akk. Sg.* vim, *Abl. Sg.* vī *f* **1.** Kraft, Macht.
2. *Pl.* **vīrēs**, -ium Streitkräfte, Körperkräfte.
3. Menge, Masse. **4.** Gewalt

vīta, -ae *f* **1.** Leben. **2.** Lebensweise.
3. Lebensbeschreibung, Biographie

vitium, -ī *n* **1.** Fehler, schlechte Eigenschaft.
2. Laster

vīvō 3. vīxī, vīctūrus, vīvere **1.** leben.
2. *m. Abl. / ex m. Abl.* leben von,
sich ernähren von. **3.** sich aufhalten

vīvus, -a, -um 3 **1.** lebendig: *Hannibale vivo*
zu Lebzeiten Hannibals. **2.** frisch, kräftig

vix *Adv.* mit Mühe, kaum

vocō 1. vocāvī, vocātum, vocāre **1.** rufen.
2. herbeirufen: *ad cenam vocare* zum Gastmahl
einladen. **3.** *m. dopp. Akk.* bezeichnen, nennen

volō, voluī, velle wollen, wünschen, verlangen

voluntās, -ātis *f* Wille, Wunsch, Absicht

voluptās, -ātis *f* **1.** Vergnügen, Lust.
2. Freude, Genuss. **3.** Begierde

vōx, vōcis *f* **1.** Stimme: *magna voce* mit lauter
Stimme, *vox populi* die Stimme des Volkes.
2. Laut, Ton. **3.** Wort, Äußerung, Ausspruch

vulnus, -eris *n* Wunde, Verletzung

vultus, -ūs *m* **1.** Miene, Gesichtsausdruck.
2. Gesicht. **3.** Blick. **4.** Aussehen

Wortbildung: Präfixe und Suffixe

Präfix		Bedeutung	Beispiel
ā/ab	ā-	„fort-, von-, weg-, ent-"	ā-mittere
	ab-		ab-dūcere
	abs-		abs-tulī
	ar-		ar-ripere
	au-		au-ferre
ad	ac-	„dabei-, heran-, hin-, hinzu-"	ac-cēdere
	ad-		ad-esse
	af-		af-ficere
	al-		al-lātus
	ap-		ap-pārēre
	at-		at-tingere
cum	co-	Verstärkung: „zusammen, völlig"	cō-gere
	col-		col-ligere
	com-		com-mittere
	con-		con-currere
	cor-		cor-ruere
dē	dē-	„nieder-, herab-, ab-"	dē-cēdere
dis	dī-	„weg-, auseinander-"/Verneinung: „un-, nicht"	dī-mittere
	dif-		dif-ficilis
	dis-		dis-cēdere
ē/ex	ē-	„aus-, heraus-, weg-"	ē-ripere
	ef-		ef-fugere
	ex-		ex-pellere
in	il-	„in, hinein"/Verneinung: „un-, nicht"	il-lātus
	im-		im-pius
	in-		īn-īre
ne	ne-	Verneinung: „un-, nicht"	ne-scīre
	neg-		neg-ōtium
ob	ob-	„entgegen"	ob-icere
	oc-		oc-currere
	of-		of-ferre
	op-		op-primere
per	per-	„(hin)durch-"/Verstärkung: („durch und durch") „sehr, ganz"	per-terrēre
prae	prae-	„vorn, an der Spitze; voraus-; vor-"	prae-mittere
prō	prō-	„vor-, für-"	prō-vidēre
	prōd-		prōd-esse
re	re-	„zurück, wieder"/„wider, gegen"	re-sistere
	red-		red-īre
sub	sub-	„unter-, nach-, auf sich"	sub-icere
	suc-		suc-cedere
	sus-		sus-cipere

Suffix		Bedeutung	Beispiel
Substantive	-tor (m)	handelnde Person: „-er", gebildet aus einem PPP	victum → vic-tor
	-or (m)	Abstraktum, abgeleitet von einem Verb	dolēre → dol-or
	-ium (n)		gaudēre → gaud-ium
	-(t)iō (f)	Tätigkeit/Eigenschaft	ōrāre → ōrā-tiō
	-tus (Gen. -tūs m)		impellere → impe-tus
	-ia (f)		memor → memor-ia
	-itia (f)		iūstus → iūst-itia
	-tās (f)		līberāre → līber-tās
	-tūs (Gen. -tūtis f)		vir → vir-tūs
	-tūdō (f)		māgnus → māgni-tūdō
	-men (n)	Vorgang, Ergebnis, Zustand	agere → ag-men
	-mentum (n)	Mittel, Werkzeug	ōrnāre → ōrnā-mentum
Adjektive	-eus	Stoff, Material	aurum → aur-eus
	-bilis	Möglichkeit, Fähigkeit: „-bar, -haft, -lich"	nōscere → nō-bilis
	-ilis		facere → fac-ilis
	-ōsus	Fülle („voll")	fōrma → fōrm-ōsus
Verben	-tāre	Wiederholung, Verstärkung	habēre → habitāre

Es werden jeweils die Seiten angegeben, auf denen die genannten Begriffe in prägnanter Weise vorkommen. Verweise auf das **Grundwissen** sind farblich **hervorgehoben**.

WEITERFÜHRENDE LITERATUR

Albrecht, Michael von: Geschichte der römischen Literatur, Band 1 und 2, München 1997.

Anzinger, Silke: Caesar. In: Kipf, Stefan/Schauer, Markus (Hgg.): UTB Fachlexikon zum altsprachlichen Unterricht, Stuttgart 2021.

Baker, Simon: Rom. Aufstieg und Untergang einer Weltmacht, Stuttgart 2006.

Barceló, Pedro: Hannibal, München ³2007.

Bartels, Klaus: Roms sprechende Steine, Zürich 2000.

Clarke, John R.: Roma Antiqua. Von Händlern, Hebammen und anderen Helden, Darmstadt 2009.

Coarelli, Filippo: Rom. Ein archäologischer Führer, Mainz 2000.

Elbern, Stephan: Caesar. Staatsmann, Feldherr, Schriftsteller, Darmstadt 2008.

Fuhrmann, Manfred: Geschichte der römischen Literatur, Stuttgart 2005.

Gehrke, Hans-Joachim: Kleine Geschichte der Antike, München 2003.

Giebel, Marion: Dichter, Kaiser, Philosophen. Ein literarischer Führer durch das antike Italien, Ditzingen 2007.

Gilliver, Kate: Auf dem Weg zum Imperium. Eine Geschichte der römischen Armee, Hamburg 2007.

Gollub, Ulrike/Reisacher, Robert (Hgg.): Schauplätze von Caesars Bellum Gallicum im Original erkundet, Speyer 2018.

Greenblatt, Stephen: Wie die Renaissance begann, München ⁶2013.

Grziwotz, Herbert/Döbertin, Winfried: Spaziergang durch die Antike. Denkanstöße für ein modernes Europa, Darmstadt 2002.

Hahn, Rainer: Lexikon zur lateinischen Literatur: Fachbegriffe und Autoren, Stuttgart ⁸2005.

Hartz, Cornelius: Römische Schriftsteller, Darmstadt 2010.

Heintze, Florian von u. a.: Religionen und Glaube: 1000 Fragen und Antworten, Gütersloh/München/Hamburg 2006.

Held, Martin: Caesar im Senat niedergestochen! Wendepunkte der Geschichte, Stuttgart 2010.

Herkomer, Huber/Schwinges, Rainer-Christoph (Hgg.): Engel, Teufel und Dämonen. Einblicke in die Geisterwelt des Mittelalters, Basel 2006.

Hieronymus: Vulgata. 5 Bde., lat.–dt. hg. von Fieger, M./Ehlers, W.-W./Beriger, A. (Sammlung Tusculum), Berlin 2018.

Hirt, Annette: Lateinische Literatur – Schlag nach!, Göttingen 2009.

Hölscher, Tonio: Klassische Archäologie. Grundwissen, überarb. Auflage, Darmstadt ⁴2015.

Holzberg, Niklas: Die antike Fabel. Eine Einführung, Darmstadt ³2012.

Holzberg, Niklas: Martial und das antike Epigramm, Darmstadt 2002.

Howatson, M. C.: Reclams Lexikon der Antike, Stuttgart 2006.

Hunink, Vincent: Glücklich ist dieser Ort! 1000 Graffiti aus Pompeji. Lateinisch – Deutsch, Stuttgart 2011.

Irmscher, Johannes (Hg.): Lexikon der Antike, Köln 2010.

Janson, Tore: Latein. Die Erfolgsgeschichte einer Sprache, Hamburg 2006.

Jehne, Martin: Caesar, München ⁵2015.

Jehne, Martin: Die Römische Republik. Von der Gründung bis Augustus, München ³2013.

Kolb, Frank: Das antike Rom. Geschichte und Archäologie, München ²2010.

König, Ingemar: Kleine römische Geschichte, Stuttgart 2004.

König, Ingemar: Vita Romana, Darmstadt 2004.

Krefeld, Heinrich u. a. (Hgg.): Res Romanae. Literatur und Kultur im antiken Rom. Neue Ausgabe, Berlin 2017.

Larsson, Lars O.: Antike Mythen in der Kunst – 100 Meisterwerke, Ditzingen 2009.

Le Goff, Jaques: Die Geburt Europas im Mittelalter, München 2004.

Levin, Christoph: Das Alte Testament, München ^{5}2018.

Matyszak, Philip: Legionär in der römischen Armee: Der ultimative Karriereführer, Darmstadt 2010.

Matyszak, Philip: Rom für 5 Denar am Tag. Ein Reiseführer in die Antike, München 2008.

Maureen, Carroll: Römer, Kelten und Germanen, Stuttgart 2004.

Mickisch, Heinz: Basiswissen Antike, Stuttgart 2006.

Nonn, Ulrich: Mönche, Schreiber und Gelehrte. Bildung und Wissenschaft im Mittelalter, Darmstadt 2012.

Penrose, Jane: Rom und seine Feinde. Kriege – Taktik – Waffen, Stuttgart 2007.

Rebello, Merryl: Antike – Schlag nach!, Göttingen 2009.

Rebenich, Stefan: Die 101 wichtigsten Fragen. Antike, München ^{2}2008.

Rinke, Stefan: Geschichte Lateinamerikas: Von den frühesten Kulturen bis zur Gegenwart, München ^{2}2014.

Rinke, Stefan: Kleine Geschichte Brasiliens, München 2013.

Rodgers, Nigel: Die römische Armee, Fränkisch-Crumbach 2011.

Schauer, Markus: Der Gallische Krieg. Geschichte und Täuschung in Caesars Meisterwerk, München 2017.

Schmidt, Manfred G.: Lateinische Epigraphik. Eine Einführung, Darmstadt 2015.

Scholl, Norbert: Die Bibel verstehen, Darmstadt 2011.

Schuller, Wolfgang: Das Römische Weltreich. Von der Entstehung der Republik bis zum Ausgang der Antike, Stuttgart 2003.

Schumacher, Leonhard: Römische Inschriften. Lateinisch – Deutsch, Stuttgart 2005.

Stein-Hölkeskamp, Elke: Das römische Gastmahl. Eine Kulturgeschichte, München ^{2}2011.

Stroh, Wilfried: Latein ist tot, es lebe Latein! Kleine Geschichte einer großen Sprache, Berlin 2008.

Theißen, Gerd: Das Neue Testament, München ^{5}2015.

Wallisch, Robert: Der *Mundus Novus* des Amerigo Vespucci. Text, Übersetzung und Kommentar, Wien 2012.

Weeber, Karl-Wilhelm: Alltag im Alten Rom. Das Stadtleben. Ein Lexikon, Zürich 1995 (neue Auflage 2011).

Zanker, Paul: Die römische Kunst, München 2007.

Ziegler, Konrat: Der Kleine Pauly. Lexikon der Antike in fünf Bänden, München ^{13}2006.

Übersicht zur römischen Republik

5./4. Jh. v. Chr. **Frühe Republik** 387 v. Chr.	*Außen:* Rom erringt die Vorherrschaft in Mittelitalien und dehnt allmählich seine Macht bis in die Po–Ebene und nach Unteritalien aus. Der Einfall der Kelten führt zu einer schweren römischen Niederlage, die als „schwarzer Tag" *(dies ater)* in den Kalender eingeht.
	Innen: In den sog. Ständekämpfen erkämpfen sich die Plebejer gegen den Widerstand des Adels (Patrizier) mehr Rechte. Meilensteine sind dabei die Schaffung des Amtes der Volkstribunen, deren Veto-Recht sich zu einem starken Machtinstrument entwickelt, und der Zutritt der Plebejer zu den höheren Ämtern bis hin zum Konsulat.
3./2. Jh. v. Chr. **Mittlere Republik** **218–201 v. Chr.** 146 v. Chr.	*Außen:* Die beiden stärksten Mächte des westlichen Mittelmeerraums, Rom und Karthago, geraten in drei Kriegen aneinander. Im 2. Punischen Krieg fügt Hannibal den Römern in Italien schwere Niederlagen zu, vor allem bei Cannae. Dennoch siegen zuletzt die Römer; 50 Jahre später zerstören sie Karthago endgültig. Zudem erringen die Römer teils durch Diplomatie, teils durch Krieg die Vorherrschaft im ganzen Mittelmeergebiet von Asien bis Spanien.
     ab 133 v. Chr.	*Innen:* Die Großmachtpolitik bringt wachsende soziale Probleme mit sich: Die Kluft zwischen den verarmenden Schichten (verschuldete Bauern; städtisches Proletariat) und den Reichen (Großgrundbesitzer mit Latifundien und vielen Sklaven; Ritter, die durch Handel reich geworden sind) wird immer größer. Die Reformversuche der Gracchen scheitern; statt zu einer Lösung zu gelangen, werden die Konflikte immer öfter gewaltsam ausgetragen.
1. Jh. v. Chr. **Späte Republik** 60 v.Chr. 58–51 v. Chr. 15. März 44 v. Chr. 31 v. Chr.	Eine weitere Folge der Expansionspolitik ist die Konzentration großer Machtmittel (Heer, Geld) in den Händen einzelner Feldherren. Die traditionelle Senatsregierung sucht deren Macht teils zu nutzen, teils zu brechen, vermag auf Dauer aber beides nicht. Die Bedeutendsten dieser mächtigen Einzelnen sind: • Marius (formt die Bauernarmee zu einem Berufsheer um), • Sulla (führt einen Bürgerkrieg gegen Marius und errichtet als *dictator* eine Gewaltherrschaft, dankt aber freiwillig ab), • Pompeius (sichert und erweitert die römische Herrschaft im ganzen Mittelmeerraum, gerät aber innenpolitisch ins Hintertreffen, verbündet sich deshalb mit Caesar und Crassus zum „Triumvirat"), • Caesar (führt eigenmächtig Krieg in Gallien und schafft sich dadurch in Rom eine Machtposition). Als Pompeius sich auf die Seite des Senats gegen Caesar stellt, kommt es zu einem neuen Bürgerkrieg. Caesar siegt, doch sein Versuch, die Alleinherrschaft an sich zu reißen, führt zu seiner Ermordung durch Brutus und andere (an den „Iden des März"). Weitere Bürgerkriege folgen. Sie enden erst mit dem Sieg von Caesars Erben Octavian über Kleopatra und Antonius bei Actium. Octavian wird Alleinherrscher und nimmt den Ehrennamen „Augustus" an.

Geschichtlicher Überblick von der Gründung Roms bis zur Neuzeit

Jahr	Geschichte	Schriftsteller/*Texte*
753 v. Chr. 753–509 v. Chr.	Gründung Roms der Sage nach Königszeit, endend mit der Vertreibung des Tarquinius Superbus	
509–31 v. Chr.	Römische Republik *(siehe links)*	Caesar Nepos
27 v.–14 n. Chr.	Prinzipat des Augustus	
1. Jh. n. Chr.	Frühe Kaiserzeit: • julisch-claudische Dynastie: Tiberius, Caligula, Claudius, Nero • Vierkaiserjahr (69 n. Chr.) • flavische Dynastie: Vespasian, Titus, Domitian	Phaedrus, Velleius Paterculus, Valerius Maximus Martial
2./3. Jh. n. Chr.	Mittlere Kaiserzeit • Trajan: größte Ausdehnung des Reiches • Hadrian: Grenzsicherung durch den Limes • Ausbreitung des Christentums; Christenverfolgung	Sueton
4./5. Jh. n. Chr.	Späte Kaiserzeit • Konstantin: Toleranzedikt für die Christen • Theodosius: Das Christentum wird Staatsreligion • endgültige Reichsteilung in west- und oströmisches Reich • Völkerwanderung	*Vulgata*
476 n. Chr.	Ende Westroms (Absetzung des letzten Kaisers Romulus Augustulus)	
ca. 6. bis ca. 14. Jh.	Mittelalter • Karl der Große (800 Kaiserkrönung in Rom) • Fortdauer des oströmischen (= byzantinischen) Reiches bis zur Eroberung durch die Türken (1453)	*Gesta Romanorum*
ab ca. 15. Jh.	Beginn der Neuzeit • Humanismus/Renaissance • Erfindung des Buchdrucks in beweglichen Lettern durch J. Gutenberg (1450) • Entdeckung Amerikas durch Kolumbus (1492) • Erste Weltumsegelung durch Magellan	Vespucci

Bildquellen

S. 4 o. bpk, u. Bridgeman Images; S. 5 o. akg-images/Liszt Collection, u. Bridgeman Images; S. 7 o. Interfoto/Sammlung Rauch; u. mauritius images/alamy stock photo/The Picture Art Collection; S. 8 bpk; S. 9 bpk/DeA Picture Library/A. De Gregorio; S. 11 Mauritius Images/Memento; S. 12 dpa Picture-Alliance/United Archives/World History Archive/WHA; S. 13 Bridgeman Images (Ausschnitt, bearbeitet); S. 15 o.li. Bridgeman Images, o.re. bpk/BnF, Dist. RMN-GP, u. Cornelsen/Michael Hotz; S. 16 Bridgeman Images; S. 17 bpk/Staatsbibliothek zu Berlin; S. 19 akg-images/Ehrt; S. 21 u. akg-images/Cameraphoto; S. 23 akg-images; S. 25 Interfoto e.k./Ivan Vdovin; S. 27 Mauritius Images/alamy stock/Ernie Janes; S. 28 Bridgeman Images; S. 31 Bridgeman Images; S. 32 stock.adobe.com/by-studio; S. 33 bpk/RMN – Grand Palais/René-Gabriel Ojéda; S. 35 stock.adobe.com/natalia5555; S. 36 bpk / Rheinisches Bildarchiv Köln / Anja Wegner; S. 37 bpk/British Library Board; S. 38 o. Clip Dealer/LianeM, u. Bridgeman Images; S. 39 Bridgeman Images/Photo © S. Bianchetti; S. 41 Bridgeman Images; S. 43 u. akg images; S. 44 Shutterstock.com/ded pixto; S. 45 bpk; S. 47 Bridgeman Images; S. 48 li. akg-images/Liszt Collection, re. akg-images/Ehrt; S. 49 li. Bridgeman Images, re. Bridgeman Images/Photo © S. Bianchetti; S. 51 o. und mi. Bridgeman Images, u. bpk/Jochen Remmer; S. 52 akg-images/Fototeca Gilardi (Ausschnitt); S. 53 akg-images/Peter Conolly; S. 55 akg-images/André Held; S. 57 Bridgeman Images; S. 59, S. 61, S. 65, S. 67 Bridgeman Images; S. 69 Mauritius images/alamy stock photo/Historical image collection by Bildagentur-online; S. 73 li. Bridgeman Images, re. bpk/The Metropolitan Museum of Art; S. 75 Bridgeman Images; S. 78 Interfoto e.k./Granger, NYC; S. 79 bpk/Scala – courtesy of the Ministero Beni e Att. Culturali; S. 81 bpk/DeA Picture Library/L. Romano; S. 82, S. 83 Bridgeman Images; S. 87 o. stock.adobe.com/Arsgera, u. Interfoto e.k./Sammlung Rauch; S. 91 akg-images; S. 93 u. akg-images/Peter Connolly; S. 97 akg-images/Heritage Images/Fine Art Images; S. 99 mauritius images/alamy stock photo/ART Collection; S. 101 akg-images/MPortfolio/Electa; S. 103 o. akg-images/Peter Connolly, u. akg-images/Erich Lessing; S. 105 Interfoto e.k./Bildarchiv Hansmann; S. 107 li. Shutterstock.com/Four Oaks, re. Shutterstock.com/Valentyna Chukhlyebova; S. 109 Bridgeman Images; S. 111 o. Interfoto e.k./UIG/Christophel Fine Art, u. akg-images; S. 113 Shutterstock/saiko3p; S. 115 o. Bridgeman Images/Musee Crozatier, u. "Asterix der Gallier" board 1 © ASTERIX®-OBELIX®-IDEFIX® / © 2020 LES EDITIONS ALBERT RENE / GOSCINNY – UDERZO; S. 116, S. 117 Bridgeman Images; S. 119 o. Mauritius images/dieKleinert/Jan Rieckhoff, u. Mauritius images/alamy stock photo/Samuel Wordley; S. 120 akg-images/UIG/PHAS; S. 123 Mauritius images/dieKleinert/Paolo Calleri; S. 125 Panther Media GmbH/Karsten Ehlers; S. 127 Bridgeman Images; S. 129 o. akg-images/Nimatallah, u. Bridgeman Images; S. 131 akg-images/Erich Lessing; S. 133 Shutterstock.com/cpaulfell; S. 135 li. Shutterstock.com/Aphasara, re. Shutterstock.com/Noval; S. 137 bpk/Elke Estel/Staatliche Kunstsammlungen Dresden/Hans-Peter Klut; S. 139 Bridgeman Images; S. 141 li. Shutterstock.com/Anamaria Mejia, re. akg-images/Peter Connolly; S. 145 akg-images/Erich Lessing

Textquellen

S. 11 li. G. E. Lessing: Der Wolf und das Schaf, zit. nach: http://www.zeno.org/Literatur/M/Lessing,+Gotthold+Ephraim/Fabeln/Fabeln+(Nachlese)/Der+Wolf+und+das+Schaf; S. 11 re. Arntzen, Helmut: Kurzer Prozess. Aphorismen und Fabeln. München: Nymphenburger Verl.-Handl. 1966; S. 13 Jean de La Fontaine: Sämtliche Fabeln. Aus dem Französischen von Ernst Dohm und Gustav Fabricius, Albatros/Patmos, Düsseldorf 2003; S. 14 Jean de La Fontaine: Sämtliche Fabeln. Aus dem Französischen von Ernst Dohm und Gustav Fabricius, Albatros/Patmos, Düsseldorf 2003; S. 19 Charles Darwin: Über die Entstehung der Arten im Thier- und Pflanzenreich durch natürliche Züchtung oder Erhaltung der vervollkommneten Rassen im Kampfe um's Daseyn. Nach der zweiten Auflage mit einer geschichtlichen Vorrede und andern Zusätzen des Verfassers für diese deutsche Ausgabe aus dem Englischen übersetzt und mit Anmerkungen versehen von Dr. H. G. Bronn. Stuttgart 1860; S. 27 Scholl, Norbert: Die Bibel verstehen, Darmstadt: Primus Verlag 2004; S. 55 (1) Görlitz, Walter: Hannibal: eine politische Biographie, Stuttgart [u. a.]: Kohlhammer 1970; S. 55 (2) Seibert, Jakob: Hannibal, Darmstadt: WBG 1993; S. 55 (3) Vogelsberger, Hartwig A.: Hannibal: Karthagos Kampf um die Weltherrschaft, München [u. a.]: Herbig 1996; S. 55 (4) Hunt, Patrick: Hannibal, York [u. a.]: Simon & Schuster, 2017.; S. 77 Harris, Robert: Titan [= dt. Titel: engl. Orig.titel: Lustrum], München: Wilhelm Heyne Verlag 2015; S. 82 Schauer, Markus: Der Gallische Krieg, München: C. H. Beck 2016; S. 110 Gaius Iulius Caesar: De bello Gallico/Der Gallische Krieg – Lateinisch/Deutsch, hrsg. u. übers. v. Mariluise Deissmann. Stuttgart: Reclam 1983; S. 119 o. Kurt Tucholsky: Gesammelte Werke in 10 Bänden: Bd. 2, hrsg. v. Mary Gerold-Tucholsky und Fritz J. Raddatz, Hamburg: Rowohlt 1975; S. 119 u. Gulden, Karsten: Satire Persönlichkeitsrecht|Index, zit. nach: https://ggr-law.com/persoenlichkeitsrecht/index/satire/ ; S. 121 Roth, Eugen: Sämtliche Werke (5 Bde.). Erster Band: Heitere Verse, München: Carl Hanser Verlag 1977; S. 123 Roth, Eugen: Sämtliche Werke (5 Bde.). Erster Band: Heitere Verse, München: Carl Hanser Verlag 1977; S. 127 Dexter Music Publ. Inh. Matthias Hass Peermusic (Germany) GmbH, Hamburg / Louisan, Annett / Ramond, Frank; S. 130 o. Helm, Rudolf: Martial, Epigramme. Eingeleitet und im antiken Versmaß übertragen, Zürich/Stuttgart: Artemis 1957; S. 130 u. Hofmann, Walter: Marcus Valerius Martialis, Epigramme. Aus dem Lateinischen. Auswahl, Übersetzung, Nachwort und Anmm., Leipzig: Reclam 1976; S. 135 Gernhardt, Robert: Reim und Zeit. Gedichte, Stuttgart: Reclam 1994; S. 143 Lorenz, Sven: Juvenal, Satiren, Lateinisch-deutsch. Herausgegeben, übersetzt und mit Anmerkungen versehen, Berlin: De Gruyter 2017

Checkliste: Was kann ich? Wie du dich selbst richtig einschätzt

Für eine erfolgreiche Beschäftigung mit lateinischen Texten ist es nötig, dass du immer wieder deine Kenntnisse und Arbeitsergebnisse selbst richtig einschätzt. Folgende Checklisten helfen dir dabei.

Grammatik

Wie sicher fühle ich mich beim jeweiligen Grammatikthema der WERKSTATT?

• JA, ich fühle mich sicher.	☐	→ Bearbeite die Aufgabe.
• NEIN, ich fühle mich nicht sicher.	☐	→ Schlage in einer Grammatik nach; nutze dazu die Anleitung auf S. 235. Bearbeite anschließend die Aufgabe.

Binnendifferenzierung (BD) auf LateinLex.de

Das **BD**-Kürzel in den Linkleisten führt dich zu binnendifferenzierten Textversionen. Stelle sicher, dass du die für dich geeignete Version verwendest, indem du die für dich zutreffende Aussage auswählst:

• Ich erkenne Strukturen lateinischer Sätze gut.	☐	→ Wähle ⚙ **Standard**.
• Ich erkenne Strukturen lateinischer Sätze gut, habe aber manchmal auf den ersten Blick Schwierigkeiten, mich zu orientieren.	☐	→ Wähle ⚙ **mit wenig Hilfen**.
• Ich habe Schwierigkeiten, die Strukturen lateinischer Sätze zu durchschauen.	☐	→ Wähle ⚙ **mit vielen Hilfen**.
• Ich verstehe den Sinn eines lateinischen Satzes nicht.	☐	→ Wähle zusätzlich das Rettungsring-Symbol („weitere Hilfen").

Umgang mit Musterlösungen

Prüfe in vier Schritten, ob du Musterlösungen optimal nutzt:

1. Habe ich mein Ergebnis mit der Musterlösung sorgfältig verglichen und dabei auch den Originaltext mit einbezogen?	☐	→ Wenn ja, gehe zu Schritt 2.
2. Verstehe ich die Abweichungen meiner Übersetzung von der Musterlösung?	☐	→ Wenn ja, gehe zu Schritt 4. → Wenn nein, gehe zu Schritt 3.
3. Habe ich Abweichungen, die ich nicht verstehe, mit der Lehrkraft oder Mitschüler*innen geklärt?	☐	→ Wenn ja, gehe zu Schritt 4.
4. Habe ich mir bei Wortschatzfehlern die entsprechenden Vokabeln notiert, um sie zu lernen?	☐	→ Wenn ja: Prima! Du hast die Musterlösung optimal für dich genutzt.